U0095144

宋史测度

〔美〕刘子健—— 著

中华书局

图书在版编目(CIP)数据

宋史测度/(美)刘子健著. —北京:中华书局,2024.1
(2024.5重印)
ISBN 978-7-101-16436-7

Ⅰ.宋… Ⅱ.刘… Ⅲ.中国历史-研究-宋代 Ⅳ.K244.07

中国国家版本馆 CIP 数据核字(2023)第 254031 号

本书中文简体字版由联经出版事业公司授权出版,原著作名《两宋史研究汇编》。
著作权合同登记号:CR-20160418-001

书　　名	宋史测度	
著　　者	〔美〕刘子健	
责任编辑	樊玉兰	
责任印制	陈丽娜	
出版发行	中华书局	
	(北京市丰台区太平桥西里 38 号　100073)	
	http://www.zhbc.com.cn	
	E-mail:zhbc@zhbc.com.cn	
印　　刷	北京新华印刷有限公司	
版　　次	2024 年 1 月第 1 版	
	2024 年 5 月第 2 次印刷	
规　　格	开本/880×1230 毫米　1/32	
	印张 11⅜　插页 2　字数 262 千字	
印　　数	6001-10000 册	
国际书号	ISBN 978-7-101-16436-7	
定　　价	68.00 元	

目 录

教育与道学

文化与社会

引　言

这引言不是自序，只是说明。

汇集了一些短篇的写作，都是课余笔耕。更何况海外孤陋，难免偏差谬误。借此机会，可以请各方学人，赐览指正。

平日教课，多半是通史和导论之类。偶然有个研究班，而学生的兴趣各异，中文程度也高低不齐，无从深入专题。

最初在的学校，原来没有中文书，慢慢才筹措一点基本书籍。十年后转到规模较大的学校，有中日文书籍收藏，可是绝大部分属于近代范围，个人用书还是很不够。近年来任教的大学，才具备研究的条件。所以有很长一段时间都是利用假期长途跋涉，到名列前茅的图书馆去借读。来往匆迫，仿佛走马看花。因此，除了有一本中文书，两三本英文书之外，写的都是短篇，疏略急就。

在海外教研，更大的缺憾，是独学无侣，无从就正。这本集子，聊当笔谈。

个人治学，略有所信，也应当说明一下。

治学，非问不可。常觉得中文的"学问"二字，涵义绝佳。学是先学过去已有的知识，接着就应当试提问题，最好是提新的问题。有了问题之后，就可以学胡适先生的口号，"大胆假设，小心求证"，努力去发掘新学识，试求新解释。

然后再学再问，川流不息。英文里也有类似的名词，例如enquiry，意思是钻进去研讨。可是远不如"学问"二字紧密呼应，赅括全盘。

因为有的学生，只会学，不善问，所以常套用《论语》里两句话，去提醒他们："学而不问则罔，问而不学则殆。"

说起《论语》，它许多节都是讨论问题，甚至有"大哉问"。佛教语录，问答不断。宋代理学受这影响甚大，也有很多语录。就以朱熹本人而论，他著有《四书或问》。而《朱子语类》，更是收集了许多学侣门人的问题。

西方科学，很重视问。例如数学有一定程序，先有命题，也就是问。然后假设，也就是找途径去解答问题，然后才求证。再如苹果掉在牛顿鼻子上，他如果认定理所当然，不去问为什么东西全都往下掉，就不会发现地心引力的原理。近年的理论物理学，主要还在研讨"大哉问"——这宇宙到底是怎么回事？他们已经从相对论四度时空的量，从数学上问问题，假设到有十种时空的量，有不同的吸力斥力交织。这种大的发展，都是从"问"出发的。

大学里近年逐渐添设新式的学系。这些新学系，不再按照学科去分。相反的，他们以课题为学系的中心，把有关学科集合起来辅助。举两个最显著的例子。计算机学系是以电机、物理、数学等学科，串连配合的。环境学系是以气候学、地质学、地理、化学、植物学、水利工程等，搭配组成的。预测未来这类新学系一定增多，主要的方向是以问题为对象。

学是离不开问的。学术训练的重点有两层，第一层是训练用有条有理的构思来问有意义的问题。或是进一步的分析，或是从另一线索去看关系，或是从其他角度来综合。第二层是训练如何看待问题。可能用什么样的架构，怎样的假说，需要找哪种资料讯息才能寻求解答。

现在从"问"，转而论"测"。也是从科学转到史学。

史学不算是科学，它可以也应当尽量运用所有合用的科学态度、科学方法和科学知识。但史学本身并不是科学。有的人因为科技时代科学的地位响亮，就说史学也很科学，这是含糊其辞，自高身价。

历史是过去的陈述，随时消逝，无从重演，无法反复观察。历史的因素繁复，过程驳杂，无从隔离起来，做个别片段的试验，怎能和科学等量齐观？

那末，史实呢？信史呢？

所谓史实，只是一部分的轨迹，既非事物本身，更绝不是全貌。所谓信史，也只是说这是比较可信的一种纪录。这些名词都是相对的观念，并不是绝对的事实。

史学所用的史料只是纪录，现代社会科学所掌握的现场调查，各种统计，也都不过是纪录。甚至纪录片也还只是片面的，所有纪录都是依据观点、角度加以选择。当然纪录都有价值，必须参考，善加利用。可是既不能以为历史仅此而已，也不能限于局部所知，据为定论。

个人以为，历史只是近乎情理的测度。它的实用是有助于思考，使思想活泼起来，从多方面的关系去看，贵在周详细密，使人不至于陷入盲从、轻信、过简化、教条式的武断与误断。

所谓"测"，即测候、探测、推测的意思。不一定能达到勘测、测量的准确性，但至少远胜于不加思考的妄测、臆测，以致造成错误观念，一误再误地误尽苍生。

因为史学不过是测度，本人是倾向于多元论的。也就是赞成多次研究，从各方面去推论，再进行比较综合，并不一定"定于一"。

用简单的譬喻说吧，怎样看一颗钻石？没有人会只从唯一的观点，绝不改变的角度去看，都是把钻石转来转去，左看右看，再拿到强光底下，又看个没完。小小的钻石尚且如此，庞大无比的历史，渊源深长，错综复杂，变化不息的潮流，谁敢说一目了然？多几个人来看，多看几次，多用些不同的看法，不多点见识吗？

伊索寓言早有四个瞎子摸象的故事，一般只觉得这故事可笑，未必了解它的深意。这些瞎子的严重错误，是囿于己"摸"，各执一是。如果同意多元论，就可能把这四种测度，截长补短，调整综合，以取得较近事物的印"象"。可能像水牛，可能像骆驼，但总不至于"瞎"闹半天，莫衷一是。

主张多元论，也就是赞成研究历史的学人，各抒己见。其中有明眼人，但也不必唯我独尊，天长日久，自见分明。这也是既合乎科学精神，民主作风，又合乎儒家原有谦虚态度的过程。

以下再说明这些篇目的内容。当初写作，随写随刊，并没有系统。可是自己的想法，自然形成若干的思路，继续往前摸。现在按些大类别，编排一下，比较容易说明。

第一部分是君主与政情。各种文化或各种时代，重心不同。中国在 20 世纪以前，重心不见得在经济，而极可能在政治，而君主国家当然以君权为先。虽然如此，君权并不能任意提高，为所欲为，还是需要凭借制度。即使君权在制度上、习惯上已经很高，还要看它如何运用，来驾驭一般官僚，来统率整个社会，才能达成安定。否则纵然大权独揽，君位早晚会发生动摇。所以测度君权，要注意政情的各方面。

第一篇讨论封禅。用的是多学科方法，借助于民族学、人类学和史学的结合。别的文化，也有类似的信仰和仪式，现代人看来也许是迷信，但在当时确有它的功能，可能鼓舞人心，可能维系民情。而分析到这里，就可以推论君权的提高，并且士大夫无从异议。

如众周知，宋代君权，高于前代，同时，士大夫的力量也在生长。这两者之间，是怎样的关系呢？笔者曾有一篇英文文章，介绍范仲淹和庆历变法，后来又写了一本英文书，分析王安石的新法改革。因为感觉到两段史迹，并没衔接，于是写欧阳修，也有中文本，也有英文本。从北宋中期来看，高级士大夫的言论，时可左右朝政。君权的运用，无非是采纳和推却的裁决。

但是后来政潮迭起，演变迥异。前是新法，继而旧党，终于出现变质的新党，公然禁锢旧党。前后越来越仰仗君主信任，因此君权大增。这是熟知的概况，不必多说。可是北宋颠覆了，南宋是什么情形？一般都不大提，倒是有兴趣的问题。

第二篇讨论南宋君主和言官的关系，就是针对这问题出发的。南宋经逃难而勉强守住，当然要士大夫的支持。但实际上，君主并不欢迎士大夫的言论。在这矛盾下，便产生了敷衍的作风。表面上要取得听言的名声，暗地里不加采用。言官如果说得太厉害，就设法让他和缓一些。言官如果追得紧，不肯妥协，那也不必惩戒他，还不如表面上夸奖他，调升他更高的官位。他既不任言职，也就不能再多话。这都是釜底抽薪、调虎离山的计策。久而久之，大家都明白这种手腕，做言官的也就只说无关紧要的话。言官的效用低落，一般士大夫的发言权，也就随着江河日下。

儒家、理学家、史家，以及有理想的士大夫，从来不满意南宋朝廷的作风。但是就整个历史来看，绝不能忽视、轻视或鄙视南宋。以维持而论，它相当成功。第三篇论南宋半壁江山，而居然长期稳定，就是从这角度去看。财政军费，是日益困难，但还不到崩溃的危机，也没有大的叛乱。虽然终于敌不住蒙古兵，可是也对峙了四十多年之久。在欧亚大陆上，蒙古兵无往不利，能抗拒他们如此之久，也只有南宋。

说到这里，新问题又来了。敷衍式的政情这样差，南宋是靠什么站住的呢？第四篇建议一项概念，叫包容政治。敷衍只是手段，这种手段远较暴政温和，而其目的也不算太坏，它是设法稳住。对付言官是这办法，对于其他官僚，所有士大夫，也莫不如此。换言之，南宋是包容统治层里的各种分子，当然不会各得其所，但大致上让他们勉安其分。再进一步，是希望他们对于在统治层以外的平民，也要不为已甚，这样，就可以大体上维持安定。假定没有蒙古来进攻，南宋可能还会延续得很长久。

包容政治之说，决非替南宋粉饰。君主自第二位孝宗以后，多半庸弱。权相擅政，一般官吏萎靡。重文轻武，衰风积重难返。弊端丛生，极少讲求改革。尤其是胥吏盘踞，竟成不治之症。包容政治之所以能维持，还依靠其他若干有利的条件。物产续增，经济繁荣，是绝大的因素。一些理学家，对官场失望，转而致力于家族和社区的公益事业，有助于社会秩序，这是最基本的安定。一般平民，也有贡献，三教归一，与善恶果报的信仰，互相结合。换言之，这文化的价值观，普遍地种下深根，人心不致轻易动摇。

以上在第五篇里大略提到，但从这些论点，又产生一个更大，也是更有意义的问题。从各方面来看，南宋是否可以称为东南型的文化？而在20世纪以前，中国八百年的文化，是否就是东南型领导，甚至可以用东南型作代表？

如果这途径值得探讨，那末研究南宋，就大有意义，且超出南宋本身的范围。当然这大问题，决非笔者或任何一个人，所能胜任。一定需要研究元明清史的学人，协力比较，究竟南宋的模式在后代存续到什么程度，而后代又有什么新起模式？

前面提过科学或史学，都应该以问题为中心，这里提出的问题，就是一个例证。

本书第二部分是讨论文武官的形象，主要是士大夫。

士大夫统治层是中国制度的特色，世界史上的异彩。用读书人，经过科举选拔的文官，无论有多少缺点，毕竟胜于世袭贵族、割据武人、干政僧侣，或其他任何形式的统治分子。因此在近代，这文官制度，经过印度，传播到欧洲以及其他地方。但这绝不是恭维这种制度尽善尽美，而是说非常值得从各种角度去测量短长，可以供全世界社会科学参考。兹事体大，这里几篇，不过浮光掠影而已。

第六篇提出宋代大臣通契丹语的问题，指出优越文化往往作茧自缚，过度的优越感，导致自我中心，旁若无人的心理。契丹是压境强邻，理应知彼知己，事实恰巧相反，朝廷怕大臣通外语，会通外敌，而大臣们居然也无人指出了解敌情的必要。

北宋如此，南宋尤甚。出使亲历金国，无从考察，眼看金国用通汉语的人，也无动于衷。开禧年间，贸然作战，就出于误听不确的片段情报。蒙古几次进攻，竟也不知虚实。

宋代不重外语的习惯，一直传到近代。清末一群名为讲洋务的大臣，有几个通晓外语？在抗战前后，知识分子很少学日文，好像学日文，就有想做汉奸的嫌疑。抗战既不知彼，战后清查日本劫夺的资产，照样胡涂。

第七篇是讨论文官制度执行事务的实际问题。正史的职官志，和《文献通考》等类的资料，都只讲体制。上有某官，下有何职，简略提示各掌何事。所谓官制，并不注重行政。再进一步看士大夫所读的书，经史典籍，儒道哲理，诗赋策论，也没给他们行政学的训练，这是否是中国文官制基本上的大缺陷？士人做官，其实未必会做。坐而论道，未必是能立而行之的道路。

文官虽然出身儒学，而文官的行政机构出于法家和实际需要，凡事须按照敕令格式，按规定程序办。而明文条款，如何适用，非熟悉例案不可。比照援例，又别开生面，真正做起来，何等繁复。而指导这样的行政机构，要贯彻指令，要分层办事，要避免只做些形式，要防备各种弊端，要对于上下左右都照顾周到，岂是易事？第七篇中举出若干实际难题，不但宋代没有找到解答的方案，而且明清两代也还无从改善，甚至今日，都未必容易处理。

实际行政不仅是中国历史上的大课题，还和现实有关。

从第八篇起，讨论士大夫个人和类型。

北宋中叶，庆历年间，有学问的士大夫开始抬头。他们是文臣中的儒臣，守原则，重理想，一般说来，当时的士风可以算最好的。但纵使好，也出现败类。范仲淹既是先驱的儒将，又倡导庆历的精简行政，失意之后，毫不气馁。在岳阳楼，提出士人信条的口号："先天下之忧而忧，后天下之乐而乐。"千古传诵。另一方面，他又退一步筹划，创设范氏义庄，同族互助。这样的伟人，也还有人诬蔑他，而且也不是普通人，倒也是有相当学问的士大夫。这人自己不出面，假托梅尧臣的名义，写了一卷笔记。为什么假借梅尧臣呢？

梅范原是老友，不过人知道，梅后来对范有些失望，用梅的名义造谣，较易取信。何况梅是诗人，名气很大。这类很无聊而又很恶毒的行径，在士大夫圈子里常有。指出这件小案子来，无非点明，在士风好的时候都有坏事。反过来说，士风好，主要靠正面倡导，这种败类，并不碍大事。

第九篇所讨论的，重要得多。传统观念，都以为王安石新法所任用的人，都是小人；司马光等，在元祐时代恢复旧法的一些人，都是君子。这是机械式的褒贬，过简化的笼统看法。以往有的史家，早就提到曾布。他初尤劣迹，迨旧党失势之后，他又上台，而力主中立，用建中靖国的年号。其实，像这样作风的人，也不止曾布一人。反过来说，旧党之中，也未必尽是正人君子。

官僚分类，不可能只分好坏。《史记》就分循吏、酷吏，《太平御览》以至《图书集成》，还有别的分法。除了道德之外，要看他们的政治行为。用政治行为去分类，远比褒贬客观，并且更重要的，把他们和政治情况联结起来，更可以看出当时的变化起伏。

第九篇中的内容，恕不多重复。主要是提出类型会起变化，这是动态的看法，以往分类都是静态。有才干的士大夫，在有作为的领导之下，表现的是行政型。同一类士大夫，在争权夺利的局面下，很可能一变而为手腕型。至于既无理想，又少才干的士大夫，那就是看风转舵，不妨名之曰随势型，一般作风好，他们也表现得不错，如果江河日下，他们也就随波逐流。换言之，高峰倡风气之先，领导得好，像君子的人就多，振作不了，近乎小人的不免增多。

论人物，论类型，一定要从环境里的动态来着眼。

第十篇解释千古被人咒骂的秦桧。从方法学上说，有关他本人的史料不够，可能是他生前故意销毁，但还可以从他周围的亲友去分析，果然发现若干官僚型的劣迹，远不像北宋末以前一般士大夫原有的面貌。

这还是极次要的。主要问题是秦桧是否通敌。当时，就有人怀疑，秦桧是金人故意放回来的奸细。自从元代以来的剧本小说，无不肯定他是卖国贼。可是很奇怪的，南宋人贬秦桧，包括岳飞的孙子收集各种资料在内，始终没抓到秦桧通敌的把柄。难道他通敌，竟一无人知吗？

从他亲友去找线索，这千古疑案，迎刃而解。他并没有直接通金人，而是通过北方的汉奸，获悉金人的动静意向。这汉奸就是他双层亲戚的表弟郑亿年，被俘后，在刘豫的伪政权任尚书、开封府尹等高位。伪政权取消，郑亿年逃回南宋，高宗立刻简任原阶，台谏大为不平，高宗坚持原命，可也说不出理由来。金人来公文，要求把原在北方的逃人一起送回他们。高宗特别向金人求情，单独留下郑亿年，免予北遣。高宗何爱于郑？又何畏其北去？高宗始终不言，真是尽在不言中了。

君权独运，权相密赞，其他所有的大臣，竟不知底蕴。一般士大夫，更不能闻问，如前所述，都已落在朝廷包容政治的笼络之中。

第十一篇，从文官制度转到武官。宋太祖鉴于唐末藩镇动辄割据，因此释大将兵权。此后更扩大文官系统，自然造成重文轻武。像狄青，以行伍出身而任枢密使；像范仲淹等杰出儒臣，兼任儒将，都是有名的例外。一般来说，武人因为政治地位低落，社会地位也跟着下降。最多是从经济方面补偿，例如侵吞军费，利用士兵经营制作，假冒军需，做运输和贸易，可以逃税，这类弊病，终使军纪松弛，军备衰弱。

最要紧的是价值观念的改变。不但统治层轻武，武人自轻，不觉得军职有何重要，有何光荣，时常请求把子弟的武阶，换成文资。连一般平民，也同样看法，于是有"好男不当兵"的俗语，这岂不是举国若"文"吗？那又怎能长久守土呢？统治层多数的士大夫，囿于他们固有的主观看法，竟不感觉这危机，还以为"文"风四播，是可喜的进步。下面还会说到，南宋文化显然的趋于文弱，这是堂堂大国相当奇怪的发展，在世界史上，也极有趣。

第十二篇是第二部分最后的一题，讨论非常突出的武将岳飞，他是尽人皆知的悲壮英雄，有无数人写过他，又何烦赘语？前面提过，史学研究是多元的，从新观点去摸索，又可能发现新的透视，新的兴趣。

以往写岳飞，集中在他本人，忽略了当时一般士大夫。岳飞被诬，在狱中被暗杀，这是骇人听闻的大案，何以满朝坐视不救？何以熟读圣贤书的士大夫，不群起抗议？唯一敢挺身而出，直接去找秦桧责问的，不是儒臣，而是认字不多的武将韩世忠。

杀岳飞的罪魁是秦桧吗？秦桧一死，高宗立刻过河拆桥，把秦家子孙一起赶回原籍。那末，该给岳飞昭雪了吧？还是没人出头说话。一直到孝宗即位以后，才正式平反。平反之后，终南宋一代，又有谁敢追究岳飞一案，批评号称中兴圣主的高宗？

可怪的是明代，人人称颂岳飞，无不痛骂秦桧。中叶以后，还在岳庙前摆设了秦桧夫妇的丑像，凭人侮辱，甚至溲溺，这在礼义之邦，是独一无二的怪现象。而大家不以为怪，绝大多数的知识分子，仍旧不深斥高宗。仿佛讲性理之学的人，是不大情愿批评皇帝的。仿佛责备前代的帝王，也恐怕犯嫌似的。

忠的观念关系绝大。大家说岳飞精忠报国，这话另有涵义，好像要绝对忠君，才能报国，易言之，绝对以君主个人为转移，并非以国家利害为前提。从南宋以来，都是这样的观念，宋明理学也并没加以修正，也并没坚决主张合乎道德，合乎法制的。以忠报国，那就是说，士以事君为己任。根本不合北宋的理想：以天下为己任，依据自己的学识见解，不为君权相权所屈。

阶层偏见，也有关系。士大夫著书立说，以忠为重，却没有出一位像岳飞这样的烈士。有的士大夫无耻，反而倒过来说，岳飞不过是个武夫，这仿佛说，武夫中间的英雄，也还不及儒臣高超。朱熹是夸奖岳飞的，但是他也说岳飞太粗。宋代有个传统，不杀大臣，士大夫都认为这传统很圣明。岳飞在解除兵权以后，是枢密副使，等于国防部副部长，论阶职，确是大臣之一。但他被朝廷杀了，岂非违背祖宗成法？但是南宋人论史，论官制，照样夸不杀大臣，而不提岳飞。因为士大夫根本不跟岳飞认同，把他看作武将粗人，不算大臣。

士大夫的形象，错综变幻，还有待于来日的研究，这里姑且打住。

这里收集的第三部分是教育与道学，比较简单些。

第十三篇所注意的是地方官学和私学的消长。宋初四大书院是后来追崇的传说，有名无实。多数人读书就在家里或寺庙里，即使从师，也不过请求指点，并非正式学校，一直到中叶庆历年间，范仲淹他们推行改进，才诏令各州兴学。但这只是政纲的目标，并非全面的实施，各州自筹经费，能办才办。又过了快三十年，王安石推行新法，才各地设立官学，但他的理想，要"一道德"，官学要注重他所编注、政府颁行的书籍，如《周官新义》等。徽宗时，财政充裕，官学更盛，然而学风坏了，不是挂名在学，有待遇，并且可以免役，就是一心想得功名去做官，心不在学。后来徽宗为了搬运太湖区的花木和异石——名叫花石纲（运）——把官学经费，移作此用，士人自然怨声载道，《水浒传》里都有反映。

南宋已经觉悟，地方的官学，不容易办好，经费和学风都是问题。这时受过高层教育的人，已经相当多，考进士的动辄数千（后来竟过万人）。官职虽然冗，还是粥少僧多，于是一些有理想而一时无官的学者，从事教育，办书院。有的得到地方官吏们的赞助，有的靠其他朋友帮助，或自筹经费，地方私立书院的风气，从此开始。

书院的意义深远。政府是集权在中央，学术的领导在地方，政府控制考试，但是不能约束思想。

说起考试，世界史上以中国为先。讲中国考试制度，很少人提到，像第十四篇所说的，考场弊端，考前通关节，考场内外耍把戏，考后誊录看卷，还可以做手脚。在这篇短文发表之后，转任普林斯顿大学，才看见馆藏珍品，有一件长袖短衫，穿在长衫内，一点不显，而短衫上密密地写满了蝇头小楷，经史参考，赫然貝在。想来南宋还没这类珍品，可是不难推测制度史的通则，凡是制度愈形式化，竞争愈厉害，弊端的技巧也随之而愈发达。

考试就舞弊，考中了做官，能奉公守法吗？

考试又短促，又拥挤，又只见卷子，不见本人，是甄别人才的好办法吗？王安石的三舍法，就主张在学校里，用长时间，经过多次测验，加上平时教员的观察，这就比较接近现代用的方式。当然这类方式，费事得多，终于复旧。南宋政府从头就墨守旧规，后代沿用，也很少改进。

南宋有理想的士大夫，也觉悟到许多制度上困难重重，既看见弊端百出，又无法推动改善，怎样办呢？他们不再像王安石那样，从制度上着想，以为制度改来改去，都有毛病。基本的毛病在人性，这是北宋，一般说来，不够留意的。经过亡国之痛，退到南方，认为别出心裁，必须在基本上重建。士大夫必须有自觉，充分理解儒家的精神，切实遵行道德的行为。人人守道，制度自成余事，全国载道，天下何患不平？

这就是第十五篇所讨论的道学。可是道学的命运，还是受到政权的干扰和利用，只能做到用行舍藏，各行其是的地步。道学初起，相当突出，为执政权相所嫉，遭受党禁。但这压迫是失策的，性理之学，何罪之有？打击这些书生，反倒使他们成名，得到同情，反倒显得当权的一般人气量小，违背包容政治的作风。不久这权相因败战而身死名裂，风潮就算过去了，道学也还没大盛。

又过了一段时间，另一位擅长包容，久踞相位的权臣，深觉需要重新收拾人心，巩固势力。一则是道学方面，不少学术名流。二则因为承继皇位，处置不公，权相几成众矢之的。三则国防情势紧张，而道学有道统的理论。南宋与中原远隔，好像不算正统，但拥有道统，就俨然正统，与暂时失去土地无关，大可鼓舞人心。于是由皇帝出面，崇尚理学，因为曾经排斥道学，所以换个名称。同时起用理学名流，但给他们的是清高职位，并没多少实权，也没有真采用他们的政纲，也没有多听他们的主张。总之，政权把理学包容进去了，换汤不换药。

儒家与宋代国家，从积极方面来说，有相辅相成的关系；但从消极方面看来，也是相依相违的。所谓相违，是指儒家理想和现实政治始终间隔着距离，甚至互不合辙。

可是政治不能摆脱儒家，而从南宋晚期公然崇尚理学，形同国教，从此再也不能动它。政治只能在政治范围内包容操纵，至于学术思想、社会礼教，那就由理学支配了。可惜理学也和政治一样，发展的模式都是"定于一"。定于一未必错，但久于一，就无从多，不多即缺乏新生，这文化就随着停滞，从保守到固守。等到强大的外力侵入，终于守不住。

最后的第四部分，涉及一般文化和社会之中，较为突出的一些情况。文化有各方面，有的进，有的守，有的衰退。重文轻武的影响，不但军事差，连体育都忽视。第十六篇是个很生疏的题目。原来在唐代，从西域引进来的马球竞赛，北宋已经不再盛行，到南宋，就消失了，只有军队里留下一点。不仅是马球，各县衙门向来有射圃，可是儒家式的记载中，大约手无缚鸡之力的书生比较多，极少提到赛射。体育的功能，何止娱乐？健身之外，还能培养分队竞争，队员齐心协力的精神。中国传统文化从宋代起缺乏体育比赛，直到20世纪，才从外国重新发现。

领导中国文化，自南宋以理学为主流，除了哲理、思想以及价值观之外，它最大的力量，并不在政治方面，而是在深入民间。正因为如此，它才会根深蒂固，哪怕外族入主，还是历久不衰。其中一个大关键是启蒙教本。南宋中期就有理学家编抄教本，把经史大意，编成简短三个字的句子，易懂，易读，易背，幼童或初受教育的，很快留下深刻印象，时时引用，终生不忘。这种教本，再改进，就出现了通行全国的《三字经》。

在传统中国影响最多人的书，不是"四书"，是《三字经》。各地翻印，到处教人，有各种方言注明发音的本子，有满文蒙文的译本。因为儿童，不论贫富，都在背诵，连文盲的成人，包括妇女，尽管不认字，听来听去，也能引用几句。以《三字经》和欧洲中古教会的主祷文比较，立刻觉到中国文化的社会教育更深更广。时至今日，多数人已经不知《三字经》为何物，但是"三字经"这三个字，早变成概念式的通用名词，大家都懂得这名词，等于基本口诀、简易要义，便于经常引用的。足证它当初的功能，何等切要！

有的理学人物，在政界学界之外，另以热心社会事业著名。关于族规、义仓之类，早有许多人研究过。第十八篇所详叙的是一位曾经有名，而被埋没了的大慈善家。他以自己有限的田产收入，几次开办粥厂，独力救济成千甚至上万的饥民，在收容饥民时，还注意卫生，以防传染病。把他认作世界上在近代以前最大的私人赈灾者，决非过言！

他的伟大表现，从反面来看，也反映许多社会上的严重缺陷。按说有荒灾，地方官吏应该负责，但他们却束手旁观，觍不知耻。社区上户，也应当有动于衷，组织经常的团体，以应付当时以及日后类似的需要，然而并没有这种民间团体出现。在唐代救济的事多半由寺院担当。在宋代，宗教团体也渐就衰微，虽说是礼义之邦，太缺少社会组织了。不仅如此，连这样绝无仅有的大慈善家，中央政府也只在形式上褒奖他一下，并没有表扬他的榜样，让全国效法义举。

收集短篇写作本想到此为止。因为提到宗教，又加上第十九篇。严格说，这篇不在宋史范围之内，是谈整个中国式的信仰。它和西方不同，不以一元的信仰为主，相反的，中国式是复合的多元信仰。而多元信仰并存的基础，是行为规则的礼教，这模式在宋代已经确立。理学家其实已经放弃反佛，不再引用北宋欧阳修的"本论"。而在金代统治的北方，全真教就大张旗鼓地实行三教归一，礼教和宗教正式复合。

传统文化，因停滞而退化。因此五四运动时，有人痛斥吃人的礼教。礼教不合理的种种，应当痛改，而并不应当因噎废食，采取激烈主张，打倒礼教。试问破坏礼教之后，是否社会秩序混乱？又用什么制度，去培养社会道德？笔者身受日本侵略之苦，并非亲日，但眼看日本维新，也修改旧式礼教，而始终不放弃传统中好的礼教，包括当初从中国传过去的风尚。它是坚守复合式的途径的，很值得中国人反省。

说明了本书各篇，再赘上结语，大胆的假设，把"一"与"多"看作概念化的公式，以为理想的文化，端在"一"与"多"，谋求平衡。

君主集权是"一"，最好有"多"种士大夫来平衡。除了行政官，另有言事官，除了言官，其他士大夫也准许言事。国家是"一"，但士以天下为己任，当然看法不是"一"，要它"多"。除了士大夫，还得有武官参预。在传统中国，言事论政，类多限于高层，那还是"一"，谈不到"多"方面，较合理的制度是"多"层讨论，以求平衡。

思想学术亦复如此。王安石想"一道德"，是走不通的。理学高举道统，何尝不是"一"？自宋以后，这一统的人套子，又有多少新发展？应该在"一"尊之外，也重视"多"说，经过竞争重新综合。这样才能生生不已。学校更是如此，官学之外，应该多些私立的。"四书"、"五经"、诗、赋之外，还要多些书，不错，有启蒙的《三字经》，可是中级读物呢？不错，也有《千家诗》之类的，但是真不多。

社会组织，上面已经说过，太少了。政府高高在上，不愿老百姓结社，这是一个大原因。儒家思想是另一个大原因。从"齐家"一跳就跳到"治国"，在"家"与"国"之间，空了一大段。其实职业行会、业余结社、宗教团体、私人为公益的组织，愈多愈好，否则，只是一个大政府，压在社会上。

这种多元社会的想法，一半是因为现代化已经显示这大方向，一半也是笔者，用多元的观点，从宋代的史料里，得到的概念。至于是否言之成理，那倒并不"一"定，总希望大家"多"研究才好。

君主与政情

封禅文化与宋代明堂祭天

凌纯声先生最近有两篇很值得重视的论文，指出露天坛祭的封禅文化，传播久远，源自西亚，而东及中美南美，在中国从新石器时代到 20 世纪初，一直都有[1]。文中也提到中国祭天原有两种礼节。一种是封禅，另一种是比较少受注意的明堂，用屋内祭天的方式[2]。本文补充一下在宋代这两种方式的演变，特别是明堂的发展，兼以推论中国宗教的糅合性和近千年来君权的提高。

北宋初年祭天的坛，好像相当简朴。"占国南（即都城南面）之七里，得高丘之崛然。"[3] 在附近地方，"每行郊礼，皆营构青城幄殿……设更衣殿"[4]。南宋初到杭州，因陋就简，"以幕屋绞缚为之"[5]。这和凌先生所引，金国君主祭天以后，"至幄次更衣，行射柳击球之戏"[6]，相去不远。可是在安定繁盛的农业社会里，君主的仪式和其他琐节，都有逐渐奢侈的趋势。在露天的坛旁，不久就增建房屋。临时的帷宫和幄殿，变为"斋宫"，再加盖一所"望祭殿"[7]。

奢侈的趋势并不重要，重要的是致祭的对象。最初只是天，等到君权巩固以后，往往演变为天地和祖宗。这类糅合的例证很多，不必赘举。这里所要着重的是在北宋早年，还没糅合，对象只是天。诏书上只提上帝、上穹、上天。到太平兴国三年（978），诏书才说："王者昭事天地，严配祖宗……宜亲洁豆笾，恭陈柴燎，祗见九庙，昭谢上元。"[8]从这文字看来，天子对于上天的祭祀，还要自己做些事。慢慢的天子就比较"省烦劳，趋便安"[9]了。至道二年（996），太宗和吕端、宋白等大臣讨论祭天仪式，太宗自己虽说，"虽百次登降，亦不以为劳"，但是讨论结果，从礼官所议，"止一次升坛"[10]。

以上所说还是封禅文化的坛祭，只是把地和祖宗配上去。基本的改变是另外加定明堂的典礼，不但把天地祖宗摆在一起，而且是充分糅合起来，把天也祖宗化了，和祖宗一样，都在屋子里面祭祀。换言之，皇帝既然是天子，天就是他的祖宗之一。这一个改变，起于皇祐二年（1050）。其中经过，值得分析一下。

当时仁宗重用儒臣，但并没有真正授权儒臣。主要的目的是用一些儒臣来加强君主的权势。而有些儒臣，理想不同。他们希望以儒学来规劝君主，约束君主，推动君主，而事实上往往不被君主所接受。例如庆历三年到四年（1043—1044）范仲淹所领导的改革，为时很短，不久就恢复原状[11]。在改革派失势以后的几年，执政的大臣多半是迎合君主的意旨。在这种空气之下，宋庠就建议恢复明堂古礼，以祖宗配天，与坛祭上天同等重要，并且应该代替祭天。他的理由是巧借的，并没有充分的理论根据。在太祖时曾有一次冬至郊天，碰巧冬至是月晦的前一天，因此改在十一月十六日举行[12]。宋庠以官吏的惯技，抓住这无关紧要的小前例，索性转移重点。他说："以今年当郊，而日至（冬至）在晦。用建隆故事，宜有所避。因请季秋大飨于明堂。"于是"诏罢今年冬至亲祠南郊之礼。以九月择日，有事于明堂"[13]。

明堂古礼，据说源自黄帝，商周都有，但实际上记载不详。从汉代到唐代，所采用的仪式，也不太清楚。问题的关键是一面有郊祀祭天的礼节，另一面有太庙祭祖的礼节，而明堂以祖宗配天，夹在中间，究竟应该如何安排，不好决定[14]。"帝谓辅臣曰：明堂之礼，自汉以来，诸儒议论不同，将安适从？文彦博对：此礼废久矣，俟退而讲求，其当自圣朝行之。"[15] 换言之，只好"自我作古"，创一套仪式。

改革派的领袖范仲淹，这时在杭州，对这古礼也有兴趣，写了一篇《明堂赋》，并且建议采用汉制，明堂有守祀的二老五更，以年老旧臣充任。但这建议没被采纳[16]。此外，范仲淹还两次推荐李觏，因为李撰有"《明堂图议》……上契圣作。谨具录以进，庶讨论之际，有所补助"[17]。李觏因此得官。但他关于明堂的理论，力主与太庙不同，应该推崇上天，却也没被接受[18]。最初建议恢复明堂的是宋庠。他的弟弟宋祁对于明堂很有主张，上了五篇议论之多[19]。他批评李觏他们说："今议者引《祭法》《周易》《孝经》之文，虽近古之词，殊失圣旨。"[20]

这些儒臣，各据其儒学，明争暗斗，都不能使君主满意。仁宗的诏书说："明堂之礼，前代……兼祭昊天上帝，已为变礼。国朝……三岁一亲郊，即……皆合祭天地，以祖宗并配，而百神从祀。今祀明堂，正当三岁亲郊之期。而礼官所定，止祭昊天五帝，不及地祇，又配坐不及祖宗，未合三朝之制。……今移郊为大享，盖亦为民祈福。若祭天而不祭地，又祖宗不得遍配，于礼未安。……宜……悉如圜丘从祀之数，以称朕恭事天地祖宗神灵之意。"[21] 诏书之外，还面谕大臣说："礼非天降地出，缘人情耳。今礼官习拘儒之旧传，舍三朝之成法，非朕所以昭孝息民也。"[22] 于是飨祭明堂的礼乐细节，不由礼官决定，都陆续用手诏颁行 [23]。

从这段经过里，可以看出几点。第一，封禅文化的祭天早已糅合了。其中，君主的祖先，其地位仅次于天地，而高于百神。第二，同样的祭法，却从坛上搬进屋内："大飨天地于明堂，以太祖、太宗、真宗配，从祀如圜丘。"[24] 第三，君主在明堂里面主祭，比在露天的坛上向天而祭声势更大。换言之，天子对于上天的相对地位是提高了。马端临的《文献通考》有句按语说："圜丘南郊之仪，盖当举郊祀之岁，而移其礼用之于明堂，故不容不重其事也。"[25] 换言之，是借用封禅文化的仪式来提高天子的相对地位。第四，儒臣的议论，并没多大力量。有关天子的声势和地位，还是天子自己主动决定的。不但如此，还得恭维君主一句，说他"破诸儒异同之论"[26]。第五，这种做法，就官僚而言，倒有便宜可占。按照郊祭的惯例，大家加赏爵禄。"高若讷谓文彦博曰：官滥久矣，未有以节止，今又启之，何也？"[27] 这是官僚依附君主的基本弱点，和儒家原有的理想脱了节了。

明堂的仪式从此决定以后，还继续去分占原来郊坛祭天的威严。每逢"有事于明堂，更不行南郊之礼"[28]。而君主自己不主祭明堂的时候，派官员代行，却可以去借用南郊斋宫的望祭殿 [29]。元符元年（1098），"新作南郊斋宫端诚殿"[30]，是采用明堂的图式来建筑的。一方面是明堂之礼，依"南郊例施行"[31]，两者并重。一方面是明堂用殿，又建新殿，而近旁的坛，则相形见绌。

关于明堂的安排，后来儒臣还常有不同的议论。但大体上说，"皇祐以来，始讲明堂之礼"，南宋时还是"遵行"[32]。而最要紧的是关于天的定义。仁宗已经定了屋内祭天，怎样解释呢？英宗治平元年（1064）讨论祭仁宗，提到明堂。司马光、吕诲等说："禘谓祀昊天于圜丘也。祭上帝于南郊曰郊。祭五帝五神于明堂曰祖宗。"[33] 在明堂里，天已经祖宗化了！神宗的时候，说得更进一步："祀帝南郊，以天道事之。……享帝明堂，以人道事之。"[34] 天不但祖宗化，而且人格化了。其实，这定义是君权提高必有的结果。天虽然是主宰宇宙的天，也是天子自己的祖宗之一！把祭天和祭祖宗这样糅合起来，天是祖宗，皇帝才真是天子！

南宋时更确定了"明堂当从屋祭"[35]。不是露天的。《文献通考》连引朱熹两段话，头一条是接受上述北宋的解释："为坛而祭，故谓之天。祭于屋下，以神祇祭之，故谓之帝。"下一条却说："明堂想只是一个三间九架屋子。"[36] 天的地位相对的低了，天子的声势相对地提高了。讲古礼的儒者并不受重视。有多少士大夫能悟到这悲哀？

原载《中研院民族学研究所集刊》十八本（1964 年秋季号）

【注释】

[1] 凌纯声，《北平的封禅文化》，《中研院民族学研究所集刊》，十六本 (1963)；《中国古代社之源流》，同上，十七本 (1964)。

[2] 凌纯声，《北平的封禅文化》，页一六—一七，引清秦蕙田《五礼通考》卷一九："先儒谓为坛而祭，冬至圜丘之祭也。祭于屋下，而以宗庙之礼事之，秋季明堂之享也。祭天有此二礼。明太祖以斋屋阴雨，改分祭为合祭，止是省烦劳，趋便安耳。"嘉靖九年 (1530) 才又恢复分祭，冬至祭天，仍旧是坛而不屋。

[3] 宋祁，《圜丘赋》，《宋文鉴》（世界书局影印本），卷三，页六。

[4] 《宋会辑稿》（影印本，以下简称《宋会要》），《礼》二，页一。

[5] 《文献通考》（万有文库），卷七一，页六四三；又卷七二，页六五五。

[6] 凌纯声，《北平的封禅文化》，页五，引《金史》卷三五。

[7] 《文献通考》，卷七二，页六五五；又卷七四，页六七八。

[8]《宋大诏令集》(1962)，卷一一八，页四〇〇—四〇一。

[9] 见注 [2]。

[10]《宋会要》,《礼》一，页二八。

[11] 参见拙著《欧阳修的治学与从政》(新亚书院，1963)，页一六一一二〇三；又《儒家国家の重層の性格について》,《东方学》，第二十辑 (1960)，页一一九一一二五。

[12] 李焘，《续资治通鉴长编》(世界书局影印本，以下简称《续长编》)，卷四，页一六一一七。

[13]《续长编》，卷一八六，页三。又《宋会要》,《礼》二四，页二。

[14] 参见《通志》(万有文库)，页五六四一五六五；又《通典》(同本)，页二五一一二五四。

[15]《续长编》，卷一八六，页三。又《宋会要》,《礼》二四，页一。

[16] 范仲淹，《范文正公集》(扫叶山房)，卷五，页一一三；又卷四，页一五一一六。

[17] 范仲淹，《范文正公集》,《年谱》，页二一；又卷二，页一三。

[18] 李觏，《直讲李先生文集》(四部丛刊)，卷一五，页一一一一。又《宋史》，卷四三二，本传。

[19] 宋祁，《景文集》(丛书集成)，卷四二，页五二一一五三二；又卷四三，页五三三一五三六。又《宋会要》,《礼》二四，页五。

[20] 宋祁，《景文集》，卷四三，页五三六。

[21]《宋大诏令集》，卷一二四，页四二六。参见《宋史》，卷一二。

[22]《文献通考》，卷七四，页六七五。又《宋会要》,《礼》二四，页七。"舍"字《文献通考》作"昧"字，从后者改正。

[23]《续长编》，卷一六八，页四，至卷一六九，页六。参见《宋会要》,《礼》二四，页一三一一七。又《宋史》，卷一〇一，页一一三。

[24]《续长编》，卷一六九，页七。

[25]《文献通考》，卷七四，页六七五。

[26]《文献通考》，卷七五，页六八三。

[27]《续长编》，卷一六九，页九一一〇。

[28]《宋会要》,《礼》二四，页四二。

[29]《文献通考》，卷七四，页六七八。

[30]《宋史》，卷一〇一，页九。参《续长编》，卷五〇四，页七一八。

[31] 见注 [28]。

[32] 《宋史》，卷一〇一，页一六。

[33] 《宋会要》，《礼》二四，页三六。

[34] 《宋史》，卷一〇一，页一四。

[35] 王应麟，《玉海》(华文书局影印本)，卷九三，页五。参《文献通考》，卷七三，页六八三。

[36] 《文献通考》，卷七三，页六六七。

南宋君主和言官

言官力量的大小，从北宋到南宋，变化相当大。北宋初期，朝廷上并没有多少议论。经过考试制度的发展和儒学新见解的生长，若干新兴的士大夫才开始发挥他们的政治主张。一方面君主对他们相当优容，一方面其他官僚也承认他们的领导作用。言官力量最大是在北宋中期，仁宗、英宗两朝。同时，也有流弊。仁宗时"宰执与台谏，分为敌垒，以交战于廷。台谏持宰执之短长，以鸷击为风采。……宰执亦持台谏之短长，植根于内廷"[1]。英宗时，更借口追崇生父的礼节问题，引起所谓"濮议"。主要的弱点是士大夫之间，意见和意气的冲突；制度上没找到一种更好的议事程序和容纳反对意见的处置。北宋晚期，神宗和王安石的锐意改革，接着旧法党推翻新法，最后再行新法，设立"元祐党禁"，不许旧法党留在政府里，只是巩固权位，而早已失去了改革的精神。经过这几十年的演变，言官力量大为减削。

南宋教育比北宋更发达，儒学影响也更为庞大。但言官始终没有力量。虽然有少数士大夫反对和议，有好几次太学生掀动政潮，发表政治主张，但这都反证旁人起来说话，而言官本身反倒是"在其位，不谋其政"。一般解释都归咎于权相钳制言官，甚至利用附和的言官来排除异己。最初，秦桧"方主和议……而外论群起，计虽定而未敢毕行。(龙)如渊言于桧曰：'相公为天下大计，而群说横起。何不择人为台官，使尽击去？则相公之事遂矣。'桧大悟，遂擢如渊中司，人皆骇愕。"[2] 这种手段，"习以成俗"[3]。韩侂胄当权时，有"庆元党禁"。史弥远长期执政，谏官的稿本，要先经他看过[4]。贾似道也同样："台谏言事，悉用庸懦易制者为之。……惟取远小州太守及州县小官，毛举细故，应故事而已。"[5] 总之，"权臣所用台谏，必其私人。约言已坚，而后出命。其所弹击，悉承风旨"[6]。这些都是事实，但决不是唯一的解释。纵容权相把持是君主自己愿意。至少君主可以另选旁人，不用宰相所推荐的人做台谏。南宋官私记载，往往归罪权臣，避免批评天子。元代修《宋史》，也是如此。无形中留下一个印象，好像南宋皇帝都不错。事实上，南宋虽然没有暴君，而从孝宗以下，多半昏庸。最大的例证是理宗。因为他表面上崇尚道学，一度任用道学派的大臣，所以得此美谥；而宋元时代的记载，总是替他隐恶扬善。其实，理宗常常溺于酒色，并未改善当时的政局[7]。这篇短文，不能去讨论南宋君主整个的问题，只是提出他们除了任用权相之外，同时自己也用各种手段来应付和控制言官。南宋言官力量之所以薄弱，君主要负绝大的责任。

第一，南宋君主对于言官，常用拖延敷衍的手段。例如徐经孙劾近习董宋臣，"一日之间，两被圣旨。既论之曰：'虽未尽行，已示意向。'又谕之曰：'尽有商量，岂待促迫？'"[8] 理宗时，不但这些太监逍遥得意，宫内还常有方士、女冠、娼妓进出。外戚子弟，则任畿辅地方的监司郡守。言官论奏，就"宣谕节贴"[9]，好像接受劝告，其实一点不改。有时，仅只是当时口头敷衍。下面一段记载，颇为生动，是理宗之前，宁宗时代的情形：

> 臣闻自古人主患不容受。陛下每于臣僚奏对，言虽讦直，必务优容。可谓有容受之量。然受言之名甚美，用言之效蔑闻。毋乃听纳虽广，诚意不加。始说而终违，面从而心拒。轩陛之间，应和酬酢，密若有契于渊衷。进对之臣，亦自以为得上意。退朝之暇，寂不见于施行。盖有宣泄于小人，而遂罹中伤者矣。潜沮士气，阴长谀习，莫甚于此。[10]

照常理说，君主不采纳言官的主张，尽可明说。历朝沿用的办法是"留中"，把奏折摆在一边，不置可否。而南宋君主不同，要格外的一日两谕，假装个宣谕节贴的形式，或是当面酬酢，很客气的样子。这是什么？当然，只有一个目的，表面上崇尚儒家理论，避免拒谏的坏名声，怕引起官僚们之间扩大的宣传。理宗曾经很坦白的说过："纳忠不妨，但勿散副本。"[11] 换言之，言官多批评几句，没关系，反正听过就算了。只要不传到外面去，让许多人都知道。这种用心，从高宗起，早就这样。胡铨反对屈辱讲和，是绍兴八年（1138）的大事。高宗特别下诏，严加戒谕，指摘胡铨的态度失当，是这样说的："初投匦而未出，已誊稿而四传。导倡陵犯之风，阴怀劫持之计。倘诚心于体国，但合输忠（即只向皇帝说，外面不讲）。惟专意于取名，故兹眩众。"[12] 从这些例证可以看出南宋君主，除非不得已，才公然责备言者。没有必要时，总希望敷衍过去，不愿意人言藉藉。

第二种手段是"调护"，就是调解一下，叫被批评的从此谨慎一点，叫言官不必再多说，而实际上是庇护。杜范曾屡次指摘理宗不该如此:"首用洪咨夔、王遂为台谏……炁炁有向治之意。然……庙堂之上,牵制尚多。言及贵近,或委曲回护……或彼此调停。"又说:"终归于调护……又复闻上命而辄止。"[13] 林希逸撰《刘后村行状》,明说君主对于言官"虽择其人,而不授其柄,但见调护,使之勿言"[14]。不愿意听谏,而还是要用比较有名望的人做言官,无非是借他们的幌子,欺蒙一般官僚的耳目。

第三种手段更妙,"抑言奖身"。上面提过的杜范不留余地地指出:"抑其言而奖其身,则是陛下外有好谏之名,内有拒谏之实。"[15] 抑言的方式也妙。不是完全抹杀,而是把言官原来的奏议删改一下,再行发表,并且说已经听了这言官的好意见。"但有报可之虚文,曾无施行之实事……每加节略,而文理不全。或至易写,而台印无有,中书不敢执奏。"何以如此费事假装这一套呢?只是为了"畏其去台谏之名,而曰姑留之而已"[16]。这种手段,其实也是创自高宗。绍兴五年(1135),派使向金求和,胡寅反对。下诏说:"中书舍人胡寅论使事,辞旨剀切详明,深得论思之体。令学士院赐诏奖谕。"[17] 但派使求和的方针,并未丝毫改变。

除了上述三种虚伪应付的手段之外,还有控制,或是指示言官故意提出,或是命令言官不要说话。这种手段,也从高宗开始就有。"绍兴末,台谏奉行天子风旨,有宣谕使言者,有宣谕不得言者。"[18] 这时秦桧已死,绝不能诿过于权相,明明是皇帝自己的作风。宁宗时照样:"间者大臣去位,一章而罢,如弃土梗。借曰台谏之言,不得不从。则前日之抗言极论,列名奏疏,何迫之以宣谕,而果于拒人也?"[19] 足见南宋君主对于言官,只是利用——利用他们的名望,用得着的时候叫他们来出头说话,此外却不太听从他们的主张。

不许言官说某些事情，例证很多。高宗用秦桧执行求和政策，就"诏台谏为国爱人，勿复再言，出榜朝堂"[20]。又信用一个医生，叫王继先。此人还主编过一本医书，有日本版[21]，在当时很有权势。"台臣有论列二人者，上曰：'桧，国之司命。继先，朕之司命。'自此言者遂沮。"[22] 孝宗时比较好，禁止言官论列的事少得多。光宗时又坏起来了。彭龟年是宁宗做皇子时的老师，在光宗时，就说光宗："虽听用固亦不少，然或不行，或训饬，或宣谕。"在宁宗时，又力言不该不听言官的话，反倒相信特务的小报告。他论"逻者之弊"说："今日言一事，实也，而明日则虚矣。明日言一事，虚也，而后日则实矣。……千变万化，而……权已在其股掌之中。以术御之者，又不过取其所畏恶者，随而察之。"[23] 不许言官说话，再举豪门史家前后两个例证就够了。史嵩之当权，台谏批评。"上以御札付台谏……自今勿复群撼，以全大体。"[24] 史弥远死后，言官乘机追论他的子侄们。"御笔谓，朕欲全功臣之世，而人言不已。戒饬史宅之等安分畏法。……仍令自今中外臣僚……毋得群撼，务存大体。"[25]

君主双管齐下——又利用，又控制——言官的处境是相当不容易的。周必大亲受孝宗赏识，而孝宗又的确是南宋君主之中最好的一个，可是周就两次因为言事，离开中央政府。隆兴元年（1163）是攻击近习曾觌、龙大渊，无效而去。乾道八年（1172）又因为反对外戚张说，称疾而归[26]。一般说来，凡是做过言官的人，很少被君主喜欢，升为侍从，多半是另任闲职或外调[27]。往往言官因拒谏而去，还可以受到若干其他官僚的称誉，虽然失去地位，声望更高。因此南宋君主有的时候既不听言官的话，又不许辞职，弄得言官上不上，下不下。"给舍驳正，台谏论列，固其职也。而连章累疏，则沮格不行。备礼请去，则眷留其力。"[28]

但对于君主这种态度，这些手段，一般官僚们的反应自然是推诿责任，说是没有办法，错处全在皇帝自己。徐经孙说：

> 而切观时事，深有疑焉。数月以来，不惟内批之烦，佞幸得志。而名器之衰，中外隐忧。问之大臣，固常执奏矣，或谓上意之难回，是陛下为大臣分过也。问之给事，固常缴驳矣，或谓宣谕之狎至，是陛下为给事分过也。问之侍从，非不论奏也，或谓不见了施行，是陛下为侍从分过也。问之台谏，非不抨弹也，或谓尚闻于节贴，是陛下为台谏分过也。夫上而辅弼，下而有司，本为救过之地，而今也下有所议，上未必从，反未免有分过之疑。[29]

南宋君主，自以为善用手段，使言官以及百官，都在掌握之中，"跳不出如来佛掌心"。结果，官僚也是一片虚伪，上下相蒙，人心早已涣散。所以等到蒙古兵攻破襄阳，从长江上游往东攻进，官吏纷纷投降或逃走。像文天祥、陆秀夫，以及其他数白人，见于《昭忠录》一类书的，只不过百分之一二。南宋亡国时的节义，虽然胜于北宋之末，也并不像史册给人印象那样高，实际上也许不如明末。

这篇短文，就此打住。可是想借这机会，提出四点推论来请教各方面的学人。第一是思想史上的问题。南宋道学兴起，特重"正心诚意"。在当时，在后世，常常觉得这不免迂阔。果真如此吗？当时儒者看透皇帝和官僚的虚伪，深深觉悟不从道德风气上来倡导精神改革，还有什么出路？至于这种倡导，是否收效，是另一个问题，也是儒教史上一个最基本的问题。是不是在许多限制之下，它还是有相当影响的？

政治上的功效也许少些，对社会道德是不是颇有贡献？第二是制度史上的问题。政治制度或制度的规定是一回事，北宋、南宋改变不大。政治作风或制度的运用，又是一回事，南宋风气，大不相同。是不是研究制度史必须兼顾这两方面？第三，想应用这看法，提出一个假设，供大家讨论。从北宋起到近代，都是君主专制或君主极权。可是任用大批受高等教育的职业官僚，是一个特色，与世界史上其他的君主极权不同。因为用了许多官僚，君主也就慢慢学会——像这篇短文所描述的——用些老奸巨滑的官僚手段，来应付和控制官僚。假定如此，我们是不是可以说中国近千年来是一种特殊的"官僚化的君主极权"？而这也就是儒家最大的矛盾？第四，是中国史分期的问题。分期该从各种角度来看。从经济，从君主极权，从科举官僚来看，唐末五代到宋初，是一个大变化。假定再从次要一方面来看，看官僚的政治作风，南宋也许是定型的关键期。以后各朝，始终没改变这形态。这里面也许还有地理区域的关系。

1968 年 4 月脱稿于日本东京，原载台北《清华学报》，新八卷，一、二合期（1970）

【注释】

[1] 王夫之，《宋论》（1962 影印本），卷四，页七七。请参阅拙著《欧阳修的治学与从政》（新亚书院，1963），或改编英文本（*Ou-yang Hsiu, An Eleventh-Century Neo-Confucianist*, Stanford, 1969).

[2] 毕沅，《续资治通鉴》（1957 标点本，以下简称《续通鉴》），卷一二一，页三一九三。

[3] 袁燮，《絜斋集》（武英殿聚珍版），卷二，页一六。

[4] 丁传靖辑，《宋人轶事汇编》（1935），卷一八，页九〇二。

[5] 刘一清，《钱塘遗事》（武林掌故丛编），卷五，页九。

[6] 黄震，《戊辰修史传》（四明丛书），页二。

[7] 《宋人轶事汇编》，卷三，页九一—九三；又，卷一八，页九〇七。《戊辰修史传》，页一一。

[8] 徐经孙，《徐文惠存稿》（宋人集），卷一，页二四。

[9] 《钱塘遗事》，卷五，页六。

[10] 卫泾，《后乐集》（四库珍本），卷一〇，页一六。

[11] 《宋人轶事汇编》，卷三，页九一。

[12] 《续通鉴》，卷一二一，页三一九八。

[13] 杜范，《杜清献公集》（静嘉堂文库藏明刊本），卷五，页一一；又卷六，页一四。

[14] 林希逸，《竹溪鬳斋十一稿续集》（静嘉堂文库藏钞本），卷二三，页八。

[15] 《戊辰修史传》，页六。

[16] 《杜清献公集》，卷八，页二，又卷七，页五。

[17] 《续通鉴》，卷一一五，页三〇六五。

[18] 高斯得，《耻堂存稿》（武英殿聚珍版），卷一，页七—八。

[19] 《后乐集》，卷一〇，页一九。

[20] 刘一止，《苕溪集》（静嘉堂文库藏钞本），卷三〇，页八。

[21] 王继先（等），《绍兴校定经史证类备急本草》（日本1933影印本）。王继先被言官攻击具体事极多，见《三朝北盟会编》卷二三〇，页七—一六。

[22] 叶绍翁，《四朝闻见录》（浦城遗书），卷二，页一二。又《宋人轶事汇编》，卷三，页六九—七〇。

[23] 彭龟年，《止堂集》（武英殿聚珍版），卷一，页一〇；又卷一一，页四。

[24] 佚名，《京口耆旧传》（守山阁丛书），卷七，页六—一七。实是刘宰的作品，见《粤雅堂丛书》本，附余嘉锡《四库提要辨证》。

[25] 袁甫，《蒙斋集》（武英殿聚珍版），卷五，页一〇。

[26] 周必大，《周益国文忠公集》（1848），卷首。

[27] 袁说友，《东塘集》（四库珍本），卷八，页一〇，又《杜清献公集》，卷六，页四—六；又卷九，页六。

[28] 《后乐集》，卷一〇，页一八。

[29] 《徐文惠存稿》，卷一，页一〇。

背海立国与半壁山河的长期稳定

一 前言

各种学术都在跃进，历史的研究是怎样往前推动？除了偶然有新史料的发现之外，我们只能在现存的书籍的范围以内去做工作。有一种工作是考订和整理。另外一种工作就是从多方面去看，提出新的分析，新的综合。这种新观点一定对吗？已经有了几百年相传的史学，尤其乾隆嘉庆年间深厚的造诣，再加上近几十年来中国、日本和西方史学家的成就，为什么还需要另辟门径呢？事实上前人的看法，并不一定错，可是也有从前时代的限制。从多方面去看，基本上不是对错的问题，而是说看法愈多，对历史的了解累积起来也愈广愈深。古语所谓"苟日新，又日新"。既不是新陈代谢，也不是推陈出新。而是说由旧生新，自强不息。这种态度很适用于史学。对于以往的成果，章学诚说得对，"临史必敬"。可是我们自己更有责任在已经建立的基础上，再增加一些新的方面。

历史多么庞杂。不要说一部二十四史从何说起，无论哪个时代，都是错综繁复，说来话长。因此从多方面去做新分析工作，又可以分为两类。一类是确定很具体的范围，做窄而深的研究。这类研究做得好，可以由小见大，帮助对于整个时代的了解。万一范围太小，或者忽略了当时的大势，却又难免窄而琐。功力虽久，成果有限。仿佛数清了几棵树木，却无从看到森林的形势。另一类的工作是从大方面来看，作广泛的分析。这样做法，很容易有缺陷。一则笼统，难免错误。更糟的是挂一漏万，大而无当。虽然如此，广泛的分析还是有用处的。因为它有刺激作用，可以推动其他的研究，再去仔细审查，这些方面究竟是怎么回事。所以这类的分析，一定要谨守两个限制。第一，它是建议性的看法，不是定论。第二，从大处看眼，希望提出一些新刺激。并不需要写人多，简论就够了。在不久的将来，一定会被修正充实。历史的研究，就可以不断地生长。

二 地理形势的转移

把北宋算作一代，这是沿袭西汉东汉、西晋东晋的先例。这种分法，在基本上说，是以一姓王朝做单位。放宽一点说，也太偏重政治，尤其是偏重中央政府，而因此忽略了其他方面，特别是地理、军事和经济。再进一步说，地理、军事和经济又必然影响到政治。所以南宋尽管是中兴，可是它的政治另有它的特色，和北宋不同。

在经济方面，许多学者已经提出充分的证明。五代时期，长江流域已经繁盛。经过北宋，全国的经济重心，已经从黄河流域逐渐转移到江南[1]。北宋末，南宋初，已经有话。一说是"苏湖熟，天下足"。另一说是"苏杭熟，天下足"[2]。后代又以常州代替湖州或杭州的地位。总之是太湖区域。这一区域，不但是因为水利灌溉、农种农具的改善，因此食物产量特别高，而且还有丝麻茶竹等各类的农产品。在物产丰富的基础上，工艺生产也是全国第一。内陆的水路，沿江、沿海的运输，更促进贸易的跃进和城市的扩展[3]。从这方面看来，南宋是退守到最强的经济基地。金人两次进攻太湖区域，都没成功。

不过光从经济地理的转移来看，南宋也还不算太特别。南北朝的南朝，五代时期的南唐，也是靠太湖区域做基地。其实在南宋的时候，政治地理的转移，比经济还重要。它不仅是太湖基地，而是以整个东南靠海地区做根本，来控制从长江北岸以南，一直到广东广西，这样大的一个帝国。这一点——用靠海地区做根本——是中国历史上，在近代以前，所绝无仅有的。同时，对于南宋当时若干政治上的措施，有决定性的影响。

北宋亡国，南宋还没确实建立的时候，许多有志的士大夫，都主张建都南京。一则是根据南北朝的先例，二则表示注重淮河流域，徐图整顿，恢复中原。甚至有人主张建都武昌，也是面临长江，又恰在版图的正中央。这说法看来好像合理[4]。那末，宋高宗为什么要选择杭州做国都呢？难道是他喜欢仿效五代时期的吴越王国吗？

在北宋快完的时候，宋徽宗以太上皇的身分，逃出开封，沿河南下，就已经是往苏州走。他的儿子高宗，屡次兵败，退到扬州。没想到金兵很快地追来，临时半夜仓皇逃过长江。这就是"泥马渡康王"的传说。来不及逃的，在江岸上被乱兵杀的，在江上翻船死的大小官员，数目不少。经过这次惊险，高宗是不敢确信能守住南京的。他怎么会选南京做国都？

当时江航的技术已经发达，和南北朝，甚至南唐的时候，大不相同。所以金兵也不难找到汉人，帮他们渡江，继续追赶高宗从苏州追到杭州以南。在最危急的时候，高宗从宁波逃到海上。在宁波和温州之间的海面，躲了四十天。这也是中国历史上从来没有的。又一次惊险的经验，使高宗相信，最安全的办法就是背海建都。

南宋不但是背海建都，实在是背海立国。从南宋亡国来看，也是如此。杭州失守，逐渐退到广州。最后，陆秀夫负帝死于海。大臣像陈宜中，带了几百人航海移民到泰国。这都可见海对于南宋的重要。

背海立国，也就是说背海面陆。我们印象中的地图，都是居南望北。讨论南宋，需要把地图，往右扭转九十度，从海上往内陆看。杭州是中心。一面有海上的退路，一面有长江下流和太湖区域的富庶，还有一面是浙东山区的屏障，它的确具备最优越的条件。从国都杭州看来，南宋的基本地带是现代的江苏和安徽的南部，浙江和福建。当时人就说："两浙畿内，福建江东为近畿。"而官吏则"唯欲官于东南"[5]。

在这背海面陆的基本地带的外面，有一圈辅助地区。这些地区的性质，各有不同。第一是靠北的淮河地区。虽然经济上不发达，有些县始终没有完整的城墙，不容易防御敌兵侵入。可是幸好地势起伏，河流交错，湖沼纵横，对骑兵作战不利。在南北朝时，淝水一战，就决定了北方民族无从南进。北宋初年，修复漕运，沟通汴河，直抵长江。北宋亡国，淮河地区有不少散兵游勇、起义的队伍和匪贼的集团，时出时没。运河的交通网，早经破坏，无可收拾。金兵打南宋，虽然一鼓作气，长驱直入，东扫钱塘，西指江西中部。但不久就发现，淮河地区很难肃清。因此后方补给，也就难以为继，不得不撤兵北退。金宋之间，一共是两攻而和，后来南宋又两次反攻，还是再和，始终是在淮河一带划定国界。就南宋而言这是前卫地区。

另一个辅助地区，是襄阳一带。它最大的军事作用是策应。一方面和淮河成犄角之势，可以从侧面牵制北敌的攻势。另一方面，又可以西连陕西、四川的外卫。所以襄阳可以叫作联卫地区。国防形势，暂且按住一下，下文会再提到。这联卫地区另外还有一个更大的重要性，就是掩护了另一片广大的领土。

从湖北经过江西和湖南，一直到广东沿海和广西山地，在面积上讲来，好像是南宋的腹区。但它不是南宋的基本地带，只能算是内陆地区。这一区的物产虽然也很多，可是远不如江浙福建一带富庶，运输也没有那样便利。不用讲其他地方，单就江西而言，就可以说明这情形。江西离国都杭州并不太远，可是不属于基本地带，只是辅助内陆。江西产茶，可是茶商常需要武装自卫。局面混乱，这种武力又一变而为茶寇[6]。比茶更有名的出产，就是景德的陶瓷，当时就远销海外。但是茶也罢，窑业也罢，像开矿一样，同时是反映那一带土地不太肥沃，食粮的生产有限。在文化方面来说，从北宋以来，就出了很多有名的士大夫。但到了南宋，毕竟敌不过江浙福建的人才济济。朱熹重兴白鹿洞，在那里讲学，也可以说是把江浙福建的新学风，往内陆推行，在江西建立一个新的中心[7]。从朝廷来看，江西人往往讲不好标准的官话。有一次周必大推荐有名的杨万里做读册官，负责宣读任命的文件，孝宗说不好："杨，江西人，声音不清。"[8]

从襄阳联卫地区再往西，就是陕川边卫地区[9]。所谓陕，只是陕南。一面有路通襄阳，一面是四川的前卫。最要紧的还是四川盆地的本身[10]。四川从南北朝，经过唐朝五代，都没遭受大乱。在宋代有农业和江航技术的发展，更为繁盛。但是南宋背海立国，四川离开那么远，无法把它作为一个基本地区。相反的，朝廷对于四川，需要格外控制，变为一个特殊行政区。从国防讲，最早就派张浚，保住陕南。继而用四川本地的大将吴玠兄弟，长期镇守。然而吴家后人吴曦，终于叛变。从此以后，中央的控制，不得不更加严格。从小处来看，对四川人有严格规定，不许在本地或陕南做知州或通判。因为四川太远，许本地另行举办考试。但四川人考中以后，到其他地方去做官，又另有限制。东南的基本地区，凡是有万户的县分，最多只许用两个四川人。就是用四川人，也不许担任负责治安的县尉[11]。换言之，南宋对于四川籍的官吏是歧视提防，始终不放心的。

以上所说各辅助地区的性质，又可以从蒙古攻打南宋来证明。蒙古根本不从淮河前卫地区进攻，先打襄阳联卫地区。第一次没有得手，于是改用弧形大迂回战略[12]。一面进攻四川边卫地区，一面从它背后由云南突入湖南湖北的内陆地区。这些地区的动摇，也就是说襄阳的后方已经不稳。然后蒙古二次再打襄阳，围城五年。襄阳一降，长江水师接着投降。顺流东下，很快就占领了南宋江浙福建的基本地区。剩下广东一带，自然支持不久。这是第一次中国全地完全被游牧民族占领。应该指出来的是这次征服战争，最初虽然是由北往南，但到了靠近长江的阶段，就改为由西往东。也就是说，由长江上流往海岸线打，因为南宋是背海立国的。

讲完军事地理，再回到政治地理的转移。南宋政治的领导，多半是江浙福建基本地区的人。先从皇帝说起。高宗虽然生长在开封，但一般记载忽略了，没有提到他母亲是浙江人。而且他小时候，他父亲徽宗就说他长的是"浙脸"[13]。这个背景，和高宗选定杭州做国都，也有关系。高宗没有子女，又就近选择太祖后裔散居在浙东的做继承人。从孝宗起，南宋皇帝都是在杭州和绍兴两个地方长大的。

绍兴离国都近，顺河即达。何况山明水秀，土地丰美。许多大官都在那一带置产安家，教养子孙。所以绍兴一带文风极盛。后来有所谓绍兴师爷，闻名于世。本人不能做官，就帮出任地方首长的做非正式的幕府。足见这一带历世相传，汇集了大量有关行政手续、办事技巧和官场应付的知识。除了绍兴是最显著的代表之外，太湖周围的一些城市，情形也大致相似[14]。以物质享受，生活趣味而言，可能是苏州第一。以环境享受，书画艺术而言，可能要算湖州第一。换言之，太湖周围和绍兴一带是南宋官僚文化最高的区域。对照而言，讲学重于做官，理想重于享受的区域，却在浙江南部的山区。例如金华学派，永嘉学派，便是很好的例证。

在官僚文化最高的区域，它的人物往往有比较显著的特殊作风，这句话，粗看来，未免武断。其实不然。第一，在整个文化之中，各个不同的地区自然有若干的差异。第二，这种差异一部分是受到自然地理的影响，例如地形的宽旷或是山川的曲折，人口的疏密，物产的多寡。但是更重要的是受到人文地理的影响，例如政治、经济或军事的关系。第三，这种地区的特点，不是说这地区所有人，都是同一类的性格。而是说，虽然有很多例外，而这地区的人，一般而论，比较其他地区的人，有不同的作风。第四，这种作风常会给其他地区的人，某种固定的印象。由于以上几点，可以确定地区作风这个概念，不是偏见，而是有客观根据的。所以从《左传》《史记》起，中间经过无数史籍和很多地方志的记载，一直到今天一般人的心目中，都有这个概念[15]。所要注意的，只是用语言文字描述这种地区作风的时候，不但笼统，而且夸张。不但武断，而且偏激。所以应用在研究的时候，只能限于论述当时的人，对于某一地区的作风，有些什么泛论的印象。

南宋当时，对于江浙福建基本地带的人，特别是太湖周围和杭州绍兴附近的人，认为是有些特征的。在政治上，他们比较温和，不愿意冒险。其中的优秀分子，多半善于辞令，巧于应付。而这些表现，并不仅只是表面的敷衍，背后还有很周详的考虑。其中更善于思虑的人，常还有深远的计谋。这些特征，正适合于南宋的政局。当时的文官制度，员多缺少，时常发生明争暗斗，倾轧排挤。但在表面上，还要彼此顾全体面，不为己甚。虽然有茶余酒后的笑谈，小报诗文的讥评，可是在正式公文上，还要无碍观瞻。当时的行政制度，条例繁杂。无论是徇私也罢，报怨也罢，公文还是需要写得"圆通""圆到"，同时要考虑到留个退步。

这种做法，是地区特征所伸展而成的呢，还是因为当时政治风气已经如此，所以离都城不远的一带，就慢慢养成这种特征呢？这问题，在表面上看来，是鸡生蛋，蛋生鸡，相辅相成的。但比较两者之间，还是政治风气在先。北宋末年的情形，和北宋初年不同，已经走向这方面。到了南宋，配合了太湖杭州绍兴一带的地区特征，就更变本加厉，牢不可破。南宋一代，从不施行改革。到了末年，贾似道权倾一时，在基本地带，实行"公田法"，强迫收买大地主所拥有过多的土地。再以这些土地的收入，支持军事费用。不但当时就遭受猛烈的反对，而且以后还被指为祸国的罪状。平心而论，"公田法"的实行，容有可议。而它的目的，却未可厚非[16]。骂贾似道的士大夫，纵有理由，可是竟没人提出更好的办法，如何来处理土地集中，如何来应付军费。这就说明这地区的政治风气，是决不容许大规模或很极端的改革的。

三 中兴是怎样完成的？

普通看法，以为南宋无非是退保南方。而君懦臣弱，马少兵怯，所以只能屈辱求和。到最后，蒙古入侵，连守都守不住。其实，中兴不是易事。北宋亡国时，长江一带，已经有土崩瓦解之势。怎样去重整这半壁山河，又岂是"退保"二字所能概括？上文提到，高宗曾连连败退，直到海上，可见几乎不保。其实在逃亡海上以前，已看出情势危急，曾向金人表示，自愿取销皇帝的尊号，降格做金人的藩王[17]。只要金人不再进攻，愿意称臣。幸好金人当时野心比这条件大。否则根本不会有南宋，更谈不到中兴。从这观点看应该分析一下，中兴是怎样稳住这残局的？

统治中国，需要士大夫的支持。而士大夫的心目中，确有忠君和正统的观念。金人占领开封，虽然以身殉国，像李若水这样的人，并不多。可是甘心投效金人如莫俦的，也不多。而投效金人的，更不会有力量来号召其他的士大夫。金人因此逼迫张邦昌，成立国号大楚的傀儡政权。张邦昌明知他自己也没有办法，所以听从吕好问的画策，不居正殿，不坐宝座。把从前贬出宫外的元祐太后迎来，住在皇宫里，然后暗中和高宗通消息。最后自己逃出开封，到高宗那里请罪。

高宗也知道他自己的号召力未必足够。所以他也学张邦昌的办法，正式尊崇元祐太后。这位太后本人无关重要。而元祐两字在政治上颇有力量。它象征司马光等旧法党的精神。它可以被用来做工具，把北宋亡国的责任，推在仿行新法像蔡京等人的身上。它可以传布，做一种口号，唤起在野士人的拥护，树立重生的希望，相信安定的好日子又会再来的。

可是政治并不这样简单。高宗在地位还站不稳的时候，绝不肯单纯地倾向任何一条路线。在势力薄弱的时候，他必要"兼收并蓄"。所以一方面尊崇元祐，另一方面绝不排斥旧日蔡京手下的官僚[18]。相反的，蔡京手下曾有不少熟悉财政的人，是不可缺少的。当军事力量还不够的时候，在宣传上政治号召固然需要，在实际上财政来源尤其迫不可待。何况金人又用了刘豫，成立了第二个傀儡政权。这时和张邦昌那时，又已经不同了。留在开封，河南山东一带的士大夫，时过境迁，已经看出高宗没有力量收复京师，不免接受被金人占领的现实。因此对他们而言，参加刘豫号称大齐的政权，诱惑性相当大。只有"兼收并蓄"的方针，才能劝诱北方的士大夫南来效忠，阻挡他们不要跟刘豫走。

理财对于中兴的重要，例证很多。高宗最初在济州起兵，继而在归德即位，任用的大臣是汪伯彦和黄潜善。有好些官僚，都批评这任用的错误。但高宗绝不改变，主要是因为汪黄二人，熟悉淮河一带的漕运。等到退到江南，他又罢斥汪黄，把败战的责任推在他们身上。这固然是因为反对他们的人越来越多，证明他们不能收揽士大夫的拥护。但同时也因为汪黄对江南财政，并不熟悉，可以另用更合话的人。不独高宗重视理财，安抚陕川的张浚也是如此。张浚最要紧的措施，就是整理四川的财政。试问没有四川的财力，又怎能维持陕南的前线？

理财的重要性在南宋一代，从中兴起，始终没变[19]。在高宗死后，士大夫批评他"无休养之功"。孝宗死后，也有类似的评论，说是"无富庶之政"[20]。廿世纪的学人研究南宋财政，结论说是"重税政策"[21]。这些论点，就其本身来说，并没有错。但是差了一点：应当进一步再问，为什么要重税？如果税不重，政府的收入就不够，就无法维持一长期稳定的局面。

理财还有一方面，就是用财力来养着好些士大夫。光是用忠君等等的政治口号是不够的。几百年来，以至今日的史评都说，南宋有个大缺点——官多，士多。事实上的确如此。南宋官僚，不做现任官职，多半还给宫观祠禄[22]。等于现代的挂名差使，拿一份退休的待遇。太学的学生，州学的学生，都有供养[23]。这是不是浪费呢？从行政的观点说，当然是等于无功受禄，吃饭不做事。可是就统治的观点来说，这是施小惠以防大乱，把这些统治阶级的分子，全部维系住。试想印刷越发达，读书人越多，越来越多的游士，觉得他们没有出路，没有希望，岂不会造反吗？何况现任官的官俸、退任官的祠禄、各种学生的供养，整个加起来，还是比军费所用的少[24]。总而言之，还是上算的。更何况饮水思源，这"重税"也是靠官僚去执行才收来的。用这税收的一部分，来维系官僚群，包括所有官僚和候补官僚在内，对于统治王朝而论，并不算是失策。

再说回中兴，财源是绝不可少的。南宋最初兵少，后来慢慢多了。征兵并没多大成绩。征来的兵，往往逃走。甚至于黥面，也不能完全防止[25]。军士主要的来源，不是平民，而是盗贼。南宋人就承认，忠义军往往就是盗贼。清代王夫之有名的《宋论》说得好："绍兴诸大帅所用之兵，皆群盗之降者也。"因为这些人能打仗。"不然，举江南厢军配囚脆弱之众，恶足以当巨寇哉。"[26]而且举出先例，东汉光武中兴，用的就是降盗。但是这些盗贼为什么要降呢？这答案就是招安政策。而招安政策非有财力来支持不可。

招安政策是安内攘外，一箭双雕的办法。既可以消弭盗贼，逐渐统一，又可以吸收武力，加强国防。对这些盗贼集团威胁利诱，他们有两条路子，一条是抵抗，另一条是接受改编，成为正式军队，既有官职，又有军饷，可以算是名利双收。如果不接受这样的好条件，就用离间分化，使盗贼中一部分归顺，帮着打顽强抵抗的那部分。在这种情势下，多数的武装集团，就逐渐归顺。其他的少数，不是北逃，就是消灭。投降过来的队伍，当然并不可靠。第一是用贾谊的故智，化整为零，把他们安排在不同的防地。第二是釜底抽薪。王夫之又讲过："绍兴诸帅，用群盗而废其长。张用、曹成、黄佐，仅得生全。范汝为、杨么，皆从斩馘。李成、刘忠，宁使之北降刘豫。……宋之抚有江淮，贻数世之安，在此也。"[27] 我们也可以加一句说，这是用财源和政治谋略来巩固。约束军队纪律，巩固形势。

招安政策成功以后，朝廷还是不能放心。因为韩世忠、张俊、岳飞三大将的势力大了。他们和久为大将的刘光世，大致说来，各有五万军队。而且这些队伍都称为韩家军、岳家军之类，和朝廷没有直辖的关系[28]。而朝廷直接指挥的御前军马，只有三万人[29]。从南宋初起，朝廷对于这些大将，都不得不采取宽容的态度。一方面是"容其割据"，许他们就地抽税，贩货卖酒[30]。另一方面"使不为过"[31]，不要超出使中央政府太难堪的范围[32]。这种办法，当时称为"御将有术"[33]。其实也没有更好的办法。强敌压境，非靠这些大将不可。例如在采石战前，高宗还深虑兵财两事，都没把握。采石之胜，也只是战术上的胜利，限于这一役。南宋的力量根本不够乘胜反攻，长驱北伐[34]。

高宗何尝不愿控制这几员拥有重兵的大将？在他地位没稳固的时候，就有过苗刘两将的兵变，他被迫宣布退位。这种经验，早就让他对武将猜惧。而向他进言，应该收取兵权的文臣也屡见不鲜^[35]。可是他不能学宋太祖，杯酒释兵权。宋太祖自己老于军事，深知手下的大将，否则他是不能"自坏长城"的。所以高宗一直等到讲和有了眉目，才决心下手，剪除这些大将的兵权，所有军队完全隶属中央。换言之，先是用大将收盗贼以抗金，再进一步才能和金而夺大将兵权。先是用大鱼吃小鱼，然后一网打尽大鱼。

太祖杯酒释兵权是用钱财补偿将官。高宗夺兵权，亦复相似。也可以说，和招安群盗一样。借行赏的掩护，把韩世忠、张俊、岳飞，都召来杭州。忽然下令，韩、张任枢密使，岳任副使。当晚，立刻四处传令，所有各军单位原来的将领，都可以有权力直接禀达中央。这就是上文王夫之所谓"去其长"。因此，大多数的旧属，自己地位因而提高，也并不要求韩、张回来统率。只有岳飞军中，有表示不满的。这就种下岳飞被杀的祸根。韩、张、岳三人在京任职，也得着赏赐。可是张俊审度政情，看出一个机会。他倒过来赞成和议，而暗中要求政府，给他经营商业的权利。在他旧属退役时，给他们地方政府与税收和贸易有关的位置。换言之，他甘愿放弃军权，换取经济利益^[36]。这个例证，更可以说明财政力量对于军事统一的重要。

讨论中兴，最后不能不提一下南宋对金的屈和。这问题已经被讨论得很多^[37]。简单地说，南宋军事实力，的确不够反攻。岳飞一军，向朱仙镇的挺进，已经是孤军突出。两旁没有掩护，很可能受到金人的包抄。最大的希望，是太行山一带忠义遗民，乘机起事。敌后动摇，才可以大举进攻。可是事实上，忠义的武装团体，既不多，也不大。同时在黄河一带的汉人，许多已经服从金人。金人也已经懂得，如何利用汉人帮助他们作战，不过，金人也承认南宋虽然没有反攻的实力，却足够抗拒。所以只要条件满足，也愿意讲和。就南宋说，是屈和。这虽然是秦桧的建策，毕竟还是高宗的决策，而且还有若干官僚的附和。自从金人觉得刘豫无用，把他废立，就有流言，何不把被俘的钦宗立为第三个傀儡。而用钦宗本来的名义，下诏南征。这种可能，对于高宗的皇位，确是莫大威胁。他屡次脱险，用尽心思，重整的半壁山河，可能真会瓦解。不但如此，在朝廷的高官，何尝不感受威胁？一朝天子一朝臣。如果局面骤变，他们的地位也就难保。所以秦桧出面"了事"，高宗借口对母亲的孝思，不得不讲和，才能接她南归。而"群臣又色厉内荏，多为旁观之论"[38]。在这样的政局中，屈和的条件才能实现。

有兼收并蓄，大多数士大夫的拥护，有充分的税收财源，有办法把盗贼编入军队，再从大将手里把兵权一起拿过来，同时也让敌国知道，不是容易征服的——具备这些条件，经过这些过程，这半壁江山才算中兴。其实也不太兴旺，只是稳定而已。

四　从中兴说到长期稳定

普通谈宋史，难免头重脚轻。详于北宋，略于南宋。这原因很多。第一是南宋史料，不如北宋完整。例如有关北宋，像《续资治通鉴长编》那样详备的书，南宋只有一部，《建炎以来系年要录》，限于早期。其他类似的编纂，不是简略，就是残缺。连《宋会要辑稿》里的材料，也是北宋胜于南宋。但第二个原因，更为重要。几百年来的史家，对于南宋，往往惋惜，而不愿意深究。因此主要地用积弱的观念来解释。因为积弱，所以屈和于金。因为积弱，所以韩侂胄开战失败。因为积弱，所以亡于蒙古。至于为什么积弱呢？无非是沿袭北宋，弊端日深，君主昏庸，贾似道误国，其他大臣懦弱无能，官多而贪，兵多而弱，纵有道学的理论，而不能采用——这一些平淡无奇的因素。暗含的影响，就是南宋不太值得研究。要研究，不如研究南宋的哲理，南宋的山水画。

其实这种解释，是传统史家在感情上躲避一个大问题。蒙古灭宋，汉文化的领域，全部沦陷。这是旷古未有的奇变，怎能不研究？更何况南宋的财富，世界第一。以科学知识和工艺技术而论，也是第一[39]。至于教育的传布，深入民间，更是好些世纪后其他国家都还不能想像的。论中国文化的精髓，儒学经过朱熹等人的努力，进入一个更高深更广大的阶段。南宋的文化，可以算是人类史上，在工业革命以前，一个华丽的奇迹。但是，忽然来了戈壁沙漠旋风式的摧残！这究竟是怎么回事？怎能不研究？

如果从欧洲史上看，蒙古人攻无不克。而南宋对抗蒙古，前后有四十多年。和波斯、印度等各国来比较，南宋绝不能算弱。不但是军事力不弱，而且政治的黏着力相当强，一直抵抗到最后，不用说别的，这团结力比北宋就强[40]。以往史家，实在没有理由来忽略这"虽败犹荣"的事实。

几乎完全被忽视的，是没有内乱。自从中兴稳定之后，一百多年，从来没有大规模的叛变和起义[41]。尽管是官吏贪污，大地主剥削，不免有兵士叛乱，农民反抗，盗贼蜂起，可是人数都不多，时间也不久，而且都是就地解决[42]。或是用兵平定，或是招安，或是剿抚兼用，刚柔并济。这一点，绝不可以轻视。汉末，唐末，明末都做不到。这是值得大书特书的。普通说法，都一口咬定，是因为蒙古来攻，所以一致对外。事实上，内部政治的黏着力，可能是最重要的因素。

南宋政治的黏着力是从哪里来的呢？从中兴的过程，就可以看出一些线索。对官僚兼收并蓄，就是促进他们普遍的依附。用招安政策，收编群盗，又何尝不如此？不用道学当政掌权，可是赞成他们在地方上去倡导道德，提高文风，同样可以收到稳定的效果。哪怕是性理自守，林泉自安，诗画自娱，也可能间接地有助于稳定。总之，南宋从中兴起就有一种政治作风。凡是现存势力，尽量收容，尽量安排。就是不肯被利用的，最好也暂时忍耐，将来再说。这样做，政权才会有广泛深厚的社会基础。

这种作风，笔者叫作包容政治，这是一个试论的概念。如何应用它来分析南宋的政治，还需要分题的讨论。假定这概念可以成立，在政治学上，也会有点用处。可以用来比较其他时代和其他各国政体上相类似的情形。

原载《中国学人》第四期（1972）

【注释】

[1] 张家驹，《两宋经济重心的南移》(1957)。

[2] 叶绍翁，《四朝闻见录》(浦城遗书)，卷二，页二六—二七。曹勋，《松隐文集》(嘉业堂丛书)，卷二六，页四。

[3] 斯波义信，《宋代商业史研究》(1968)，页四九—一三二。

[4] 参见李心传，《建炎以来系年要录》(国学基本丛书，以下简称《系年要录》)，其中建炎元年的部分。

[5] 吴潜，《许国公奏议》(十万卷楼丛书)，卷一，页三三。又，卷二，页一。张守，《毗陵集》(常州先哲遗书)，卷一，页五。

[6] 佐伯富，《宋代の茶商军について》，《东洋史研究》，卷四，期二(1938)，页五一—五九。

[7] 刘子健，《略论宋代地方官学和私学的消长》，《中研院历史语言研究所集刊》，三十六本(1965)，页二三八—二三九。此文已收入本书。

[8] 张端义，《贵耳集》(丛书集成)，卷下，页四五。又丁传靖辑，《宋人轶事汇编》(1935)，卷一七，页八四六—八四七。此书以下简称

《轶汇》。

[9] 刘祁，《归潜志》（武英殿聚珍版），卷七，页五。

[10] 刘子健，《重印小引》，见《宋代蜀文辑存》。此书已由香港龙门书店发行。

[11] 吏部条法。这材料在《永乐大典》内。这里的例证是卷一四六二〇，页一一四。又卷一四六二一，页二一四。又卷一四六二二，页二〇。又袁说友，《东塘集》（四库珍本），卷八，页四。参阅藤本光，《南宋四川の漕运》，《社会经济史学》，卷十，第二期（1940），页一六八——一八七。

[12] 宫崎市定，《アジア史研究》，第二集（1959），页一九一——一九二，二〇三——二〇四，又二一三——二一六。舒焚，《贾似道的援鄂》，《史学》双周刊（《光明日报》，1963年1月16日）。又同人，《张顺与张贵》，《历史教学》（1963年6月），页二一五。

[13] 刘一清，《钱塘遗事》（武林掌故丛编），卷一，页一。李心传，《建炎以来朝野杂记》（适园丛书），甲编，卷一，页六，说高宗母亲是开封人。想来她原籍是浙江，而在京都长大的。此书下文简称《朝野杂记》。

[14] 《朝野杂记》，甲编，卷一三，页八。青山定雄，《宋元の地方志に见える社会经济史料》，《东洋学报》，卷二五，期二（1938），页二八一——二九七。周藤吉之，《宋代官僚制と大土地所有》（1950），页九——七六。

[15] W. Eberhard, "Chinese Regional Stereotypes," *Asian Survey*, 5 (1965), pp. 604-608.

[16] H. Franke 一文，见 A. F. Wright and D. C. Twitchett, *Confuican Personalities* (1962), pp. 217-234.

[17] 《系年要录》，卷二三，页四八四。

[18] 《系年要录》，卷六，页一五三。又卷一一，页二五九——二六〇。《轶汇》，卷一四，页七〇七——七〇八。山内正博，关于两宋交替期官僚的分析，文见于《世界史の研究》，卷三三（1962），页一——九。

[19] 《朝野杂记》，甲编，卷一一，页八——十。山内正博，关于总领所一文，见《史学杂志》，六四编，十二号（1955），页八一——八三。井手达郎，关于发运使及转运使一文，见《东洋史论集》，卷三（1964），页五三——六四。

[20] 袁燮，《絜斋集》（武英殿聚珍版），卷一三，页五一六。又页

一八。

[21] 曾我部静雄，《宋代财政史》（1966 再版）。

[22] 梁天锡，《宋代之祠禄制度》，《大陆杂志》，卷二九，期二（1964），页一四一一六。

[23] 笔者 1965 年一文，见上注 [7]。又王建秋，《宋代太学与太学生》（1965）。

[24] 《轶汇》，卷一五，页七四一。又卷一六，页七九七。陈傅良，《止斋先生文集》（四部丛刊），卷一九，页三。

[25] 曾我部静雄两文。一见《历史公论》，卷六，期三。一见《东洋学报》，卷二四，期三。

[26] 王夫之，《宋论》（国学基本丛书），卷十，页一九九。赵俪生，《靖康、建炎间各种民间武装势力性质的分析》，《文史哲》（1956 年 11月）。华山，《南宋初的范汝为起义》，《文史哲》（1955 年 4 月）。

[27] 《宋论》，卷一〇，页一六一。参阅赵鼎，《忠正德文集》（乾坤正气集），卷五二，页一一一一二。曹彦约，《昌谷集》（四库珍本），卷六，页六。薛季宣，《浪语集》（永嘉丛书），卷一七，页五。又卷一八，页九。张守，《毘陵集》，见上注 [5]，卷二，页一。

[28] 《轶汇》，卷一五，页七二三。

[29] 《系年要录》，卷一一〇，页二九一八。山内正博两文，一见《历史教育》，卷二，期七，一见《东洋学报》，卷三八，期三。

[30] 参阅以下前引各书。袁说友，《东塘集》，卷九，页一三。吴潜，《许国公奏议》，卷二，页二四。薛季宣，《浪语集》，卷一七，页五。张守，《毘陵集》，卷一一，页五。曹彦约，《昌谷集》，卷一〇，页一一。

[31] 张浚，《中兴备览》（涉闻梓旧），卷一，页六。

[32] 张守，《毘陵集》，卷一，页一一。又卷二，页三一四。张纲，《华阳集》（四部丛刊），卷四〇，页九一一〇。

[33] 佚名，《中兴政要》（振绮堂丛书二集），卷一六，页二〇一二四。

[34] 陈登原，《国史旧闻》（1962 重印），册二，页四一三一四一五。邓之诚，《中华二千年史》（1964 重印），册四，页二八一。参阅陶晋生《金海陵帝的伐宋与采石战役的考实》（1963）。沈起炜，《宋金战争史略》（1958）。西岳，《从采石之战到隆兴和议》，《史学月刊》（1958年 6 月）。关履权，《谈绍兴和议后宋金和平局面》，《历史教学》（1964年 12 月）。华山，《南宋和金朝中叶的政情和开禧北伐之役》，《史学月刊》（1957 年 5 月）。

[35] 张守，《毘陵集》，卷一，页四。吕颐浩，《忠穆集》（四库珍本），卷三，页一〇一一一。郑刚中，《北山文集》（续金华丛书），卷一，页三七一三九。汪藻，《浮溪集》（四部丛刊），卷一，页一一九。

[36] 毕沅，《续资治通鉴》（1957 标点本），卷一二四，页三二八一一三二八四，页三二九五。又卷一三〇，页三四四五。《轶汇》，卷一五，页七四一。

[37] 参阅拙著《岳飞》，《中国学人》，第二期（1970），页四三一五八。

[38] 俞正燮，《癸巳存稿》（连筠簃丛书），卷八。又黄榦，《黄勉斋先生集》（正谊堂全书），卷八，页二。

[39] 京都大学人文科学研究所，《宋元时代の科学技术史》（1967），又英国剑桥大学 Joseph Needham，即李约瑟，所著《中国科学与文明》各书。

[40] 南宋末年，许多士大夫有自信，以为不至于亡国。参阅刘时举，《续资治通鉴》（学津讨原），卷一五，页一三。刘祁，《归潜志》，卷一三，页三。赵顺孙，《格庵奏稿》（指海），卷首补传。吴潜，《许国公奏议》，卷一，页一八。

[41] 参阅苏金源、李春圃，《宋代三次农民起义史料汇编》（1963）。关履权，《论两宋农民战争》，《历史研究》，1962 年第 2 期，页七九一九六。

[42] 华山，《南宋绍定、端平间的江、闽、广农民大起义》，《文史哲》（1956 年 3 月），页四一一四八。曾我部静雄，《南宋の隅と隅官》，《法制史研究》，卷十（1961），页一八五一二〇一。

包容政治的特点

一 什么是包容政治？

讨论历史而用社会科学式的概念，有两种用处。第一，是从这角度来对于史实做个系统的分析。目的并不在详叙事实，细加描写，只是分析这些史实里，有些什么特性，可以帮助现代的人，更了解过去。第二，是用这样的分析，去充实社会科学。到目前为止，社会科学多半是根据西方的材料。许多内容可以适用于中国的情形，而有些说法，就显然不合。处理中国的史实，常需要另行试用新的分析。这样去做，在方法上、内容上和理论上，都可以补充社会科学。同时还可以提高兴趣，引起其他学人的注意，把中国历史前前后后和古今其他国家的历史，在可以连起来的角度上，比较研究。

话归本题，什么叫包容？字面上讲，是采用一句成语，大度包容。用白话解释，就是都包在一起，容纳在一起，彼此相容，彼此相忍。这种包容式的妥协并不模糊。相反的，它有具体的相对条件。这方面如此这般的让步，那方面就那样地维持。从此依照这样的安排办事，彼此都过得去。例如南宋中兴，对于官僚兼收并蓄。除了绝少数，像张邦昌、蔡京、童贯的后人之外，无论是否失节贪污，概不追问 [1]。可是这些罪状，还是记下来做把柄。假定不服从绝对的君权，朝廷的命令，那就有旧案复发的危险。更要紧的是不许投靠伪齐的刘豫，因为那是势不两立的威胁[2]。南宋收拾残局，招安群盗，也是如此。杀人放火，蟠踞地方之后，摇身一变，就可取得官阶职名，公然耀武扬威[3]。至于以往，概不追究。只求保卫政权，维持治安。就是收韩张岳三大将的兵权，也一样。当初宋太祖收兵权，是给条件的。把兵权交给皇帝，皇帝就给高官厚禄，赐钱、赐宅、赐田[4]，还有希望和帝室通婚。宋高宗罢三大将，另加优待，仍任高官，有枢密使的名义[5]。只有岳飞被杀，是唯一的大例外[6]。他不但不甘心接受这种阳宠阴夺的相对条件，而且不肯像韩世忠那样地沉默，却公然批评，反对和议。他不受包容，政府也就不能再容他。

政治是永远含有妥协性的，只是妥协的大小轻重不同。所以，可以说一切政体之下，都有包容。但包容政治是个特定的概念。这一种政治，有它确定的特点。大政方针是用最缓和或最不费事的安排，以巩固政权[7]。所以采用包容的手段和方式，保守谨慎的作风，以达成内外上下安定的目的。近年政治学上有所谓高压政治，反动政治，大众参与政治，长期革命政治等等的概念，都是指不同的方针、方式、作风和目的等特点而言。

概念不是空泛的，还要进一步说明它的涵义。包容政治，说起来好像容易做到，其实也煞费心机。例如对于既成势力，如何应付？对于新兴势力，如何笼络？对于无数形同尸职的官僚，如何督促？对于言官清议的批评，怎样平息？对于越来越多的士大夫，怎样安插位置？对于各地的胥吏，明知弊端百出，怎样让他们的做作，不超出无法容忍的范围？对于生活真过不去的农民，怎样救济，以免造反？如果发生起义的暴动，怎样解决？这些，都需要运用高度的政治眼光和措置。

包容政治至少必须具备四项条件，才能运用。第一要名实兼顾。名义上说得过去，事实上在政府里上下也都办得通。例如绝对君权的皇帝，表面上他不能不顾忌到言官的意见和一般官僚的公论[8]。而在言官方面呢，也不可不再三斟酌，考虑到各方面，说话时更得多留余地。这种关系，并非"敷衍"二字所能说尽的，因为在事实上一定要拿出办法来。再举个对照的例子——地方官和胥吏。地方官要清除弊端，对于胥吏非约束不可。还要选几个最不守法的惩诫一番，以儆效尤。但是也不能太彻底，弄得多数胥吏无路可走，群起而攻之，让他无法办事。在胥吏方面呢，陋规也有一定分寸的，不能过分。如果弄得风声太大，上面派员调查，甚至撤职查办，那地方官倒霉不说，就是那些坏胥吏也要吃苦。换言之，包容政治，必须站在某种限度之内，利害一致的立场，才稳定得住[9]。否则就难保持平衡。露骨地说，整个政权，上自皇帝，下至小衙吏卒，甚至乡村里的甲头户长，都在分赃。而且大家还都觉得这分赃的大体和细节，在他们自己说来，并不太不公平。虽然有时还在抱怨，常常争吵。

假定政治上看法不一致，作风不同，另有理想，或标准较高，那就包容不住了。岳飞的被杀，和多少清官的自叹不合时宜，只好急流勇退，若干好官的不肯同流合污，还反倒被排挤下来，都是这种原因[10]。北宋的士大夫绝大多数做官，可是南宋不同。许多士大夫无意仕进，吟诗，画画，讲道学，办书院，提倡乡约族谱，这都是不接受政治包容的表现。但只要这些人散居各地，不构成政治势力，政府也就不感到有去笼络他们的必要，听他们风雅去好了。

第二个条件是统治方法。近年西方政治学上有三分法的，就是以名，以利，以武力来统治[11]。以名的统治包括思想与制度，例如正统、天命、社稷宗庙、圣旨、朝命、律令条敕。从忠君的信条起，到整个社会上尊下卑身分与名分的礼教约束，这一切都是。以利的统治，就是收买的报酬。以武力的统治就是威吓、刑禁与杀戮。包容政治是糅合这些统治方法的，以名动之，以利诱之，以力胁之。名和利，在包容政治的体制内，都较易安排。不到不得已，最好不要动武。能招安，则又何必讨贼？最好是大事化小，小事化无。而化的要诀，就是名利二字。大而化之，最能抓着官僚群的弱点。

附带说一点，这种统治方法是富有弹性的[12]。除了以名利相诱之外，包容政治在行政上处理实际问题，也同样的富有弹性，不拘泥于教条式的办法。这是无可厚非的。最大的例证就是收税和保甲。从北宋到南宋，变来又变去。王安石的新法，由保甲兼管收税。旧法重行，仍分两事。不久又恢复新法，却不能做到整齐划一。南宋的包容政治把新旧两法一起包容进去。究竟用哪一种法子，却要因地制宜而定。一般说来，边远的地区，多半分为两事，保甲只管保甲。近地较易统治，保甲就兼办税收。这是运用包容政治来稳定制度，提高行政效率。

包容政治第三个条件是充裕的财力[13]。官衔，军职，甚至于挂名的祠观空衔，一切的赏赐豁免，不论大小多少，归根结蒂是需要费用的。政府怎样会有这样多的钱，分配给这些官吏和将士呢？南宋幸亏经济繁荣，盛况空前。用水利和早稻种子收成在百日之内。其他农产的技术和产量，不断增进。在西南各州的山区，推广耕地，包括山坡上的梯田。盐产矿产，也均增加。各种的制造业，远胜前代。陶瓷尤其是闻名海外。沿江沿海和远洋航业的技术随着各地商业的兴旺，大为发展。不但大城热闹，连许多小城和市镇也跟着繁华。在异常优越的经济条件下，南宋政府所采取的重税政策，自然不会有太大的困难。大体上说，加税多半侧重商税以及城市里的杂税[14]。最大的例证是世界上最早的法定纸币。每到一定年限，因为纸张不能再耐久，就收回旧钞，另发新钞，名曰一界（即现代语一届的意思）。当然经过多年，有失落的，有损坏的。政府无形之中已经赚了钱了。侧重商税，一则因为城市经济有负担的能力。二则出于政府明白，如果多加农税，不是地主反对，就是官逼民变，引起农民起义。南宋一直到晚年，才采用贾似道公田的办法，强迫收买大地主超出定额的土地。以公田的收入，直接补助军费，以救国运。结果，大地主，也就是官僚层，纷纷反对，做不成功[15]。南宋时农民的纳税的负担，比较起来说，不算过重。恐怕地主的剥削，还要重些。这也是一个主因，说明了为什么南宋末年农民起义并不多[16]。比起明末先有流寇的内忧，才引起外患的征服，是个显著的对照。

包容政治的第四个条件是思想上的信念。各种妥协，彼此容忍，必须有很深的认识，了解利害一致。说得好听些，就是同舟共济。用俗话讲，就是有饭大家吃。但这种认识，在政治上，必须把权力的中心，提高为崇敬的对象[17]。所以南宋对于忠君特别强调。可是单靠忠君的观念，毕竟力量不够。所以还需要许多别的伦理纲常，构成有系统的一套理论，来支持忠君观念。南宋的理学，或名道学，在许多方面，是批评政府的，不满现状的，另有他们的理想的。同时，更深深地感觉到像北宋那样的政治改革，假定能实现，也不能治本。根本的希望，还在改正人心，改良社会。要建立良好的社会秩序，他们认为必须严格遵守伦理纲常的道德。这个大原则，就政府而言，却是正合孤意。百善孝为先，所以做老百姓要先孝敬地方的父母官。做臣子当然要孝顺做民之父母的皇帝，那就是忠。

包容政治在运用的时候，很注意培养忠君的信念。例如官僚有过失，只要忠君属实，便可从宽发落。正如同严父不必重罚孝子一般。那臣子还不感恩吗？南宋对于多数罢官或自动致仕的总好像恋恋不舍，给他们管寺观的空衔和祠禄的收入。真有点像家长对于不良或不爱的子弟，多少还有点照顾。天恩浩荡，并非空话，正是笼络的妙用，维系官僚们死心塌地地忠君。不过等到亡国，他们积习已深，又会去向新朝效忠的。

说过了包容政治成立的条件，再申论一下它的弱点。第一，它缺乏新希望。循规蹈矩，也等于墨守成规。惰性越来越大之后，连包容政治原来应该有的弹性也逐渐丧失了。第二个弱点是退步，因为水准逐渐在降低。原先已经是包容了许多小毛病，后来这些弊端不免过分。但也还是姑息，再包容下去，久而久之，陋规倒变成了正常的则例。如果想恢复原定的标准，反倒被认为不通世故，不达时务，甚至于还要被斥为滋生事端。所谓多一事不如少一事，就是只许退步。连维持原状都不容易，不要说进步了。既没有新希望，又常退步，必然产生第三个弱点：上下欺蒙，得过且过[18]。道学家虽然大声疾呼，君子自重，但多数官僚是君子自肥。就是较好的官僚，不肯这样做，也管不了旁人，只好君子自娱。于是把许多时间精神寄托在琴棋书画的雅兴上。当然这些雅兴，自有它本身艺术造诣和文化价值，这是不能抹杀的。可是就政治而言，从政而不专心，也反映整个统治阶级的退化。

就是那些道学家，对于哲理，经学，治家格言，读书课程，有很多贡献，加惠无穷的后学。但对于当时的政治，也并不能挽救多少。这不能怪道学家。包容政治本身的几项弱点，虽然是慢性病，却都是致命伤。不过，反过来说，这带病延年的政体，在末期，面临横扫欧亚大陆的蒙古大敌，居然也撑了四十年之久。最后一片一片地被征服，却没有土崩瓦解。这又不得不说包容政治的团结性和凝聚力是相当强韧的。

二　从君权到相权

北宋君主多半亲自裁决军政大事。一则是制度上君权扩大，不肯分权给丞相。廷臣等于是皇帝的幕僚，连正式宰相的名义都不给。二则是开国的经历。太祖太宗是自己打天下的，不必说。而在太祖时，就任太宗为开封府尹，掌理民政。太宗同样的叫他的儿子真宗先做开封府尹，多得些经验。这个好办法虽然没有继续下去，但后来皇帝都自己施行大权，不轻易委托旁人。王安石行新法好像权很大，其实都经过神宗决定的。直到北宋末期，徽宗喜欢书画游娱，才有权臣代他处决，可以算是权相。

南宋情形不同。按说高宗辛苦经营，应当恢复北宋原有的制度，不会有权相。而人事的演变，结果却正相反。高宗自己很勤于政事，又有定见。他所用的参知政事，或是和他意见不同，常起摩擦，或是他不满意。前后竟换了四十多个人[19]。高宗最大的需要是有一个人帮他决策，同时负责去执行，能镇压其他的臣僚，担当不利的批评。这人便是秦桧。所以那四十多个参知政事不能久安其位，而秦桧却能掌权十余年，一直到他病死。

当时高宗面临最难的问题是对金议和。他对金作战，只是守势的防御，最大的目标是不让刘豫的傀儡政权站稳来威胁南宋。至于对金反攻，规复中原，迎还二圣（徽宗钦宗），扫祭八陵（祖宗在洛阳附近的墓），那都是少数士大夫慷慨陈辞的高调 [20]。高宗因为他们出于忠诚，表面上奖勉鼓励人心。但他深知兵力不够，从不采纳这些迂阔之论。可是讲和有两层绝大的困难。卑辞纳币，丧权辱国，这怎样讲得过去呢？高宗称帝，以中兴为号召。这样求和，能算中兴吗？如果这样做，官僚之中，一定有人坚决反对，高宗能背信忘义，翻过来惩罚这些抗议的忠臣吗 [21]？其次，是谁做皇帝？假定金人自动把徽宗钦宗送回宋朝，一个是父亲，一个是大哥，都是皇帝，高宗能不逊位吗 [22]？这并非是高宗太自私，太过虑。后世明英宗被掳得归，便从代他维持的弟弟景泰帝的病榻上，用兵变的武力，把宝座又抢回去的。

高宗的苦闷，用秦桧去画策执行，全都解决了。徽宗死后，高宗生母韦氏还在金人手中。为人子者，当然应该设法迎梓宫，养太后，此天下之至孝也 [23]。谁敢说不对？和议款项，是一时权宜。至于中兴大计，徐当后图。这虽然不合理想，但也还言之成理。因为恐怕内部反对，所以一面议和，一面镇压。收三大将的兵权，这是宋太祖君主集权的老办法，有什么错？至于杀岳飞，却由秦桧代办，高宗在幕后不出面。文臣反对和议的，不是外放，就是远贬，一概让秦桧做坏人，高宗只做孝子。

秦桧替高宗解决这些重大问题，当然有他的代价，就是权势。王夫之在《宋论》卷十描述秦桧的权倾一时，连用了五句"可畏也"。其实，这不太正确。第一，南宋权相和前代的丞相不同。宋代的社会变了，和汉唐差别很大。已经没有贵族、大族、豪族这种社会背景和地方势力，也没有地区性的军队。换言之，权尽管大，而仍旧在绝对君权的控制之下，没有篡位或割据的可能性。秦桧是懂得的，他对高宗非常谨慎，就怕高宗疑心他[24]。连他夫人在皇后面前偶然提到家里有的珍品，是皇宫里没有的，他都吓了一跳，赶紧弥补。把点次等的珍品，送进宫去。果然皇后笑道："秦家有的，并不是什么最好的珍宝。"[25] 第二，宋代在绝对君权之下，用了大批职业官僚帮助统治——专制和官僚的合成体。所以南宋权相，无论多大权势，也不可能一手掩尽天下人耳目。这"天下人"三字，作天下士大夫解。秦桧除了排除政敌和反对和议的人之外，对于多数官僚，还是用包容政治的作风，尽量笼络。因此当时许多大小官员，也同样报答。赞成和议，歌功颂德。中兴元勋，当之无愧[26]。

　　秦桧老谋深算，很少人比得上。但毕竟还有失算之处。用儿子同掌国事，怎不令人侧目？难道真想篡位，再传位给儿子吗？孙子也考中状元，难道荣华富贵，都要归秦家独占吗？这样弄久了，官僚群中，积怨日深[27]。这都不合包容政治大家分沾的原则。其次，秦桧远贬政敌，其中虽有老病而死的，也还有人苦忍待时，重新上台的可能。就是那些死去的，又还有已经成名的子孙。在包容政治之下，秦桧既然无法将这些政敌斩草除根，倒不如改变作风，将这些人及早赦还解仇。假定这样做，可能还能抵消秦桧以往的过错。而秦桧最大的失算，是没看透高宗。这皇帝才真是老谋深算呢！

　　秦桧当权时，高宗虽然言听计从，恩宠备至，可是始终在提防。狡兔尽，走狗烹，这原是功臣的悲运。但包容政治绝不如此单纯的残酷。它的办法是狡兔远窜，留待后用。走狗尽量用，等他死后再烹。岂不名利双收？秦桧病重，高宗亲临探视，确定他活不了几天了，便立刻下诏，当即罢免秦氏父子。秦桧死后，又下令秦氏子弟回籍，不许再来都城。将以往政策的错误，都推在秦桧身上。被秦桧远贬的政敌，也逐渐赦还起用。足见圣明天子，计算得又准又狠。高宗还讲出一件秘密来。他说："秦桧死了，我的靴子里，不用藏刀自卫了。"这话的重点，倒不在怀疑秦桧有弑君篡位的可能。主要的目的是给人一个强烈的印象，仿佛以往的错事都是秦桧威胁高宗决定的。万方有罪，岂在朕躬？这话其实旁无佐证，根本不足信[28]。但一传出去，千百年来跪在岳飞坟前受万人辱骂的，自然是秦桧。连史家都上了当，一直到王夫之的《宋论》，还说秦桧"睥睨宗社，使不死，乌可制哉？"并没有人归咎高宗利用秦桧。当时就有人恭维高宗飞龙在天，神机妙算，天下第一。

秦桧死后，参知政事又换来换去。高宗自觉年老，不如享福。表面上是援他父亲徽宗的前例，禅位做太上皇，实际上是等于他用孝宗做丞相，秉承他的大政方针，去处理朝政[29]。例如孝宗有志北伐，高宗说，等我老头子不在了以后再说罢[30]。轻轻一句话，孝宗皇帝还敢再提吗？孝宗本人平庸，自己既没有坚决主张，又不信任某一个大臣[31]。例如史浩，是他的藩邸旧师，因反对贸然北伐而去。晚年又被召任。但除荐用贤良以外，也无从建树[32]。又例如朱熹，孝宗听说他有名，请了来，反倒受到左右幸臣的中伤，立朝仅四十日。二三幸臣，为言官抨击，就先罢黜。过些时候，风潮平息，又被召回。所以孝宗时，此起彼落，没有权相[33]。

孝宗之后，两个权相之起，都与皇位问题有关。孝宗也学高宗，禅位给光宗。哪知不但两宫失和，而且光宗精神失常。孝宗薨，不能成丧，因为光宗不肯出场。弄得举朝惶惶，不知怎样办好。幸亏这时，宫中和朝廷都久已稳定，而且懂得同舟共济，才能稳定^[34]。精神失常的皇帝，是不能主持包容政治的。只能倒过来另想办法安顿他。于是，太后、太监、外戚和大臣，联合起来，用太后的命令，宣布光宗自愿禅位，由宁宗继立^[35]。奔走联络的主角是外戚韩侂胄。不久他就去掉宰相赵汝愚，扩充他自己的政治势力，成为权相。

韩侂胄既没学问，又缺资历。一般士大夫当然不能心服。韩也想笼络当时声望已高的道学名士，来巩固他自己的地位^[36]。无奈这些人敬佩赵汝愚，看不起他，拒绝他的包容。按照包容政治的原则，在这种情形下，有两种办法。一是让步，分出一部分实权来给政敌，取得妥协。要不然，就虚予礼遇，由他们去做学问讲道，并不会影响到实际政治。但是韩侂胄不但没这样做，竟然违背包容政治的原则，而攻击道学是伪学。不但把领头的几十个人罢官贬放，而且规定从此参加考试的士人，要具结声明，并非伪学。韩以为学而优则仕，无非为了名利。这样一禁伪学，过不了多少年，就不会有人讲道学了。其实大错。南宋政府不但没有具备统治思想的威力，而且在政治上还需要儒学来提倡伦理纲常，来提高忠君的观念。道学并没有离经叛道，也没有反对君主。如今横加禁止，怎能使人心服？光靠科第名利的诱惑来统治是不够的。结果，道学之禁过了两三年，就渐渐放松了。再过两三年，就完全放弃。韩的失败是个有力的反证。违反包容政治的原则，是他失败的根本原因^[37]。

韩侂胄后来出兵北伐。道学家虽然爱国，却并不支持这次战役。宋兵败退，倒也寻常。极为例外的是金国要求宋朝惩罚战犯。于是皇帝假装不知内情^[38]，另由皇后外戚与其他大臣，把韩暗杀了，函首授敌。这是完全不合儒家道德的。但道学家对此事避而不谈。可见他们对于政治上的恩怨，也并不太讲恕道。这也是一个包容政治的旁证。权相也要守包容原则。他如不容他人，自然也不被宽恕。在韩之后，是史浩的后人当政。先是史弥远，继而史嵩之。整个南宋史，史弥远任权相最久，共廿六年。宁宗无子，他参与选立宗子为嗣。宁宗死去，他矫诏不立长子，而拥护理宗做皇帝。当时居然批评的人不算多，这是怎么回事呢[39]？史弥远是精通包容手段的。他以权相废立，竟能瞒天过海，是因为多年来上下交顺[40]。他很少树敌。一般官僚又何苦冒险来反对他？而且他虽是权相，倒并不滥使职权。至于君权，从宁宗起，已经成为这政体的象征[41]。无论谁做皇帝都差不多。不过非有这象征不可。对这象征，连权相也非尊敬不可。这样才能合乎体统，安定人心。史弥远立了理宗，笼络一些有声望的道学家，尽量稳定，终于没有起大的政潮。

最后的权相是贾似道。历史上的评论很坏，这是不大公平的。他以外戚当政，又继承史弥远的作风，并且还有相当的整顿。他管束其他的外戚和不守法的太监[42]。改善太学生的待遇，却防止他们鼓动政潮。当权多年，并不植党。有才的提拔，无能的降贬。批评他反对他的人，他也不严厉报复。反倒有时还重行和解，周旋一番。以官僚政治的普通水准而言，不愧是治世的高才能臣[43]。但贾似道不幸当权于危难之际，就不免受过了。当然，他打败仗是事实。蒙古自动退兵，他虚报战胜，也确是不该。但抵抗蒙古，岂易战胜？而从蒙古人的眼光里看来，贾似道还算是颇有谋略的劲敌。后来的史籍着重说他的坏处，主要是三点原因。第一，上文提过，他用公田法，强迫将大地主的超额田产，收归国有，以充军费。这就侵犯了那些地主官僚的既有权益。包容政治并不是讲合理负担，有钱出钱的。更何况推行不善，弊端百出，他们就更振振有辞了。第二，他派出专员，彻查军队账目的弊端。凡是挪用公款营私舞弊的，还要赔偿政府。南宋多年，军中财用，都是各将官自行处理。报上账去，政府很少追究。贾似道雷厉风行，查账罚款，确是闻所未闻。这又是危害了这些军人和供应军需官僚的向有权益。不合乎包容政治的往例，当然就会怨声载道。第三是投降蒙古的文武官员。他们不是幼读圣贤书，很忠君爱国的吗？所以他们绝不愿意反过来诋毁宋朝，也不肯宣扬昏君在位，花天酒地。他们异口同声，都说是贾似道权臣误国，人心涣散。这意思好像说他们降蒙古，做汉奸，也都是被姓贾的所误[44]。

说完权相，略作小结。南宋久任的宰相，究竟有多大的权？比起北宋来是大得很多了。军事紧急时，宰相加兼知军事衔，有指挥权。调动给养，也就控制将官。但宰相始终没有统率权或直辖的队伍[45]。在北宋，财政另属三司，不归参知政事掌理。而南宋，因为常有国防问题，所以宰相也参与国计，监督财政。可是这权并不像想像那样大。许多定项，无法挪动[46]。而整个国计，常常入不敷出。政府就得向皇帝私有的内藏库借钱。换言之，皇帝如果不愿意借钱，或是管内藏库的太监和近习作梗，这宰相就不容易做下去了[47]。南宋相权扩大，主要还在民政方面[48]。从唐朝到北宋中期，三省分立的制度——中书省画策，皇帝决定，门下省审核，尚书省执行——在北宋晚期已经成为形式。南宋正式合并，全归宰相调度。三省长官，北宋是会商，在衙门里一起吃饭，商量公事。南宋渐渐变为到宰相私邸里去议事。从前任用官吏，由吏部汇集资历考绩，较为客观。南宋把许多名额，拨归堂除，由宰相和大臣推荐。或由天子内批[49]。从前保举，如果被举的人在任上犯过错，追究责任，保人也要受点惩罚的。到南宋就放松了[50]。而南宋考绩，却又花样很多。上面可以破格通融，吏部书吏受贿舞弊，更是常事[51]。反过来说，上司故意作难，书吏又加挑剔，说这件手续没完，那件公文有问题，这便无法升官。有时候等上一年半载，也没有差使[52]。所以权相控制官僚群最简捷的武器，还是任免权。

北宋宰相，常受言官的攻击和牵制。南宋不同。言官往往和宰相勾结，一起控制其他官僚[53]。有时，言官不合作，也攻击宰相。可是是否生效，全在皇帝。而南宋君主，早就从官僚们学会了一些应付的技巧[54]。有时说是误会，叫他们双方和解。有时是听一半，责备一下宰相，叫他以后小心就算了。有时是宣布言官的评论，使言官满足，却不照办。有时更特别夸奖言官，说他勇于直言，而事实上根本不改，毫无影响。有时还照言官意思，下令照办，而实际上不去推行。如果有的言官，发言太多，就另升高位，也就无从再批评了。不但如此，皇帝反倒利用言官。要罢免某人，先授意言官，于是上章弹劾。遇见紧要的事，却告诉言官说，不必提出。这种作风，好像圣明天子，有时也能从善如流。错处是宰相的，不是皇帝的。言官的没落，不但反映君权相权的扩大，而且说明包容政治，皇帝宰相在实权之外，还要保持威望。

相权尽管大，皇帝本人尽管无能，但宰相最后还是受君权的管辖[55]。最大关键是两点。一点，上文说过，宰相没有自己固有的地盘或权力基础。还有一点是权相也不能完全垄断皇帝的耳目。官僚很多，连太学生也编小报，发议论，闹政潮。透过外戚、御医、幸臣、太监，皇帝总会听见一些政治情势的消息的。此外，从北宋开始起，君主一直有皇城司的暗探，供给情报[56]。君主信用权相，是利用他去控制官僚群。如果政策失败，群情汹汹，包容政治显然失去平衡，这权相就失去他的利用价值，早晚会另换一人。所以权相又俗称冰山[57]。

总之，南宋的君权，经过高宗立国几十年的措施，比北宋更大。君主本人无能，照样可以委任权相，但并非大权旁落，因为相权是可以收回来的。宰相的权大，归根结底，还是表现君权更大的另一种方式。

三　官风士风和胥吏

南宋的经济国力，远在世界各国之上，印刷发达，讲学风盛，民间有说书、讲唱、戏曲各种的文化传播，也是史所未有。在这样的经济和文化基础上，儒学的士大夫应该大有可为。既懂得修身齐家，又经过学优而仕的文官考试，不是正合乎治国平天下的理想条件吗？谁知这理想，还是不能实现[58]。许多立志做"君子儒"的，一涉官场，却不免沾染上"小人儒"的风气[59]。儒家的经典和训练，和怎样做官僚，两者之间，距离不小。在政府做事，多半凭习俗和经验，也就是所谓阅历。

北宋开始扩大文官制度，原是重文轻武，用知识分子来统治国家的，这是一个莫大的进步。但几十年后，就发现官太多。到了南宋这问题更大，也更不知如何去解决。几次，因为朝臣指出员多缺少，就下令裁员减缺。高官尚有荫补的优待，遇着庆典，可以呈请赏给子弟官资。这一项优待，也用各种限制来紧缩。但这些办法，收效都有限，每次各地考试，立刻增加了一批新取得官资的士大夫。包容政治，不愿意社会上失业的文人太多，怕他们怨声载道，肆意讥评，甚至兴风作浪，或有秀才造反的可能。所以停止考试是不可能的，官的人数也是有增无减的。已经做了官的，只有少数的因罪罢官，或自认不合时宜，急流勇退，或自愿在壮年的时候告老还乡，去享清福。如果有人主张裁员，或提前退休，一定引起轩然大波。所以当时的经验谈说，只要能做到不多加名额，已经了不起了。要减少，是万万行不通的[60]。对士人尚且不敢得罪，何况有资格做官的？

这样多的官，在财政上，当然是个极大的负担。就是许多空衔的祠禄，也数不在少[61]。可是，另一方面，政府临时缺款，还要开捐纳之门。富户救灾，捐助军费，当然以官资相酬[62]。一得官资，全家产业中就有许多部分可以正式的，或事实上通融，或和掌管的官吏勾结舞弊，免除纳税。结果，政府在事后的财政收入，反更减少。明知捐纳是饮鸩止渴，一时救急。但冗官太多，反正无从解决，暂且不管也罢。好在南宋经济繁荣，早晚是添加新税，提高新旧税率。能维持过去就不错。

官多不一定坏。如果群策群力，岂非百废俱举？根本问题在行政方针和官僚作风。

关于行政，儒家是主张德治的。可是南宋若干官僚学者坦白承认，事实上并非德治[63]。所用的敕令条法，则例格式，全是法治。有人更明说，本朝以法为本，以例为要。这事实和儒家的信念，显然不合，怎样解释呢？于是出现了一个二元化的理论——以德治的精神来执行法令。任法无从自行，所以要任人。用懂得儒家道德的人解释法令，审度情理。有时从宽，有时从严，有时也可以法外用情。总之，法律不外人情。这二元化的理论，其实并没确保参用德治。只是说法治的权衡轻重，决定于官僚而已。真正看透的士大夫，例如叶适，有更深一层的悲观。他说德治，哪能很快实现？最多是循致。逐渐挽救人心，改善风俗，除暴安良，去弊安民。但一部分官僚，努力循致，还没有"致"于太平的时候，别的方面仍旧不奉公守法，弊端丛生。还是扶起的东西又倒。改善是慢的。而腐化很快。所谓循致，还是竞赛落后，希望很小的。

法律本来是针对问题而规定的。可是法律本身，又另出一些问题。南宋商业繁盛，社会情况随而发展。情形越繁复，法律的规定越不得不适应现况。旧规定不适用，就立新的。新规定有流弊，就再加修改。因此每二三十年，就必须重新编纂现行的条法事类。这叫"新书"。每次颁行的新书，动辄数十卷。把抵牾的，重复的，过时的，早经废改的，一起删掉以后，还是枝枝节节，头绪纷烦[64]。不是老于公事的，看不周全。而久于此道的刀笔吏，却头头是道，连夹缝中都可以做手脚。孔子说："听讼吾犹人也。"他如果活在南宋做官，未必敢这样自信。

除了法律原有规定之外，还有事例。一件事出来了，因为情节特殊，于是认为例外。有些例外确是合理的，不一定是受贿徇私，也不一定是强词夺理而硬说是情有可原，也不一定是胥吏欺蒙或昏官误断。但无论当初是怎样开的例，后来就可以援例。情节十九相似，应该一例照办。情节七分相似，也似可通融。甚至其事虽异，其情则亦类似，这样的触类旁通，例外就多了[65]。如果上官不准，还可以再陈情上诉说：何以有的案子就判为例外，这件公事却又不然？岂非有失公平？莫非是上官一时疏忽，或者存心偏袒吗？这样纠缠起来，连上官也不胜其烦。假定偶不留神，让人抓住漏洞，反倒对于自己的官声不利，影响到本人的考绩。还不如放松一点，倒少麻烦。所以南宋人感叹说：真能法治倒好，"以例坏法"，是行政上最难防止的。又有流行的讥讽说：吏部就是"例部"。

做官真辛苦。案牍劳形，往往是实话[66]。这样繁杂的法律，数不清的前例，如何查得清？有的机关竟说旧案早经归档，而档卷盈屋，一时无从清理抽调。只好用推想。例出有因，相度情理另办。一面是旧案未了，另一面新的公事又来了。忙不过来，只好草草了事。替做官的人想想，好像也情有可原。做官的官箴说："清、慎、勤。"就是勤也忙不过来时，就很难慎。至于清不清，就看个人有多少良心了。在这样情形下，做官是不能不依靠胥吏的。官本来就通达圣贤书，不熟于刑名钱谷、田亩灾荒等等敕令条法，何况还有许多前例？更何况三年一任，无从了解该机关的若干细节烦琐，向例成规。而胥吏呢，不是家传，就是师授。反倒都是经验丰富，熟悉前前后后的本地人。不靠他们去办，又有什么办法[67]？

官僚彼此懂得做官为难之处，彼此原谅。一个官出了麻烦，不免牵涉到上下左右其他的官。"官官相护"，也是包容政治在行政方面的表现。随意看看南宋史料，就会碰见下列和公事公文各机关间有关连的字样。例如"因循"——原来并不含有坏的涵义——"圆融"，"圆到"，这都指办得好。"照应"，本是知会有关各单位的手续，后来就含有请帮忙的意思。"具文"，就是官样文章"弥缝"，补好漏洞。"姑息"，暂且容忍，不去查问。"苟且"，原也不是很坏字眼，是指暂且从权处理，变通解决[68]。假定真出问题，用的字样就不同了。"欺蒙"，"欺诞"，"贪赃"，"枉法"，"目无法纪"。要用更重的字眼还有。欲加之罪，何患无辞？

这种包容式的行政，其实是从皇帝开头做起的。宋高宗自己就一贯主张对于官僚轻罚[69]。以后君主，也大半如此。遇见小问题，就下一道命令。但官僚也知道，这并不必须严格遵守。有人再提，又来一道命令，重行申严。越是三令五申，越是反映行政效率低，不能令出如山，严办严罚。皇帝既然也官僚化，官僚更不会彼此监督。有的官，是堂除的。即上文提过，由大臣推荐，不是吏部按资历递补的。显然和权要有交情，不便得罪[70]。例如监司是负责督察州县的，遇见这类情形，也不免迟疑[71]。万一揭发，下属可能会上诉申辩，甚至反咬一口。即使查有实据，依法判罪，也还可以继续叫冤，说事出有因，判罪过重，请予改正，即改轻是也[72]。包容式的行政，自然不合儒家道德。因此得有另一套观念，来自圆其说。例如"君子不为已甚"，德政是应当宽大的。所谓宽大，就是该罚而不罚。多数官僚是不肯"得罪人"的。还要说这是积德[73]。积德既近乎恕道，又合于佛说，又适应人情世故。

北宋时代，言官说话还有力量。其他中级以上的官，也常言事。言事是对事，不对人的。主张如何整顿，并非指摘某官个人。南宋连言事都不受欢迎。出头说话，旁人就批评说：这是好名[74]。既然好名心重，必非君子。既非君子，其言也就不足重视。当时人感叹说："以言为出位，以不言为守职。"就是指少论是非，按部就班地做做就得了。至多有人背后窃笑，说些闲话。非正式的讥评，可以为清议，而又无伤大雅。不但如此，公文上，当面讨论事，都不要用重的字眼。这才算真有修养。宋代原有百官轮对的制度。逐部逐官，排好次序，轮流朝见，亲自向皇帝陈述意见。皇帝也许问几句话，当场就得答复。南宋官僚在轮对的时候多半讲些不切实际的大道理。于人于事，都没直接关系。否则就说一堆琐事，无关紧要。例如直指胥吏弊端，应该严密留心，这就很好。既合乎大道理，足见留心吏治，又并不得罪人。因为胥吏不是官，也不在朝，批评他们是很妥当的。有的官僚，连轮对都觉得为难。不说话不行，说了话又怕麻烦。所以快要该他轮对的时候，他就设法调任。这次序是按衙门做单位的，他既不在这衙门，当然就轮不到他[75]。

彼此包容，还有另一面，就是互相推诿。日常小事不必说，连朝廷大政，亦复如此。例如朝令一出，清议哗然。执政大臣就私下对人说，这不是他们本人的主张，也曾劝告过，只是没生效力。言官也对人说，曾表示过反对，而且正在起稿，希望挽回，没想到执政方面，已经先把朝令发表了。谏官也说，曾经对于类似的事情，屡次陈词，无奈始终不听，只好等下次有适当的机会再说。总之，满朝都是好人好官。那末，谁的错呢？虽不明说，自然是把责任推在皇帝身上，或暗指他左右的幸臣。而信用幸臣，也还是皇帝负责。南宋君主，用些官僚手段来利用他们，他们还不会用同样手段来护短吗？

地方政府，也有好官[76]。可是一般情形很坏。监司虽然不常严格督察县官，却常来催促税收及其他公事[77]，照章还要视察各县。于是有迎送馈赠的交际[78]。当时指出"事例日开"，意思是送礼的花样，越来越多。公费不够用时，县官只好另筹[79]。有的地方，这些仪节还例有定价[80]。而且常常还需要打点监司衙门的胥吏[81]。否则县官遇事，申请监司，监司可能积压拖延，甚至不理。当时人一致认为"县不易为"[82]。县官不但要应付他层层的上司和他们的属吏，还得应付县里的人。县有县佐，阶级虽低，而他不同意副署，这公事就不能了结[83]。退役武官，政府硬安插，就在各县添差文职。这些人也不好管[84]。地方的形势户，即富户而又有官方关系和势力的，也不好惹[85]。有的县分，入不敷出[86]。

县官勉强任满，申请调职，吏部却不派人接任，因为没有人愿意去[87]。下任时必须交割清楚。如果公款短少，虽然不是自己舞弊亏空的，也得认赔[88]。下任后没派新职，便得去京都或京都附近守候。若干县官，家非富有，而流寓京师，往往度日维艰[89]。当然也可以向商人借钱。那就得贿赂好缺，用贪污的所余，再来还债。总之，这种行政制度，适宜于贪官而不出大毛病的，却最不适宜于不肯同流合污，和光同尘的。因此许多做过亲民官的，宁可乞祠告病，回家纳福。有官衔而在乡，既可受人尊重，还能帮乡里。有时是帮凶，有时是做好事，申冤救灾，排难解纷，那就全看个人了。

讨论官僚，再写十倍，也难说完。下文讨论一下士人吧。士人就是想做官的。考试得了功名的，就是准官僚。北宋考试制度，是世界最有名的，有许多防弊的办法。例如卷子另行誊录，并加密封，目的是无从知道是谁的考卷。可是还是有弊。南宋更是弊端百出。常常有书铺（并非只卖书，是做一切有关文书的生意的）代为安排[90]。例如冒名入场，进场换座，不换座就换卷，夹带蝇头参考书，夹带文稿，送食品时再夹带进去。如果有更高的门路，可以托誊的书吏，修改文字，或甚至另换一篇文字。虽有密封，但有书吏管另编密号的，也可以暗中通知考官。和考官也可以先定暗记，用哪个典故，哪一种句法。这些巧技，真是防不胜防，统名曰通关节。这并不是说所有考试都如此。常有主考，严格监场，水泄不通。那些书铺，早有消息。遇见这种主考，就暂停活动，等下一届再说。或是代为安排冒籍，到其他地方去考。这也并不是说多数考生都是舞弊的。只是说舞弊的越多，真凭实学的考生，无形中就更吃亏。儒家主张，学而优则仕。其实学不优，亦可考，考而优则仕。年轻士人初次和政府接触，就是考试。就是本人不舞弊，也很广见闻，明白政府原是怎样一回事。试想南宋每三年考进士，每次入场的，有两三万之多。其中自然有不少白首穷经，不通关节，每次考不取还来再考的。但其余的人，从考场经验，觉悟到儒教和现实相差很远，不免从此改弦更张的，也决不在少。就道德来说，考场有点像毁人炉。

考不取进士，可以入太学。每年申请的，也在一两万人之间。但每年只收三四百人，三年为期。所以在学的总数不过一千几百人。实际上太学里不重视讲学。它是做政治活动的根据地。地在京师，就近可以交结达官贵人，各奔前程。有时还发生学潮[91]。其中确有的仗义执言，为大局着想，不惜冒险受罚，牺牲自己的前途。但有的也暗中和某些大官勾结，借此打击他们的政敌。当时既有敢言的美名，事后又有希望得到保荐美缺的实惠。名利双收，真可算是少有大志[92]。等到他们出人头地的时侯，政治会改善吗？秦桧和贾似道，都很会应付太学生。不但没学潮，太学生还歌功颂德。这太学的学风，无须赘论了[93]。

各地州学，还不如太学。北宋晚期，各地官办的州学，本意在倡导文风，培养人才。南宋恢复一些州学，只是笼络一些当地权富的子弟。在州学，就有免役的优待，就有和衙门官吏交接的机会，就有将来得到保举，再往上进的可能。平常抄抄讲义，随便应付一下[94]。课考很容易，领些津贴，也很舒适。

南宋教育发达，有这样多的士人考进士，在太学，入州学，为什么不用他们去做些实际事情呢？这些知识分子，不是知耻明礼的吗？至少比那些舞文弄法的胥吏要优秀得多罢。当时确也有人建议过：士人应当先习吏事，以后再考绩，再参加考试。这样才又有经验,又有学识。同时这样才可以打破地方胥吏世袭式的蟠踞衙门,岂非一举两得?何况用读书人管下层公事,直接亲民,本是孔子的理想。这建议从行政上讲,是再合理也没有的。但是阶级性根本无法打破。士人的身分,远高于吏。士人的前途是大夫,怎样能折腰去做衙门当差的小事?士可杀,不可辱。叫士人去伺候官僚,简直岂有此理。所以这建议,政府根本从不考虑。

讨论中国政府,既不能只讲君主权相,也不能限于士大夫。胥吏是最基层的[95]。在他们底下,才是轮值替官厅服役的保甲户头之流,以平民的身分替官家办事。许多书上都表示佩服中国如此之大,可是官并不多。一县不过几个,就能统治。想来行政能力,一定很高。其实,官虽不多,吏却不少。一县的胥吏,往往近百。一州的胥吏,常有两三百人。这还不包括替他们跑腿当差的平民在内。南宋政府,和想裁冗官一样,几次想裁胥吏的人数。先从中央政府做起。可是有的机关,却找些定额之外的帮手,还是一样。有的机关,表面上减少人数,提高待遇,实际上是用所加的待遇,来维持原有的胥吏。久而久之,连额外的人数,也成为永例,另有一定人数的。有一次想把所有额外的胥吏,一概淘汰。经过再三斟酌,还是怕引起风潮,不值得办。在包容政治之下,胥吏也人多势众,何况他们熟悉公事,不得不包容的。

地方机关的胥吏,因为法令繁多,征税增加种类,事情多了,用人也多。他们都是本地或附近的人,经父兄亲戚教导,像学徒一样,慢慢补任的。而官却是外乡人,几年一任,顶多连任,总要走的。所以当时流行的名言说:官无封建,而吏有封建[96]。此处封建两字,是指本地人世袭蟠踞的意思。看史料,无论公家的私人的,只有说胥吏如何可恶,从无佳评。这些史料都是士大夫的记载，只是一面之辞。官僚贪污，很难直接办。绝大多数，假手于胥吏的媒介与斡旋。两者之间，如何分赃，可惜史无明文。但推想起来，每次总是按阶级分配。官拿的多，吏拿的少[97]。可是还要补充两点修正。第一，一个胥吏虽然拿的少，人数却多。第二，有的敲诈欺瞒，官根本不知道。所以胥吏贪污的总额，也绝不在少数。

胥吏是很难处罚的。假定好官找着毛病想要惩办他，他可能托地方形势大户的绅士出面讲情，可能托那好官的家人仆从书僮，缓和空气。假定看看情势不好，他可能先请病假。等到案发，人已不见，换个名字，也许又到附近衙门去当差了。再过几年，好官离任，他又可能恢复原职。照规定，衙门里每个小单位的胥吏，是负着连带责任的。犯事的人尽管跑掉，可以追究他前后左右的胥吏。但这种规定，极难执行。一则大家求情，众情难却。二则一起惩办，谁来接管办事？三则如果硬要认真，众怒难犯。好官未必完全没漏洞。即使一点没漏洞，胥吏们联合起来，做些手脚，可以弄得这官无法交代。再厉害一点，还可以勾通上级机关的胥吏，索性告他一状。就是抓着人，抓着证据，胥吏也还有法补救。较重的案情，县官是需要报上去的。假定勾结上级机关的胥吏，还可以散布流言，说这官不善管理，恐怕其中另有情节。这就反倒对这好官不利。就是上面定了罪，那胥吏熟知条例，还可以上诉。等到有吉庆大赦，又可以免除定罪。费了这许多事，去掉一个恶吏，谁敢说代替他的，除了特别留心之外，一定靠得住？如果一罚再罚，换来换去，那就无形中证实流言，这官不会办事。所以多数的官，对于胥吏，管是不能不管的，防他们超出普通舞弊的范围而已。而胥吏也深通此理。

官是上司，如果弄出问题来，大家不利。能相互包容，岂非相得益彰？最稳当的是"率由旧章，不为已甚"。而且胥吏在本地上要顾虑亲友间的名誉，也要为他自己子弟的来日着想。换言之，每个社区有它管束自己人的一般标准。所以胥吏捞油水，也到某种限度为止。否则他们也不能为乡里所容。而在这限度之内，一般老百姓就只好忍受他们的欺压。这也是包容。从天子到庶民，真是天罗地网，层层包容，要想改革，谈何容易？应付现状，也就不错了。

看一些南宋史料，只提胥吏不好管，很少提出具体办法。只有六七种官箴一类的书，是针对这问题的[98]。综合起来说大概是下列的建议。第一，做官的自己先要公正。还得告诫家人随从，少和外面人交结。第二，办事要细心，以防胥吏愚弄。第三，建立良好的行政制度。有的很近乎现代办法，例如抽查各事，详编旧案，分别调问。把向来所用的办法，连陋规在内，抄成手册。遇事排日程，不得延误。每道手续，分层负责。这些办法虽好，只是这官时间精力有限，哪能照管这许多？所以第四点，这些官箴都说，务求清简。例如简化手续，省去琐节，能了快了，不可多生枝节。还要强调儒家的德治，劝涉讼的两造和解，劝来告状争执的让步妥协。这就是孔子所谓"必也使无讼乎"。减少公事项目，才能照顾得过来。第五点，这些官箴指出，最要紧的要同僚小官，同心合作。否则胥吏从中离间挑拨，事情一定办不好的。最后，多数官箴说，不要期待太高。大致过得去，已经是大有可观。小处只好从宽，只好忍耐[99]。只有一本官箴，主张事无大小，一概从严。可是连这本官箴也没主张贪吏该严惩。因为积重难返，这是无法办到的。

这些官箴，看来很积极。可是同样的作者，写的家训族规，因为立场不同，对于地方官吏和胥吏的态度，就变成消极的了。所有的家训族规，都说衙门最好不去[100]。地方官就好的少，至于胥吏，更不好惹。一打官司，危险万分。苛吏猛于虎，弄得家破人亡，都可能的。换言之，在私人的立场上说，这些家训族规并不以为政府是保护人民合法利益的。也不相信有许多士大夫会按照这些官箴替老百姓着想。总而言之，好的士大夫，有两种态度。在做官的时候，积极留心，不要同流合污。不做官，为家人族人着想，最好各人自扫门前雪，不管官家瓦上霜。这并不是儒家的想法，只是在当时的环境里，尽量洁身自好谨慎自保的办法。

总结包容政治，从上至下，不知有多少内在的矛盾，百孔千疮。然而因为相互包容的关系，盘根错节，坚固万分。只好祸福与共，勉力维系。包容政治是有权位，有财富，一切多少有人事关系的大结合。大家包在一起，故而能容。这个大结合的势力是极强的，所以它能做到相当长期的稳定[101]。

原载《中国学人》第五期（1973）

【注释】

[1] 宋高宗不肯多罚贪官，云"性仁厚，但行之数人而止"。见李心传，《建炎以来朝野杂记》(国学基本丛书，以下简称《朝野杂记》)，甲编，卷九，页四。后来赦岳飞的后人，同一道命令也赦了蔡京、童贯等的后人，见毕沅，《续资治通鉴》(1957标点本)，卷一三五，页三五八五，参见拙著《岳飞》，《中国学人》，第二期(1970)，页四三—四四。

[2] 失节，在刘豫的楚国做官，后来又投南宋的，照样做官，最多稍贬官阶，见张守，《毗陵集》(常州先哲遗书)，卷一，页一一。参见丁传靖辑，《宋人轶事汇编》(1935，以下简称《轶汇》)，卷一四，页七○八。参见注[69]。

[3] 高宗自云当时统治所及不过淮浙数郡而已，乃用议者言——即官僚的建议——尽封群盗，见《轶汇》，卷一五，页七四六。又时人语"要高官，受招安。欲得富，先胡做"。同书，页七五〇。其实，汉光武中兴，确是先例。

[4] 早在秦桧之前，许多人都主张收大将兵权。例如张浚，《中兴备览》（涉闻梓旧），卷一六，页二〇—二四。张守，《毗陵集》卷一，页四。郑刚中，《北山文集》（续金华丛书），卷一，页三七—三九。吕颐浩，《忠穆集》（四库珍本），卷三，页一〇一一一。汪藻，《浮溪集》（四库珍本），卷一，页一—九。

[5] 张俊尤其敛财，见《轶汇》，卷一五，页七四一。实际是政府容其有财 参曹彦约，《昌谷集》（四库珍本），卷一〇，页一一。

[6] 参见拙著《岳飞》，《中国学人》，第二期（1970），页四三一五八。岳飞被杀时，"群臣又色厉内荏，多为旁观之论"。此晚清学人俞正燮之高见，见其《癸巳存稿》（连筠簃丛书），卷八，《岳武穆狱论》。

[7] 高宗说："欲以柔道驭之焉。"见李心传，《建炎以来系年要录》（国学基本丛书，1956 重印，以下简称《系年要录》），卷一五九，页二五八三。柔道也是汉光武所用的先例。高宗知史，是有意仿效的。

[8] 高宗教孝宗，君主需要敷衍言官。见佚名，《京口耆旧传》（守山阁丛书），卷八，页一二。参见拙著《南宋君主和言官》，台北《清华学报》，新八卷，一、二合期（1970），已收入本书。而言官往往也附和宰相，见下文 [53]。有的言官，甚至不知朝政，见陈渊，《默堂先生文集》（四部丛刊），卷一二，页一七一一八。吴潜，《许国公奏议》（十万卷楼丛书），卷四，页五一。

[9] 南宋初期张浚的话，最扼要："使不为过。"见《中兴备览》，卷一，页六。参见程珌，《程端明公洺水集》（静嘉堂藏明本），卷二，页一〇。高登，《高东溪集》（乾坤正气集），卷六二，页八。杜范，《杜清献公集》（静嘉堂藏明本），卷五，页一四五。

[10] 韩侂胄当政，若干有志的和有操守的"士大夫绝念，无意于政矣"。见曹彦约，《昌谷集》，卷五，页一一。

[11] 目前最通用的是 Amitai Etzioni 的方法。著作在 1960 年代甚多，不列。

[12] 美名曰从权，见徐元杰，《乾坤正气集》，卷七五，页一五。

[13] 斯波义信，《宋代商业史研究》（1968），甚详。

[14] 曹彦约，《昌谷集》，卷一〇，页一。

[15] 宫崎市定，《贾似道略传》，原刊《东洋史研究》，卷六，期三，收入其自集，《アジア史研究》，第二集（1959）。Herbert Franke, "Chia Ssu-tao...," *Confucian Personalities*, ed. A. F. Wright and D.C. Twitchett (1962), pp. 217-234. 又参下文注 [42] 和 [43]。

[16] 南宋起义的多少和大小，是个大问题。并且金朝统治下也有起义的问题。短的论著，散见各刊物。最值得参考的有华山的两文。《南宋绍定、端平间的江、闽、广农民大起义》，《文史哲》（1956 年 3 月），页四一一四八。《金世宗一代的政治和汉族人民起义问题》，《文史哲》（1956 年 11 月），页六三一六七。需要分析的情形还很多。例如佐伯富讨论茶商军，见《东洋史研究》，卷四，期二（1938），页五一一五九。但茶商军有时又变为茶寇，参见赵善括，《应斋杂著》（豫章丛书），卷一，页一五一一六。薛季宣，《浪语集》（永嘉丛书），卷二十，页六，又卷二六，页一。其他有武装或战斗能力的集团，也有类似的情形。参黄榦，《黄勉斋文集》（正谊堂丛书），卷一五，页一七。南宋末期，也有降附蒙古人的，参见杜范，《杜清献公集》，卷六，页一。此外还有汉族侵压山区少数民族的冲突。如李荣村，《黑风峒变乱始末》，《中研院历史语言研究所集刊》，四十一本（1969）。

[17] 例如理宗时标榜"更化"。参见杜范，《杜清献公集》，卷五至卷七。高斯得，《耻堂存稿》（武英殿聚珍版），卷一，页二〇一二二。吕午，《左史谏草》（四库珍本），内方回所撰《家传》，页四。

[18] 拙著短文：James T. C. Liu, "Sung Roots of Chinese Political Conservatism," *Journal of Asian Studies*, 26 (1967), pp. 457-463.

[19] 李心传，《朝野杂记》，甲编，卷九，页四。

[20] 清初王夫之有名的《宋论》，常有暗指明代得失的问题。因此，有些地方不免偏袒所谓清议。传统史学，到乾嘉年代才成熟，而且有前人所无、与众不同的看法。参钱大昕，《十驾斋养新录》（国学基本丛书），卷八，有专节《宋季耻言和》。内云士大夫的清议，多"迂阔之论"。

[21] 其实南宋局势粗定以后，许多官僚是赞成和议的，只是不愿公开表示。参可，《有关岳飞评价的几个问题》，《文史哲》（1957 年 5 月），页四〇一四六。又拙著《岳飞》，见注 [6]。

[22] 高宗怕刘豫的伪政权，已见注 [2]。但他最怕的是金人让钦宗在北方复位，参钱穆，《国史大纲》（1947），下册，页四三六一四三七。按苗刘内变时，早有人主张重立钦宗，参见陈登原，《国史旧闻》（1962 重印），第二分册，页三八五一三八六，引全祖望，《鲒埼亭集》

（四部丛刊），外编，卷四二。又陈著，页三九九。

[23]"大国行仁，遂子道事亲之孝"，见李心传，《系年要录》，卷一四六，页二三五五。

[24] 钱穆，《国史大纲》，下册，页四三七。邓之诚，《中华二千年史》（1964 影印），册四，页二九二。参见胡铨，《胡澹庵先生文集》（静嘉堂藏本），卷二三，页二四。

[25]《轶汇》，卷一五，页七六二。

[26] 张嵲，《紫微集》（湖北先正遗书），卷一，页七——八。其实高宗乞和，稳固政权之后，也并"无休养之功"，见袁燮，《絜斋集》（武英殿聚珍版），卷一三，页五——六。

[27] 主要是不依附权要的升官太慢。参见张纲，《华阳集》（四库珍本），卷一九，页五。张守，《毗陵集》，卷五，页三。

[28]《轶汇》，卷一五，页七六六，引《南宋杂事诗》。

[29] 甚至小事，孝宗也受高宗管。《轶汇》，卷三，页七一——七八。孝宗用近习曾觌、龙大渊二人，最初也是高宗的意思，见徐经孙，《徐文惠存稿》（宋人集），页二六。

[30] 朱熹承认，不北伐，"自是高宗不肯"。见黎靖德编，《朱子语类》（1962 影印），卷一三一。还可以看出名臣赵鼎知军事实力不够，也并不主战。同时朱熹也承认："如不肯和……也未必成功。"见同书，卷一三〇。先有采石之战，不过挫锋小胜，而后来北伐，符离大败，是军纪太坏，见邓之诚，《中华二千年史》，册四，页二八一，又页二八四。参陶晋生，《金海陵帝的伐宋与采石战役的考实》（1963）。关于宋金战和的整个问题，参沈起炜，《宋金战争史略》（1958），和邓广铭，《南宋对金斗争中的几个问题》，《历史研究》，1963 年第 2 期，页二——三二。需要新研究、再讨论的情节还很多。

[31] 有人以为孝宗的个性阴柔，也是因素之一。参见《轶汇》，卷一七，页八三一。

[32] 孝宗朝"无富庶之政"，见袁燮，《絜斋集》，卷一三，页五——六。罢名臣如史浩、周必大、范成大等，除《宋史》及《宋史新编》《宋史翼》等史书中本传外，《轶汇》卷三、卷一七、卷一八是很方便的参考。查宋人传记，附带提一下，以前都用哈佛燕京学社，《四十七种宋代传记综合引得》（1939）。近年又有东洋文库，《宋人传记索引》（1968）。这《索引》有一个大特点，是青山定雄设计的，不但有籍贯，而且有从曾祖起的父系三代。也有美中不足的小错误。中国的学人，如昌彼得、

王德毅几位有意再改进，另编更详尽的索引。

[33] 曹彦约，《昌谷集》，卷五，页二一云："始谓权臣专制"，今去之，"比前日何如也"。参见徐鹿卿，《宋宗伯徐清正公存稿》（豫章丛书），卷三，页一六。又彭龟年，《止堂集》（武英殿聚珍版）。两书皆指摘君主罢免大臣"手滑"，而且"少礼"。

[34]《宋史纪事本末》（万有文库），卷八一。

[35] 吴太后处理危机，曾和她吴家亲戚商议。但她当权时，不用外戚参政。见《轶汇》，卷三，页七五。又卷二，页六八。

[36] 魏了翁，《鹤山文钞》（1874），页二一。樵叟，《庆元党禁》（新兴书局笔记小说大观），页五一六。《轶汇》，卷一七，页八五六。

[37] 韩侂胄的儿子很穷，见《轶汇》，卷一六，页八二一。关于道学，计划在不久写《南宋政治简论》之三，有系统地讨论政治与道统的建立。

[38] 曹彦约，《昌谷集》，卷五，页二一。指挥杀韩侂胄的有杨皇后之兄，见叶绍翁，《四朝闻见录》（浦城遗书），卷三，页一九。又《轶汇》，卷三，页八九—一九〇。又同书，卷一七，页八七五。后代史家每误，仍沿称皇帝不知韩之谋，例如有名的《宋宰辅编年录》，朱序，即有此误。

[39] 废立济王，见《宋史纪事本末》，卷八八。理学家崇尚宋代，每避而不论这权臣矫立的大案。

[40] 史弥远曾学于朱熹的门人，据孙应时，《烛湖集》（1803），卷八，页三一五。他收用"老成"，见吴潜，《许国公奏议》，卷四，页九。而只是装潢政局的门面，用这些老成为"闲曹美观"，见高斯得，《耻堂存稿》，卷一，页二二。

[41] 宁宗自己说"韩侂胄是朕亲戚"，不能违反他，见刘一清，《钱塘遗事》（武林掌故丛编），卷二，页四。参见华岳，《翠微南征录》（四部丛刊），页一一二。附带一提，君主私人的消遣和嗜好。高宗读书，写字，养鸽，看戏。孝宗看戏，看打球。光宗、宁宗也爱看戏，足见杂剧内容所反映的价值观念的重要。上至君主，下至城镇平民，都有影响。从光宗起，君主已经不大亲理次要的国务政事。理宗表面上崇尚理学，得此美谥。实际上常呼妓醉酒，散见《轶汇》，卷三，页七〇—九一。参卫泾，《后乐集》（四库珍本），卷一〇，页一七。方逢辰，《蛟峰集》（静嘉堂藏钞本），卷二，页一一四。度宗更荒淫，"一日谢恩者三十余人"，见《轶汇》，页九四—九五。再附带提及，宫中费用，外廷不

知，见彭龟年，《止堂集》，卷三，页一六。有人怀疑，这数目很大，可能仅次于军费，见高斯得，《耻堂存稿》，卷一，页二七。但这也许是过甚其辞。不过，无从考证。因为官中费用，不从政府支取。君主自己另有内藏库和左藏库，参梅原郁一文，见下文注 [47]。

[42] 周密，《癸辛杂识》(津逮秘书或学津讨原)，数则，散见。刘一清，《钱塘遗事》，卷四，页六。孙应时，《烛湖集》，卷一一，页六。参注 [15]，及下注。

[43] 参上注。周密，《志雅堂杂钞》(新兴书局笔记小说大观)，卷上，页一五——六。高斯得，《耻堂存稿》，卷一，页三一。孙应时，《烛湖集》，卷一一，页六。吴潜，《许国公奏议》，卷一，页二二——二三。后人论见，参钱谦益，《初学集》(重辑沧海综录)，卷二八，邓之诚，《中华二千年史》，册四，页二九五。

[44] 如有名的方回，依附贾似道。贾失权，他便提出十可斩疏。后来自己又降元朝，见《轶汇》，卷一九，页五九四。元初的书，如《平宋录》指出宋人"望风归附……举朝来觐"，虽文词夸张，实载近事实。死节的并不多。南宋《昭忠录》约一百三十人，宋季《昭忠录》约五百四十人。他书如《宋遗民录》《广宋遗民录》，并不是死节的，而是不做元朝官而已。这些都有一个大偏见，归罪贾似道，不批评宋末君主。附带提一下，所谓遗民退隐，多半是指不做官。许多人在地方上还是有声望的，参加一些文化活动，甚至和地方政府有接触的，例如协助兴办州学，保存文化。有名的大学者王应麟，以尚书地位，弃官逃回宁波，就算退隐。而在地方上常写文章，正史上说他写文不肯写元朝年号，但书甲子。他本人写稿，可能如此。可是刻碑，公布的时候，就照样加上元代年号，见王著《四明文献集》(四明丛书)，卷一，页一一——二〇。又卷二，页二——一一。又陈仅给王编的年谱，页二四。

[45] 两宋宰相的出身，参衣川强《宋代宰相考》，《东洋史研究》，卷二四，期四 (1966)。关于宰相不能径自指挥枢密院，参周必大，《玉堂杂记》(说郛)，卷二，页二。又李心传，《朝野杂记》，甲编，卷一〇，页二一四。

[46] 宰相财权的限制，同上注，《朝野杂记》，甲编，卷八，页二。

[47] 政府须向君主的内藏库或左藏库借钱，参梅原郁，《宋代の内藏と左藏》，《东方学报》，卷四二 (1971)，页一二七——一七六。黄汉超，毕业于新亚书院时，已经注意到这问题，现在宾州大学修博士学位，将来会发表研究成果。其实，最早指出这困难的是诸葛亮，他在

《出师表》中要求"宫中府中，俱为一体"。而宋代制度，官僚管政府，独裁君主，纵使昏天黑地的生活，只是政治偶像，见注[41]，还是另有其他自己支配的财库。政府要借钱，不得不敷衍管这两个财库和君主左右的所谓近习。参李光，《庄简集》（四库珍本），卷八，页九——一一。又卷一〇，页一六。吴潜，《许国公奏议》，卷四，页五二。名臣如虞允文，筹划军费，也无从例外，见《宋史·张栻传》。他本传中不提，而另见他人的传，这是修正史"此隐彼显"的标准笔法，既为贤者讳，而又不失信史的两全办法。附注一下。所谓近习，多半是太监。但泛用时也包括日常随从君主的御医和幸臣等。高宗的近习，连孝宗都不敢得罪，见佚名，《京口耆旧传》，卷八，页一一一——一二。孝宗时，有名的近习是幸臣曾觌、龙大渊、张说，和政局政事有关，见《宋史纪事本末》，卷七八，页八一，又页八七。光宗用陈源，见同书，卷八一，页四四——四九。参郑兴裔，《郑忠肃公奏议遗集》（四库珍本），卷上，页四。叶绍翁，《四朝闻见录》，卷二，页一一。又如理宗用董宋臣、丁大全，也引起政潮，见黄震，《戊辰修史传》（四明丛书），页一一。徐经孙，《徐文惠存稿》，卷一，页二四。刘一清，《钱塘遗事》，卷四，页三。吴潜，《许国公奏议》，卷四，页四五——五五。这方面尚待人详细研究。参下文注[59]。

[48] 自秦桧时起，地方官考绩，加上民事科一项，很难定客观标准，以为予夺之柄，见张纲，《华阳集》，卷一五，页六——七。

[49] 由宫中径出命令，不经正常政府手续，名曰内批。给特恩、特转、特补、特赠等。这方面也待人研究。参赵顺孙，《格庵奏稿》（指海），页九。徐经孙，《徐文惠存稿》，卷一，页一〇。彭龟年，《止堂集》，卷一，页一二。杜范，《杜清献公集》，卷五，页六。

[50] 幸元龙，《松垣文集》（静嘉堂藏明本），卷一，页一一。林季仲，《竹轩杂著》（永嘉丛书），卷三，页五。

[51] 刘宰，《漫塘文集》（嘉业堂刊本），卷三三，页一一二。

[52] 同上注，卷二八，页一〇。又彭龟年，《止堂集》，卷一，页一四。北宋末起，书吏与书铺的勾结，有一定做法，名曰铺例，见赵鼎，《忠正德文集》（乾坤正气集），卷五〇，页八。

[53] 袁燮，《絜斋集》，卷二，页一六。吕午，《左史谏草》，《家传》，页八。《轶汇》，卷一八，页九〇二。

[54] 拙著，《南宋君主和言官》，见注[8]。

[55] 高斯得，《耻堂存稿》，卷一，页一〇——一二。邓之诚，《中华

二千年史》，册四，页二九一。

[56] 钱穆，《国史大纲》，下册，页四四二。"察事之卒"，即特务。佐伯富，有关于"皇城司"一文，见《东方学报》，卷九（1938），页五八——六九。当时彭龟年批评用特务，见《止堂集》，卷一一，页四。

[57] 冰山一词，似南宋初已通用，以指权臣不久于位，见《轶汇》，卷一六，页八一四。

[58] 黄榦，《黄勉斋文集》，卷八，页二，云士大夫不谈恢复北方，以雪"二圣八陵"之耻。邓之诚，《中华二千年史》，册四，页二九三，谓士大夫反对韩侂胄开战，以"人情习故"也。

[59] 参上文注 [47]。士大夫趋附近习，而有的近习也很风雅，能文。参曹彦约，《昌谷集》，卷一〇，页五。杜范，《杜清献公集》，卷一三，页三一四。沽名钓誉的高士也去拜访御医，见叶绍翁，《四朝闻见录》，卷三，页一九。《轶汇》，卷一八，页九一三。

[60] 张守，《毘陵集》，卷一，页二。《轶汇》，卷一四，页七〇八。

[61] 梁天锡，《宋代之祠禄制度》，《大陆杂志》，卷二九，期二（1964），页一四——二六。祠禄尚可额外另加新衔，见刘一止，《苕溪集》（静嘉堂藏明本），卷一一，页一五。

[62] 曹彦约，《昌谷集》，卷九，页二一三。参见宋晞，《宋史研究论丛》（1963），页一五——二二。

[63] 英文拙著，见注 [18]。有的要点是引叶适，《水心文集》。

[64] 吕午，《左史谏草》，《家传》，页九一一四。

[65] 所谓"引例异同"，"捃摘小节"，参见林光朝，《艾轩集》（四库珍本），卷八，页四一五。

[66] 南宋初已然，似比北宋一般说来烦得多，参见张守，《毘陵集》，卷一，页九。

[67] 参见蔡戡，《定斋集》（常州先哲遗书），卷四，页四一五。《轶汇》，卷一五，页七五六。这也是南宋官僚重内轻外，不愿意久任地方官的主因之一。见拙著 James T.C. Liu, "The Sung Views on the Control of Government Clerks," *Journal of Economic and Social History of the Orient*, Leiden, 10(1967), pp. 317-344.

[68] 例如孙梦观，《雪窗集》（四明丛书），卷一，页一〇提到下列名词：苟且，苟安，姑息，弥缝，因循，圆融。现代话叫通融。

[69] 参上文注 [2]。名臣赵鼎曾失节仕于伪楚。后任南宋大臣，生活奢侈，见《轶汇》，卷一四，页六九四。又卷一五，页七二三。

[70] 张纲，《华阳集》，卷一五，页七。张守，《毗陵集》，卷一三，页四。赵顺孙，《格庵奏稿》，页二一三。程珌，《程端明公洺水集》，卷二，页一〇。

[71] 因此州县互欺，见郑兴裔，《郑忠肃公奏议遗集》，卷上，页二一。张栻，《张南轩文集》（正谊堂全书），卷二，页二七。

[72] 徐经孙，《徐文惠存稿》，卷二，页一七。

[73] 蔡戡，《定斋集》，卷一，页三。佚名，《京口耆旧传》，卷二，页一一。

[74] 陈渊，《默堂先生文集》，卷一三，页一二。许棐，《献丑集》（宋人集），页一〇。崔与之，《崔清献公集》（岭南遗书），卷二，页四。魏了翁，《鹤山文钞》，卷一，页一八—二〇。叶绍翁，《四朝闻见录》，卷四，页八—九。

[75] 汪应辰，《文定集》（武英殿聚珍版），卷一，页八。

[76] 人民为好官立生祠，见程珌，《程端明公洺水集》，卷一〇，页一〇—一一。度正，《性善堂稿》（四库珍本），卷一一，页九—一四。袁甫，《蒙斋集》（武英殿聚珍版），卷二，页一六—一七。又卷三，页六。

[77] 黄榦，《黄勉斋文集》，卷三，页一—二。蔡戡，《定斋集》，卷二，页一〇，又卷四，页五。

[78] 蔡戡，《定斋集》，卷六，页十。廖行之，《省斋集》（四库珍本），卷五，页一七—一八。佐伯富关于"公使钱"一文，见《东洋学报》，卷四七，期二（1964），页二〇五—二二八。

[79] 袁燮，《絜斋集》，卷一三，《黄公度行状》。县官乏款，往往榨取寺观，见吴潜，《许国公奏议》，卷二，页一三。参竺沙雅章有关福建寺院因此衰落的一文，见《东洋史研究》，卷一五，期二（1956），页一七〇—一九六。有时，县官自己无法，就靠胥吏去找钱，见胡梦昱，《竹林愚隐集》（乾坤正气集），卷七四，页一四。

[80] 郑兴裔，《郑忠肃公奏议遗集》，卷上，页一三。

[81] 王庭珪，《卢溪文集》（静嘉堂藏明本），卷二七，页九。

[82] 胡梦昱，《竹林愚隐集》，卷七四，页一四。

[83] 官官相护，有制度的原因。手续上是官官相牵（本人改的成语），因为公事须"副署始圆"。见薛季宣，《浪语集》，卷一六，页三。又岳珂，《愧郯录》（学海类编），卷三六，页一一二。

[84] 郑兴裔，《郑忠肃公奏议遗集》，卷上，页一九。薛季宣，《浪语集》，卷一八，页九。蔡戡，《定斋集》，卷一，页一〇。又卷一四，

页四。汪应辰，《文定集》，卷三，页八——一〇。

[85] 薛季宣，《浪语集》，卷一七，页五。又卷一八，页九。张守，《毘陵集》，卷二，页一。

[86] 袁燮，《絜斋集》，卷一二，页七，又卷一八，页九。曹彦约，《昌谷集》，卷六，页三。

[87] 袁甫，《蒙斋集》，卷二，页一一。

[88] 蔡戡，《定斋集》，卷五，页一。赵善括，《应斋杂著》（豫章丛书），卷一，页六。参《宋会要辑稿》（影印本），《食货》十四，页一八，又六六，页八二。

[89] 薛季宣，《浪语集》，卷二二，页十三。黄榦，《黄勉斋文集》，卷一，页十四。刘一止，《苕溪集》，卷三〇，页四。袁燮，《絜斋集》，卷一四，页四。

[90] 拙著，《宋代考场弊端——兼论士风问题》，《庆祝李济先生七十岁论文集》（1965），页一八九——二〇二。

[91] 太学也常因细故生事，见徐元杰，《楳埜集》，卷七六，页九。还有兴讼及不法欺人等事，见方大琮，《铁庵方公文集》（静嘉堂藏明本），卷一七，页十三。慕容彦逢，《摛文堂文集》（常州先哲遗书），卷十，页六。还有造谣生事，见邓之诚，《中华二千年史》，册四，页二九〇，引周密，《齐东野语》，卷三。

[92] 刘宰，《漫塘文集》，卷一三，页八——九。参见袁说友，《东塘集》（四库珍本），卷八，页二六——二七。

[93] 自从五四运动起，特别是"九一八"以来，许多国人著作，很自然地同情宋代太学生的政治运动。远如林语堂 1936 年的英文书，写中国报纸与舆论史，近如王建秋 1965 年的书，《宋代太学与太学生》，都是这样强调的。这同情的看法基本上是对的。可是也应该多指出太学的缺点。除上注 [91] 外，参见邓之诚，《中华二千年史》，册四，页二九八。他早就指出太学生言论，几乎无人不论，而且反复无常。又参见官崎市定一文，见《史林》，卷一六，期一（1933），收入其自集《アジア史研究》，第二集（1959）。

[94] 州学教官素质低劣，见吴潜，《许国公奏议》，卷一，页二四。参见拙作《略论宋代地方官学和私学的消长》，《中研院历史语言研究所集刊》，三十六本（1965），已收入本书。

[95] 英文拙著，见上文注 [67]。顺便推荐一册即将出版的新书。本人担任审评，先睹为快。Brian E. McKnight, *Village and Bureaucracy*

in Southern Sung China (1971)。

［96］叶适的名言，见《水心文集》或《叶适集》。参见英文拙著两篇，见注［18］和注［67］。

［97］官崎市定的意见，以为贪官榨取的钱，比污吏多得多。又引用旧日打油诗："三年清知府，十万雪花银。"均见其《アジア史研究》。这可能在明清时代较切。在宋代，据做官的人自己说，是胥吏贪财，比官更多，而且往往官根本不知道。见幸元龙，《松垣文集》，卷一，页一一——一二。而且从胥吏到乡保耆长，还有书吏勾结书铺，见上文注［90］，并参见注［67］，注［79］，注［82］。做官的人数少，手下的人多，究竟哪方面贪赃多，还是值得再研究的。

［98］英文拙著，见上文注［67］。官箴这类书，宋人所著，现存的只有七种。元代吏学发达，有《吏学指南》。这书，大概并非一人所著，是当时流布和应用的钞本。明清两代这类书，还是不多。例如东京东洋文库竭力搜求，约得廿六种。以内容细密而论，也是乾嘉时代的作品最佳，和经学史学的发展相辅。参见瞿同祖，1966 年所著英文的《清代地方政府》。

［99］元代起，有两本很流行的书。吴亮，《忍经》（武林往哲遗著）。许名奎，《劝忍百箴考注》（四明丛书）。

［100］刘王惠箴，1959 年所著英文的《中国族规》。材料是哥伦比亚大学所收藏的大批族谱。

［101］刘祁，《归潜志》（武英殿聚珍版），卷一三，页三。

略论南宋的重要性

学问首先要会提出问题，然后探讨方法，去寻求解答。牛顿要问苹果为什么往下掉，才引起近代物理学的巨大发展。研究历史正也如此。也许有的读者不太熟悉南宋，不免要问南宋有什么重要。

这可以从正反两方面来说明。先从反面说。一般讲宋史，动辄称为两宋，容易误以为南宋延续北宋，并无多大的差异，不需要重视。其实不然。许多致力于研究宋史的学人，也多半喜欢北宋。从晚唐经过五代到北宋，有划分大时代的基本改变，结束了千古以来的贵族社会，创建了士大夫领导的新秩序，气象万千。再看南宋，失地乞和，终于亡国，中兴以后的君主，全都庸弱，权相把持，层出不断，官僚腐化，苛捐重税，虽然议论不少，终乏长策。这种情况，令人扫兴，也就不去探究。

当然研究南宋其他方面的，大有人在，特别是文哲两方面——诗词书画和哲学思想。不过，只讲这些高超的文化，不问当时政治经济社会的现实，未免架空。试想这现实如此不合理想，又怎样会产生这些高超的成就？——这就是一项饶有兴趣的大问题。

再从正面来说。开门见山，提出大胆的假说，中国近八百年来的文化，是以南宋为领导的模式，以江浙一带为重心。先说地区，它是长江下游的南岸，从太湖四周往南，到江西浙江一片，再加上浙东到福建沿海的一窄条。张家驹先生有书，讲两宋经济重心的南移，文化重心也跟着转移。应当加重一下。南宋定都杭州，经济更繁荣，文化更高。政治经济文化都聚在一起，这重心是史所稀见的。同时，这文化的形态，也和以前不太一样了。

以这重心领导文化模式，虽然起源于北宋，可是北宋在生长中，变化中，到南宋才又加改变而定型。姑且不去细说这定型的曲折历程，直接从它的后果来看。不错，南宋被蒙古征服。但是欧亚大陆到处被蒙古人攻破。能长期支撑，竟达四十余年之久，除了南宋，还有哪国？而且异族征服汉族的全土，这是破天荒第一次！结果怎样呢？文化屹然不变。这模式不但定型，而且渗透民间，根深蒂固。不必多举证据。元代汉族的风俗习惯，大致仍旧，而兴学讲授之风，反倒更盛，南宋模式的文化，已经成为汉文化的大传统。所以才有金华学派，以经世致用学，辅佐明太祖，并且加意地尊崇理学，比南宋的文饰，落实得多。

这近八百年来的大传统，南宋的文化模式，有些什么样的特点呢？这里只能挑些粗枝大叶，笼统地介绍一些。

（一）背海立国的形势。军事上对北是不利的。第二代皇帝用张浚北伐，在符离大败。第四代皇帝由得韩侂胄去轻举北讨，还是不利。从此南宋就不敢单独开战。因联合蒙古而重入洛阳，终于退到襄阳，苦撑对峙。虽然如此，北方时常有人投奔南宋，叫作归正人。而在守势中，也推进了新的军事技术。例如守城的方法，兴筑坞堡和山水寨的防御，都未可轻视，远在欧洲之上。

可是背海半壁，并非自囿。著者还注意到南宋和韩国的接触。（那时候日本的重心移往现在东京一带，距离中国较远，接触较稀。）更重要的是南宋往大西南拓展。据黄宽重博士说，他已经开始在研究。这又是大题目，久被忽略。来日的新贡献，不卜可知。

（二）经济的生长和稳定。苏杭是天堂，连后来马可孛罗都不禁首肯。其他都市，也大有可观。虽然有物价波动，纸币贬值的困难（世界上仅有的纸币），大体能维持。而且对穷人，有若干社会救济。这繁荣的基础还在农业生产力向上，新种子和农技的发展。当然有许多豪富，兼并土地，又逃税，又加租。贫富不均，尽人皆知。但是事实上并不坏到不堪设想。梁庚尧博士有本新书，《南宋的农村经济》，指出佃农在法律上和经济上的地位是一般地提高了。此外，还确有济贫的善举，缓和贫富悬殊。笔者曾指出南宋的刘宰，因病辞官，仅只是中型地主，而屡次自动救饥。有一次的粥局照顾了三万多人，有石碑为证。在现代以前，他是世界上最大的慈善家。可是他绝不是特例，其他小规模的善举，当然还有。基于这些以及其他情况，梁博士的书已经充分讨论了，南宋初年以后，就没有大的农民起义。许多小叛乱，多半是政治腐败，官逼民变。近年别处有几篇论文，指出在南宋较严重的是兵变，并非民变，和梁博士的理论，异曲同工。

（三）君权和代理相权的独断。北宋和唐代不同，一则君权提高，二则中央集权。但在中叶，言官和一些新起的士大夫，颇有发言权。甚至文彦博敢说，陛下与士大夫共天下！可是神宗用王安石变法，及旧党上台，排斥新党。新党再起，演为元祐党禁。彼此党争，君权独高。到了徽宗，就已经有蔡京这类的代理权相。

划时代的变化是南宋高宗。从渡江逃生，航海避敌（中国史上前所未有的）之后，居然能重整残局，巩固君权。外则乞和，内则释三大将兵权，专任秦桧，罢黜异论，甚至杀岳飞，都是表现君权独断，不由士大夫来参预国计。用权相，多授权。等他死后，再收回这已经扩大了的权力，君权奇妙的比从前反倒更大。

韩侂胄不必说了。史弥远代理君权，长达廿六年之久，是最高的记录。而且废储令其死，另立理宗，几乎是冒充太上皇的角色。这君权及其代理，更是压倒一切。正因太过火了，压不住有些有正义感的士大夫，又不得不虚伪地文饰一下。起用几位理学名臣，并没有权。正式颁布以程朱之学为道统，而并不用于实际政事。无非标榜门面，借用声望而已。

君主或代理的专政，南宋定型。再加上蒙古治下的专制，士大夫的实际政治地位，一蹶不振。明太祖的暴厉，势所必至！明清以还，不必说了。

（四）包容政治的控制。南宋君权高，而表面上不露骨。高宗从头就学东汉光武用"柔道"，而青出于蓝。最初是对群盗，用收买手段，叫招安。后来对多数官僚，也采取颇有些近似的手段。姑名之曰包容政治。什么意思呢？君主以及权相知道不得不用官僚，但双方利益，常不一致。所以驾驭群臣，用而不全信任。去之不必重罚，何妨另予安顿？有名的士大夫，笼络以增朝廷声望，但是无需采纳他们的批评和建议。所谓"外有好士之名，内有拒谏之实"。

应付言官，最容易用来说明包容政治。北宋中叶，言风大盛。北宋末期，言官失势，但因此朝廷也失去了许多士大夫的信心。南宋与这两种方式都不同，用的是柔道。办法很多。抗论的奏议，可以留中不发，即相应不理。也可以听而不行，即表面而敷衍。最妙的是抑言奖身，奖其忠君敢言。君、臣都享美名，而不发表他的批评意见，更不让他再说。言官如果坚持，那就召见，温谕他要顾全大体。劝他和宰执和解，名曰调护。实在不肯妥协，那就调职，另升清高的职位，就不是言官了。反之，君主和权相还可以利用言官，示意他上章攻击朝廷不再要留的人员。可名之曰御用御史。

君主用包容手段，权相亦复如此，以换取官僚们的拥护。会做官的人谁不明白这作风？其结果是官官相护，上下相蒙，少得罪人，得过且过。整个政府陷入重形式，少实际，不讲效率，只办例行公事等等的毛病。

谈南宋的文化模式，还可以说其他各种特点。这代序。不拟多说，姑且略举项目。

（五）胥吏盘踞。叶适的千古名言："官无封建"（时常调任），而"吏有封建"（都是本地人世业）。这问题直到近世始终无人能解决。

（六）尚文轻武。唐代武功盛，北宋大官都骑马。王安石反对轿子，因为是把轿夫当畜牲用。南宋就多数坐轿了。将门子弟，荫授武职，特别请求换为文资。连民间也是好男不当兵。国防如何能行？唐代贵族盛行马球。北宋已极少，但南宋孝宗，还喜欢亲自上场，结果臣下逐渐劝阻。从此以后，只有军中有马球，社会上没有了。统治阶级，缺乏体育游戏，也是中国文化此后的特色。

（七）因为尚文，各种文学、艺术，特别是哲学，不但造诣高超，且渐趋普遍。其影响在几百年内，居然渗入民间。更是这文化模式最有成就的大特点。尽人皆知，无需再说。

（八）理学或道学的兴起。常为思想史所过度夸张。其实，它最切要的贡献，还不是抽象的理论，而在具体的应用。

反过来说，其应用又非纯道学，而是配合其他因素，较符实际的。例如袁采的《袁氏世范》，其他各种家规，吕本中再传至祖谦的官箴，按照欧苏方法编制族谱，地方上建先贤祠，修方志，乡民自己组织义役，以应付政府不合理的劳役征发。总结起来说，学术增进，虽不能改善政治，可是对于社会秩序，裨益颇多。正如同中古欧洲的文化，主要是靠宗教和教会。

（九）说起社会秩序，中国靠教化，不使宗教抬头。因此士大夫的史料，以至近代的研究，也都忽视宗教。其实，宗教在生活里仍然是不可缺的。民间信仰，到处都有。而从略有知识的阶层起到士大夫，都倾向于儒佛道三教归一。这又是中国文化的特色。当然，唐代就讲三教。但北宋还有争议。欧阳修有《本论》，以固儒本来抗佛，契嵩和尚就用儒学来驳斥这种抗佛的错误。可是到了南宋，大致定局。

现在提出一篇久已埋没的文献，以作结束。南宋孝宗写过《三教论》。据《建炎以来朝野杂记》说："大略谓之以佛修心，以道养生，以儒治世，可也。又何惑焉？"说得远比唐太宗透彻。而在徽宗崇尚道教之后不久，便这样说，尤可注目。基本上，孝宗是反映大多数士大夫的信仰。这样切要的作品，不但不见于正史官书，历代儒家的文章里，一概不提，弄得无人知之。儒家偏见之深可知。笔者幸得请教佛学史的朋友，才在《大藏经》里找到。原文两见，是《佛祖统记》和《云卧记谈》。（附带报告，因为找这篇《三教论》，又看见《大藏经》里其他两条记载，说孝宗师事一僧，后又有《御注圆觉经》。）发现这些史料，才能了解朱熹何以大声疾呼正心诚意，而孝宗也不会听他的。

以上所说的南宋文化模式，只是刍言，绝非定论。目的是抛砖引玉，呼吁各方学人，各抒己见。中国以往八百年的文化是不是这形态？哪些特点在南宋以前早有了呢？哪些特点说错了？另外还有什么特点？哪些在南宋以后改变了，大不相同了？希望有更多的学人，群起共磋，我们的史学太零碎了，分头努力，而常互不相干。笔者并不主张硬性的，庞大的计划研究，只是苦口婆心的劝说——互通声气，百川汇宗，这样才有希望。

学问要提问题，问题要先提大的，分工去选分题，然后合作，交换意见，讨论中间的错综层次。这不是我们职业学人应有的责任和态度吗？

1985 夏于美东普林斯顿大学

黄宽重《南宋史研究集》代序

文武的形象

讨论"北宋大臣通契丹语"的问题

北宋安定，澶渊之盟之后对契丹保持长期和平是一个大因素。和契丹办外交的大臣是不是有通契丹语的呢？这也是颇有兴趣的问题。一般印象之中觉得好像很少。儒臣不学这种夷语的末技，多半用通事通译。反映中国文化"自我中心"的态度，对于外国情形，不够注意。并且通外国语，还可能被君主怀疑，戴上一顶帽子，说是有私通外国的嫌疑。

但是姚从吾先生以为有重要的例外。负责澶渊交涉的曹利用是通晓胡语的（原载《大陆杂志》六卷三期《女真汉化的分析》，收入《宋辽金史研究论集》，页二七八一二九〇，1960年）。证据是杨仲良的《续资治通鉴长编本末》（以下简称《长编本末》）卷一五。这书有广雅书局光绪十九年本，页一四，的确有这样的文字。曹利用说："臣乡使胡，晓胡语，又密伺韩杞（是契丹的使臣）。闻其乘间谓左右曰，尔见澶州北寨兵否？劲卒利器，与前闻不同。吁，可畏也！"

这例外有点突兀，因此引起怀疑和一点小考订。《长编本末》另有一个清抄本（台湾图书馆藏），比广雅刊印得早，还有题跋、眉批和断句。这本子卷一五，页一五的文字不同："利用对曰，臣乡使胡。晓胡语人密伺韩杞。"下文相同。"晓胡语人"四个字下面没断句。校勘的人觉得句法不顺，不知道怎么讲好，加了个眉批说："疑胡人语。"这眉批也是觉得曹利用可能通晓"胡人语"。

其实，原文不算太错。应该解释为曹利用派了一个"晓胡语人"去"密伺韩杞"，取得情报。曹利用以使臣身分，常和韩杞在一起，按情理不便先走开，然后又偷偷回去，躲在一边，亲自去"密伺"对方的使臣。还有一点证明。李焘的《续资治通鉴长编》（浙江书局本），卷五八，页一四说："利用对曰，臣乡使晓契丹语又密伺韩杞。"这句法有点不顺。其实这"又"字是"人"字之误，应该读为"臣乡使契丹语人，密伺韩杞"。曹利用刚刚使胡回来，用不着说"臣乡使胡"。抄本的《长编本末》可能是多了一个"胡"字，可能也是"臣乡使晓胡语人"。这样解释就使《续长编》的原文和《长编本末》所引用的都一致了。至于广雅书局本的《长编本末》，两个错都有，多了一个"胡"字，也把"人"字误为"又"字，句法就不顺了。

从这板本小考订看来，派个懂契丹语的人去侦探，曹利用自己是未必通契丹语的。不但如此，一般说来，学契丹语还是罪状。《欧阳永叔集》（国学基本丛书）卷三，页八一，余靖的神道碑铭说，出使契丹而贬官："契丹卒自攻元昊。明年，使来告捷，又以公往报。坐习虏语，出知吉州。"像夏竦诬告石介诈死出走，想结合登州莱州的强悍，暗通契丹，因此开棺验尸。又像富弼出使，刚回来就被怀疑有暗通契丹的嫌疑。这都是有名的案子，可以看出北宋君主的心理，怕契丹，猜疑臣下，一以巩固君权为重，宁可让有办外交能力的人员不通外语，不能直接通晓外国情形，不能使外交更有成效。

原载《大陆杂志》二八卷十二期（1964 年 6 月）

试论宋代行政难题

有时和朋友谈起，觉得大家应该多讨论，不必等到研究完成才发表。这样有若干好处。在研究正进行中，就可以得到指正、建议和启发，有助于研究。如果幸运，还能引起别的朋友的兴趣，互通声气，大家分头去做。许多人不肯"中途而发表"，是谨慎。不过声明是试论，也没有大害处。其实呢，十年寒窗的结果，也未必成为一字不易的定论。有时候反倒因为太谨慎，不讨论，不免有些闭门造车的毛病。在现代科学上，研究正在继续，就提出报告，已经是相当普遍的惯例。随便举个例，太空科学，大家都在做种种的初论，非如此是不能推进的。然而举出现代的例证，正也不必"数典忘祖"。孔子是讨论的，孟子更是好辩。宋儒讲学，明儒深入民间，常用讨论方式。好像清代才因种种原因而不大讨论。而《日知录》一类的写法，有些方面也不过是试论、初论，并非全都是结论、确论。最近在一个学术集会，作了下列的报告。就照原来的形式，既不修正，也不引申，寄给《大陆杂志》。希望能引起一点讨论，尽管大家不同意，尽可各抒己见。这样，学术研究才多些活泼的空气。

一 引言：研究宋史的几个大问题

一、就现代中国文化的整体或许多方面来看，宋代是承上启下的定型期。继承经典先儒，兼取汉唐，而加以调适，加以新说新制，加以推广，建立了一个新传统。这新传统的类型是怎样稳定？为什么不能另起更超越的进展？同时，为什么也不至于衰落，而能使这全人类农业社会之中最高度的文化深入民间，普遍全国维持了千年之久？

二、在这定型的文化中，文治的儒国是很大的特色。非贵族门第出身的士大夫地位之高，兴学出版文风之盛，都是前所未有。但是儒家的理想究竟实现了多少？为什么有许多的限度、失败和流弊？为什么在宋代后期经世儒术不能开展？倒反是退求性理的道学，另辟了新的境界？虽在政治上不能开展，却用了《三字经》、成语种种家传户晓的方式透渗，巩固了整个儒家的社会。

二　介绍宋代行政的研究

一、这方面的研究是企图对于上列的大问题，寻一些部分的解释。大题小做是先找关键的专题去做。大题中做是找一个方面，去做一连串的，希望能达成系统的专题。大题大做就必须期待各方面的群力合作了。

二、这方面的研究和官制的研究不同。官制的研究，在中国从宋人到现在，在国外特别是日本，尤其是京都，在美国也有很少数的学者，已经有了很高的成就。这些成就，可以帮助今后的研究，往另一方面开拓，特别着重于行政的运用。

三、行政的研究需要史学和行政学的配合。现代的行政学是结合政治学、社会学、人类学这些基本社会学而应用到公共机构与团体这范围的一种专科。有些地方和中国以往儒家的理论和史家的看法合。而有许多地方是比较古今中外，更广泛，而又更深入地分析。把中国史学和行政学配合起来，彼此都有新的启发。

三 目前进行研究中的一些构想

一、社会条件和立国的国策是决定行政的两类基本因素。宋代社会，都市空前繁荣，人口约在一万万以上，是世界当时空前的大社会。世族没落，中小型的家族制代之而起，社会流动性渐大，文字传播渐广，士大夫不但兴起，而且更专门的职业化。宋朝的国策是外与强敌求和，内则巩固君权，因此它利用也依赖士大夫，优容也控制士大夫。这政权是君主专政、官僚权势和儒家信仰的混成体。版图虽然比唐朝大帝国小得多，而因为中央集权，直接指挥地方，社会繁荣，事务繁多，这政府的组织不但比唐朝的大，也是世界当时空前的庞大政府。所以，它的行政问题，值得研究。宋代政制当然还不如后来明清两代这样的复杂和严密，但宋人已经了解到制度的重要性。在政府之外，也是如此。例如义仓、宗祠、修谱，都要订好规约。甚至大儒讲学，也排定日程，修立学规，都是反映重视制度，重视执行问题。

二、行政的本身可以从运用范围特性和演变过程几方面去分析。当然，这些方面都是错综的关连。例如曾经发表过一篇专题短文《中国历史上的行政循环 —— 北宋君主个案》（美国的《亚洲学报》十九卷二期），就是检讨君主权力的运用范围及其困难，北宋君主的特性，而归纳到一些演变，从创业型变为守成型，守成出了问题以后，只有两种其他的可能，变法型和倦勤型。类似这样的分析，可以应用到其他范围，例如执政官、常务官、事务官、地方官等等。

三、每个范围，在宋代这一个庞大的政府里都有其制度上的进步和成就，但也有其困难。"为君难，为臣不易"的情形，层层都有。执政官不易久位，常务官很难展其所长，中央觉得地方隐蔽，地方觉得中央苛刻。谁也有不满意之处，都很难改善。成法又会硬化、退化、腐化和恶化。改革有阻碍和失败。无可如何之中只能因循。由因循而更趋于保守。另一方面，因为制度上找不到出路，不得不从人品道德、哲学性理上去求解答。

四　试论举例

研究正在进行中，前述的构念可能要修正许多。暂时只有些试论，还谈不到结论。这里只是极简单地举出几个例。其实每个例子都很繁杂。只是提个大概，希望取得先进同好的讨论和指教。

一、德治之渐与繁衰之渐。儒家相信法治是有限度的。"盖天下之事，虽贵于守法，而亦不可一付于法。"（《文献通考》卷三二项安世言）根本还在道德风俗。例如"铺翠销金之饰，屡诏禁止……市肆公然为之"（《建炎以来系年要录》卷一二八，以下简称《系年要录》）。但德治也难。"入于人者渐……必久而后至太平。"（《欧阳修集》卷五）而在德治未渐之时，行政本身先已经"衰微之有渐"（《续长编》卷五三）。衰微的原因之中，事烦文繁是一大端。崇宁二年，度支部"生事"，即新案，有五万一千多件，其中很多不能简单地执行成法（《宋会要》，《职官》五九）。吏部也同样。于是开例援例。"例者因人而立。……用例破法。……故谓吏部者，'例部'也。"（《文献通考》卷三八）屡编敕令格式。动辄数十卷，多至百余卷，而且分门别类，层出不穷。包括旧例进去，而新例又生。从行政学来说，制度愈严密化，执行也一定更困难。"历年既多，簿书漫不可考。"（《宋会要》，《职官》六）事务官"书押不绝，无暇省览"（同上《职官》八）。"一切惟吏胥之听……故今世号为公人世界。又以为官无封建，而吏有封建者，皆指实而言也。"（叶适，《水心集》卷三）这百病丛生之渐，无论法治德治，都是难题。但反过来说，有严密制度，总比没有制度"无法无天"还是好些。

二、改革之难与因循之难。宋初已感觉立制不易。早在咸平四年陈尧叟就主张"利不十，不变法……岂俟改作，以致多门？"（《续长编》卷四八）因为弊繁才求改，而"有欲革弊而反以为弊"（《文献通考》卷三八）。到了高宗，更保守，不是利不十了，他说"利不百，不变法"，还说"祖宗法令，无不具备……轻变成法……徒为纷更"（《系年要录》卷一二二、一七四）。其实他说的成法，早已包括王安石新法的一部分在内，是经过纷更而被接受的。不过一般说来，改革谈何容易？一般史论都说王安石的变法如何困难，如何失败。作者也有本英文小书，略有点新的申论。其实，元祐改行旧法，何尝不困难？有的改不回去了。有的还是新法较好，想想还是不改罢。有的改行旧法，又出问题。就在改来改去之间，只要一改，就是一难，何况言改革者"或不深知朝廷之典常，或不洞究民间之利病，得之口耳……若从甲，则曰旧法如是。若从乙，则曰续降如是"。有的是"固有便于一方，而不可行于天下"（同上卷一七八）。还有改去又改来，例如"自罢舍法，复以科举取士，奉行日久，难议"再改（同上卷一八九）。不改怎样呢？"循致之说愈用矣。虽然，循致者，卒不能有所致也。"（叶适，《水心集》卷五）总之，成法因循，纵使不好，短期内还是较妥，而事实上也是守的"不可如何之法也"(《文献通考》卷三二)。

三、"多士以宁"而难得好官。从宋初起，就批评官多。徽宗曾经坦白地解释祖宗国策。他说"世知以官为冗，而不知多士以宁之美"(《宋会要》，《职官》四)。他是明明指出，君权"与士大夫共天下"(文彦博语)，要收买士大夫。他下文也说到政府庞大事多，官就不能太少。虽然滥官滥禄滥赏滥迁，事实上比军费还少得多。不过既然多士，按说应该能多有好官。而"举官诚亦不易。……然拔十得五，纵使徇私，朝廷由此得人，亦不少矣"(《中兴两朝圣政》卷五五)。拔十得五的话，北宋真宗早已说过(《续长编》卷八二)。而当时名相王旦就绝不如此乐观。他说："选众拔士，十得二三，亦为多矣。"(同上卷八四)好官不多，固然是大病，但不是绝症。究竟还有些好官，就能维持。开国的太祖，早已一针见血地指出："令选儒臣干事者百余，分治大藩。纵皆贪浊，亦未及武臣一人也。"(《太平治迹统类》卷二)这是宋比五代的大进步。而唐代呢，小官卑职出身，逐渐升官的多，士人出身的还是较少。宋朝反是。仁宗说："比阅天下奏吏出职者，率多败官，何也？"王曾曰："士人入流，必顾廉耻。若流外则畏谨者鲜。"(《续长编》卷一○四)换言之，士大夫尽管好的少，一般的道德水准还是较高。而且毕竟顾虑多些，不敢肆意妄为。这又是宋比唐的进步，用士人为官，第二步就得"严为考绩之法"(朱礼，《汉唐事笺后集》卷四)。实际上呢，年深日久，官官相护，考绩便成形式，褒多于贬。"进呈……监司课绩……上(孝宗)曰：此事只行一过，便是文具。今监司只是择人为急……课绩之法不必行。"(《中兴两朝圣政》卷一五)屡令"申严，未必济事"(同上卷二二)。不凭资历而荐举，又引起徇私、植党、奔竞等的流弊。资乎？才乎？也是两难。

四、考试制度，难求改进。士多而未必好，能不能从改进考试着手呢？北宋糊名誊录，是世界首屈一指的制度。可是南宋考场，冒名、易卷、挟带、暗号种种弊端，不胜枚举。且不说这些，中心问题是考什么？"策问者，有所利用于天下者也。……（而）窥探时局，以肆其褒讥。……简静之休风，斩焉尽矣。…… 其利也，乃以成其害也。"（王夫之《宋论》卷四）经义也容易引起党争与议论。就是不然，也无非"全用套类……初无本领"（《文献通考》卷三一）。经义与诗赋孰优？从庆历改革起，经过熙宁元祐的纷争，到了南宋，文风已归诗赋。"经拙而赋工…… 场屋率是赋居其三之二。"（同上）士人早已变成文人了。其实柳宗元早看到，苏轼、马端临都同意：无论用什么考法，都难实现儒家的理想。只好接近现实勉求妥协。重诗赋而兼用经义策论。七拼八凑的妥协，也未始不能算是四平八稳的长久制度。

五、官衙与官僚，有多弊而无大乱。现代行政学指出，官衙是工具，而这工具自有它的一套。政权尽管可以指挥官衙，未必真能得心应手，更难改革官衙本身的毛病、官僚群的风气和执行上的流弊。但至少官衙总能遵行一些规章，在小范围内，时时加以修正，偶或推行改良。官僚也还维持一些水准，有彼此纠察的功能，有时还可以转换一点风气，一般说来，"静以镇之，姑去其泰甚者"（《系年要录》卷一七四），确有持久不衰的功效。官衙这制度，官僚群本身的利害是趋于拥护现状和既有权益，绝不肯颠覆这全盘的局面。所以宋代不起大的内乱。不但如此，就是换朝易代，这全局也还维持下去。明清两代，在行政方面，又有若干进一步的成就。在这同一类型之中，超越了宋代。

五 结语

举的例证太少，试论又太简单，但希望能说明一点看法。行政繁杂，问题重重，绝非儒家理论和褒贬式的史论，所能道破，也不能用教条式的解释，过简地归罪于某一制度，某一阶层。表面看来，行政不过是些琐事。事实上是千百万人日积月累的生活经验。盘根错节，潜在的力量很大，对于历史文化，具有决定性的影响。用个老譬喻来结束，政治像只船，粗粗一看是船长在指挥，仔细一问，船员水手之间，还有许多情节。但是别忘了，这船本身有结构，有它本身的性能，一大半藏在海里面，却默默地决定了航程的久暂，全船的安危。

原载《大陆杂志》二八卷七期（1964 年 4 月）

梅尧臣《碧云騢》与庆历政争中的士风 [1]

京都大学宫崎教授在 1953 年发表《宋代の士風》一篇论文，很受史学界的重视 [2]。主要之点是说朱熹的《名臣言行录》，为了教导修身，不免隐恶扬善，加以理想化；有许多周知的事实，甚至朱熹自己在其他著作中所引用的史料都没有采用；实际上宋代士大夫的风气——宋人往往称为风俗——并不如《名臣言行录》所说的那样好，也没有像明清以来一般印象中那样好。

宫崎教授的看法，大体上是正确的。不过他文中首先引用《碧云騢》一书 [3]，因而怀疑北宋名臣范仲淹（989—1052）[4] 的私德。这一点尚待斟酌。范不是道学先生。贬知饶州时，曾喜一小妓 [5]。这就当时的行为标准而言，不足为病。范的政治作风，固然长处很多，也有毛病。王安石很敬重范，王本人后来也被人攻击结党任私，但王在当政时曾说过范"好广名誉，结游士以为党助，甚坏风俗"[6]。范为人的问题不是本文所要讨论的。至于《碧云騢》一书是否伪造诽谤的文字，假托梅尧臣做的，这一点应当加以考定。本文主旨还不仅在讨论该书，而是要从这一类诽谤文字说到庆历变法（1043—1044）引起政潮时，士大夫间的交游和摩擦，明争之外的暗斗；提供以往没被注意的史料以说明北宋士风另有若干弱点，可以补充宫崎教授的看法。

《碧云骃》的内容往往不符事实。书中说仁宗用范："密试以策……策进，果无所有。上笑曰：'老生常谈耳。'因喻令求出。"这里每一句话都和其他一切史料不合。仁宗特开天章阁求策，范领衔进"十事疏"。庆历变法即据此以为纲领，逐步推进。而保守派竭力反对，并且采用暗计谗言，不久就把范及其以下的改革派挤出朝廷。这是无可怀疑的史实。《碧云骃》又载范和胥吏范仲尹结为兄弟，利用他探听消息。这是可能的。但说范没钱，把这胥吏的家财用完，这胥吏穷窘，范却不管，这一点似乎不近情理。范以京朝官的地位不至于骗用胥吏的钱。何况范也不像是爱惜私财的人。"自政府出，归乡……惟有绢三千匹。令掌吏录亲戚及闾里知旧，自大及小，散之皆尽……又买负郭常稔之田千亩，号曰义田。"[7] 义田订有义庄规矩，见《范集》中。义庄历史悠久，虽经中断，旋即重整，一直维持到晚清[8]。其他宗族也多仿效。是宋以后中国家族制度特出的发展[9]。以范开创的气度和魄力而论，他的为人不大可能像《碧云骃》所说的。《碧云骃》记载旁人的事迹也同样可疑。例如《通鉴长编》曾指出"梁适因中官得相，此据《碧云骃》，他书并无之……所载或过当"[10]。

至于《碧云骃》的作者，据宋人判断，多认为可能是魏泰，而假托梅尧臣的名字[11]。有几个人的说法，颇值得重提。叶梦得最初以为是梅写的。"圣俞久困，意（范）公必援己，而漠然无意。所荐乃孙明复、李泰伯。圣俞有违言，遂作《灵乌后赋》以责之。……意以其西帅无成功。世颇以圣俞为隘。"[12] 后来，叶又改变意见，认为该书是魏泰所作："议者遂谓圣俞游诸公间，官竟不达，怼而为此以报之……圣俞贤者，岂至是哉？后闻之，乃襄阳魏泰所为，嫁之圣俞也。"[13] 但这意见，究不中肯。一方面觉得"当为贤者讳"，另一方面，仍"未免置疑"[14]。加之该书传为秘本，奇货可居，梅家后人也出来自认是梅写的，"挟之借重以欺世"，尽管有的亲戚不相信，说："异哉圣俞！作谤书以诬盛德，盖诛绝之罪也。"[15] 最大的争辩起于邵博。据王铚跋范仲尹（即上文所提之胥吏）墓志云："仆犹及识（魏）泰，知其从来最详。"[16] 大约是魏泰听到那胥吏骂范的话，加以渲染。魏"场屋不得意，喜伪作他人书"[17]。所以王铚不信《碧云骙》。但邵博却提出异议。梅有范仲淹挽诗三首，其中一首，据邵解释为梅对范死后犹加讥讽之作。故"疑此书实出于圣俞也"[18]。邵博的异议，多数人不同意。元朝张师曾作梅年谱，曾竭力辩驳[19]，可是也不能完全把它推翻。

据本文作者个人的分析，也断定《碧云骙》不是梅写的。邵博的异议，纯由于误解了梅挽范诗的意思（详下）。要充分解答这疑案，只凭文字考据不够，还要明了梅范两人关系的演变。从最初相交到后来绝交的情节颇为当时许多人所知悉，很可能该书的真作者——无论是魏泰与否——趁此冒梅的名字，以求取信。梅范绝交之重要性在与庆历三年（1043）"奏邸之狱"有关，而"奏邸之狱"为改革派从此失势的关键。从这些私人关系与事迹可以看出当时士风的许多方面。

梅尧臣（1003—1061）借其叔父梅询之荫得官，后赐进士[20]。因受他叔父的影响，也喜谈兵，曾注《孙子》。不过，他之得名，主要是欧阳修的关系。欧阳修曾挽他同修《新唐书》，同任考进士试官，尤其崇扬他的诗。梅当时与苏舜钦齐名。梅诗流传很广，甚至于连西南夷所织的弓衣上也织有他的诗[21]。这不是夸张的话[22]。据欧阳修说，梅诗"覃思精微，以深远闲淡为意"。梅的标准很高。他主张"凡诗意新语工，得前人所未道者，斯为善矣。必能状难写之景，如在目前；含不尽之意，见于言外，然后为至也"[23]。他自己用功极勤，日课一诗，焚之以求更精。他夫人也工诗[24]。在文学史上，梅的地位是矫西昆体，促进古诗的复兴。从欧阳修起到南宋陆游等人，都重视梅诗[25]。但也有人意见相反，例如朱熹："或曰圣俞长于诗。曰诗亦不得谓之好。或曰其诗亦平淡。曰他不是平淡，乃是枯槁。"[26] 梅始终未得任高官。据欧阳修说，梅并不因此怀怨。"平日为人，仁厚乐易，未尝忤于物。"司马光挽梅的诗也说："落落虽殊众，恂恂不连时。位卑名自重，才大命须奇。"[27] 这些美言，自未免过誉。其实梅的气量并不大，常常不免"轻儇戏谑"，"诙嘲讥刺"[28]。尤其喜欢用鸟类来譬喻，评论人物与政事[29]。梅对范仲淹不满，就常用这种方式表现。

梅和范结交颇早。1036 年，范越职言事，攻击宰相吕夷简，轰动一时。因此和欧阳修、尹洙等同时被贬，号称党人，首开北宋朋党的争端。那时候，梅有诗赠范，称他为"独醒人"[30]。另有两诗也指范而言。一云："主人赫然怒，我爱尔何毁？弹射出穷山，群鸟亦相喜。"[31] 又一云："中园啄尽蠹，未肯出林飞。不识黄金弹，双翎坠落晖。"[32] 范谪知饶州（江西鄱阳县），和梅任所相近，曾约梅同游庐山[33]。范夫人逝世，梅有挽诗[34]。但梅并不同意范的政治作风，更不赞成树党。有一首河豚诗，是范宴客时梅即席而成的，传为名作[35]。这诗暗示树党如吃河豚，不值得冒险："若此丧躯体，何须资齿牙？持问南方人，党护复矜夸！皆言美无度，谁谓死如麻？我语不能屈，自思空咄嗟。"[36] 接着梅又有《灵乌赋》一篇，郑重劝范不要批评政敌："吾今语汝，庶或汝听。结尔舌兮钤尔啄。尔饮啄兮尔自遂。"尤其不可树党以自高："同翱翔兮八九子，勿噪啼兮勿睥睨。"[37] 范也就原题答复一篇，表示作风虽不同，理想还接近，希望能殊途同归。同时并表示要继续政争，甚至"宁鸣而死，不默而生"[38]。

梅范的决裂是在 1043 年。范正在推行庆历变法，遇到政敌挑起"奏邸之狱"，大受打击的时候。御史中丞王拱辰站在吕夷简等保守派那方面[39]，企图从侧面削弱范的羽翼。他首先劾告范在陕西用的军事人员滕宗谅、张亢滥用公款。范代为力辩，才得从宽处分，降职了事[40]。王拱辰此计小胜后，又找其他机会。范曾荐苏舜钦，即与范同知政事杜衍的女婿，又曾荐王益柔，也是名士。苏王两人，时发议论，杂以戏谑。偶然和几个御史小饮辩论，御史们就弹劾苏王谤及时政。这弹劾没生效[41]。而苏王两人不知警惕，终于又为人取得攻击的机会。一日，苏与同事在进奏院公宴，约了革新派许多名士。王益柔即席作傲歌，有"醉卧北极遣帝扶，周公孔子驱为奴"的狂语。王拱辰得知，立即劾奏大不敬。"宋祁、张方平又助之，力言……罪当诛。盖欲因益柔累仲淹也。章得象无所可否，贾昌朝阴主拱辰等议。及辅臣进白，琦独言，益柔少年狂语，何足深治。"仁宗怒气不消，仍令彻查，造成所谓"奏邸之狱"。结果不但贬去苏王两人，革新派其余名士并受责斥，等于"一网打尽"。仁宗继又下诏云："不为朋党，君明臣哲……更相附离，以沽声誉……至于属文之人，类亡体要，诋斥前圣，放肆异言，以讪上为能，以行怪为美。自今委中书门下御史台，采察以闻。"这是公开申斥范派。范即"上表乞罢政事，知邠州。诏不许"[42]。但范羽翼已去，难安于位，乃改请去陕西巡边。不久又受夏竦的阴谋攻击。夏假造石介的信，诬富弼谋废立，勾结契丹为呼应。仁宗为危言所动，赶紧解除范富等人的政务官职，降调内地州官[43]。

这"奏邸之狱"和梅尧臣有甚么关系呢？原来王拱辰得知狂歌诋讪，乃是李定怀恨供给的情报。"自苏子美（舜钦）监察奏邸，旧例鬻故官牍以赛神，因而宴客。时馆阁诸名公毕集，独李定不预。遂捃摭其事，言于中丞王拱辰。御史刘元瑜，迎合时宰（贾昌朝、章得象）之意，兴奏邸之狱。一时英俊，斥逐殆尽。有一网打尽之语。故梅圣俞有诗云：一客不得食，覆羹伤众宾。盖指李定也。"[44] 李定是谁？他是旧任宰相晏殊的外甥，官太子中舍，也能文[45]。因为梅尧臣的诗受晏殊的赏识[46]，李就托梅介绍去见苏舜钦，希望参加这宴会。苏很骄傲，看不起李定靠舅父的荫任得官，拒绝了李。李因此怀恨报复[47]。梅尧臣对李定这种卑鄙手段颇为感慨，因有上述的诗[48]。几年后，梅另一诗责备李定："啄木欲除蠹，蠹去树亦挠。何须食微虫，尔腹岂不饱？天下本无事，自有庸人扰。君实知古深，终惭用心巧。"[49] 另一方面，苏王两人远贬，梅都有诗送别，表示惋惜[50]。但范仲淹经李定引起"奏邸之狱"的打击，不免见怪于梅最初介绍李定，又联想到梅常表示不赞成范等改革派树党的作风。可能还想起梅的叔父梅询原是范的政敌吕夷简所提拔的人[51]，也许怀疑梅多少也参与了保守派的阴谋来打击范派。从此范就对梅疏远。梅受老友怀疑，自觉冤枉，曾作诗表白："所禀介生拙，尝耻朋比为。皎皎三十年，半语未曾欺。身微德不著，尚使人见疑。身己当自责，实负圣相（指范）知。圣相虽明察，不假束蕴辞。扣言已可罪，引去岂非宜。"[52] 同时梅也对范不满，指摘范蔽于私党，不但信赖手下狂傲的名士，不约束他们检点，反倒拒绝忠告，甚至怀疑老友。有诗略云："吾闻圣贤心，不限亲与疏。……盗跖诮孔氏，弟子将党欤？……塞川岂量力，同趣即尔徒。尔既不自过，反以此为纡。"[53]

梅对范公开决裂，是梅重提旧日在饶州的文字因缘，写了一篇《灵乌后赋》攻击范当政也无甚建树，只是任用附和的小人。其中说："尔于此时，徒能纵苍鹰，逐狡兔。不能啄叛臣（指西夏）之目。伺贼垒之去，而复憎鸿鹄之不亲，爱燕雀之来附。既不我德，又反我怒。"[54] 此赋颇传闻于士大夫间。叶梦得《石林遗书》论及《碧云騢》一节，下有何焯校语，就指出"魏泰作《碧云騢》，嫁名圣俞，非缘此赋耶？"[55] 范失势去位后，梅仍继续批评他。有《谕乌诗》略云："乌时来佐凤，署置且非良，咸用所附己，欲同肋翔……一朝百鸟厌，谗乌出远方。乌伎亦止此，不敢恋凤傍……莫如且敛翮，休用苦不量。吉凶岂自了，人事亦交相。"[56] 梅以诗人身分，对于保守派的阴谋谗言的手段和范等改革派的党附自夸的态度，两方面都不赞成。

梅虽然指摘范，究竟是出于一时气愤。其内心还承认范仍不失为伟人。范死时，梅又表现诗人的个性，"述哀感旧"，作了三首挽诗[57]。第一首慨叹范的遭际："文章与功业，有志不能成，尝以陟高位，终焉屈大名。遗风犹可见，逝水更无情。归卜青乌陇，韩城苦雾平。"第二首感念昔日相交的情谊："京洛同逃酒，单袍跨马归。明朝各相笑，此分不为稀。公既参炉冶，予将事蕨薇。悲哀无以报，有涕向风挥。"

第三首挽诗就是上文所提邵博异议的根据。邵解释该诗，认为梅始终恨范。因而谓《碧云騢》可能真是梅写的。原诗云："一出屡更郡，人皆望酒壶。俗情难可学，奏记向来无。贫贱常甘分，崇高不解谀。虽然门馆隔，泣与众人俱。"邵博解释说："夫为郡而以酒悦人，乐奏记，纳谀佞，岂所以论范公者，圣俞之意，真有所不足邪？……故予疑此书，实出于圣俞也。"[58] 这种说法若非曲解，就是误解。按"望酒壶"

乃是范晚年知杭州时有名的救灾典故。他劝佛寺兴筑，以工为赈。自己故意以身作则，在湖上宴客，倡导游娱，振兴市面[59]。"奏记向来无"和"门馆隔"是说明两人绝交，不通音问往来。"崇高不解诼"是说纵然梅不和范往来，范也未必在意。挽诗三首，前后一致，都表现对范的好意。而且切实地说出旧交的可念与后来绝交的心情，并非客套的挽诗。邵博恐怕是记得梅范绝交，印象很深，又有《碧云騢》一书的疑案在心，因此主观地把第三首挽诗解错了。

本文从考证《碧云騢》是伪造的诽谤文字说起，进而讨论到梅范的私交经过和庆历变法"奏邸之狱"的一场大风波。前因后果，牵涉不免繁琐。然而，从这些具体而微的复杂人事关系，正可看出北宋士风的若干方面，总结如下：

（一）改革派的领袖，例如范仲淹，一般讲来，道德很高。诽谤文字所载，不足置信。然而，另一方面，德高如范，也不免有拒绝劝告，蔽护私人，猜疑旁人等等缺点。

（二）这些缺点，一部分也是因为当时政潮，常有阴谋暗算，不得不防。政海风波中，若干高官的道德水准并不高。

（三）所谓名士的声望很大，往往对人很骄傲，旁人有附和称誉的，也不免有嫉妒怨恨的。许多冲突摩擦，起于人事，并非全由于政见派别的不同。而人事的冲突摩擦却相当影响政局。

（四）改革派的人有才气的不少，但常不免有"轻儇戏谑，多分流品"的毛病。仁宗不喜"轻薄"，因此在"奏邸之狱"后，改用"纯朴持重"的人。这些人却又往往缺乏才学。"解经不过释训诂而已。"[60]有才气而稳重的人，即所谓才德兼备，又真不易得。就官僚组织而言，这是一大问题。

（五）士大夫间的摩擦，常表现于文字。其中又有高劣的不同。以诗赋讥评谴责，如梅尧臣，算是高雅的一类。而诗赋在抒情写意，比喻含蓄的方面，往往又非外人所能深切理会。况且流传久远，读者不明了当时的背景，不免有如邵博一样的曲解、误解或附会。至于根据流言戏谈，妄加渲染，编为谤书以耸听闻，或奇货售利如《碧云騢》一类的文字就属劣等[61]。这一类真假混淆的诽谤文字，其影响也不可忽略。读者很容易轻信内容而不加分辨。所得的印象是连名臣都没有德行，真是天下没有好人。对士大夫而言，这一类文字更促成他们彼此之间的轻视，堤防与猜疑，这也是士风更趋低下的一个小因素。

【注释】

[1] 前年课余匆忙中写就短文《范仲淹、梅尧臣与北宋政争中的士风》一篇。蒙日本学友不弃，予以发表〔见《东方学》，东京，第十四辑 (1957)，页一〇四——一〇七〕，其后自觉引证欠详，未能畅所欲言，因此又行补充若干材料，重新写成本文，以期稍赎前愆。

[2] 宫崎市定，《宋代の士风》，《史学杂志》，六二编，二号，页四六——六七。参阅《一九五三年历史学会》，《史学杂志》，六三编，五号，页七八。

[3] 《碧云騢》，见《说郛》(1646) 第四十册。涵芬楼本缺数节。

[4] 刘季洪，《范仲淹对于宋代学术之影响》，《宋史研究集》第一辑（台北，1958），页三五七一—三六六。参阅：J. Fischer, "Fan Chung-yen, das Lebensbildeines Chinesischen Staatsmannes," *Oriens Extremus*, 1955, pp. 39-85. 又英文拙著 James T.C. Liu, "An Early Sung Reformer: Fan Chung-yen," *Chinese Thought and Institutions*. John K. Fairbank ed. (Chicago, 1957), pp. 105-131.

[5] 吴处厚，《青箱杂记》(涵芬楼)，卷八，页二。

[6] 李焘，《续资治通鉴长编》(1888，以下简称《续长编》)，卷二七五，页一一。

[7] 龚明之，《中吴纪闻》(粤雅堂丛书)，卷三，页八——九。

[8] Denis Twitchett, "The Administration of Clan Properties in

the Fan Family, 1050-1760," Paper at The Fourth Conference on Chinese Thought, Aspen, Colorado, 1958, to be publisbed under the editorship of Arthur F. Wright, Stanford University Press.

[9] 参阅下列：牧野巽,《支那家族研究》(东京, 1944)；清水盛光,《中国财产制度考》(东京, 1949)；Hui-Chen Wang Liu, *The Clan Rules in Traditional China* (Associasion for Asian Studies Monograph Series, to be published in 1959).

[10] 杨仲良,《通鉴长编纪事本末》(1893), 卷三九, 页五。

[11]《文献通考》, 卷二一七,《经籍志》, 页一七六七——七六八。张心澂,《伪书通考》, 册下, 页八九四——八九五。

[12] 叶梦得,《石林遗书》(1911), 卷九, 页八——九。

[13] 叶梦得,《避暑录话》(涵芬楼), 卷二, 页七。

[14] 周煇,《清波杂志》(稗海), 册上, 页四三。

[15]《文献通考》, 卷二一七, 页一七六八。

[16] 邵博,《邵氏闻见后录》(涵芬楼), 卷一六, 页一一二。

[17] 同注 [15]。《碧云骢》的书名, 也似有讨论的余地。据序文说, 书名乃借同御厩马名。此马吻肉色, 碧如霞片, 故名。有旋毛, 荆王恶之。太后反笑而以为御马第一。世以旋毛为丑, 此马转因而贵。故借此意以讽刺贵人无行而得意者。但序文所说, 未必一定与此马的事实相符。潘永因,《宋稗类钞》(1669), 卷六, 页三一所载恰相反:"碧云骢……西域贡名马, 颈有旋毛, 文如碧云, 以是不得入御闲。"这记载是否可靠, 也无从知道, 但颇值得玩味。吾师洪业先生常说:"高明的伪画伪书, 有时很幽默的故意留一点破绽, 让识者看出它是假的。仿佛说并非真要骗人, 只是玩笑而已。"《碧云骢》这匹"马", 可能因旋毛, 根本未入御厩, 而序文故意说为御马第一。知此马者知道并无其事, 也就明白这书内容同样是虚构的戏语。不过这也只是揣测而已。

[18] 同注 [16]。

[19] 张师曾,《宛陵先生年谱》(夜吟楼, 1830)。刘性,《宛陵先生年谱序》, 见梅尧臣,《宛陵先生集》(四部丛刊), 附录, 页七。

[20]《续长编》, 卷一七一, 页六。

[21] 梅尧臣本传, 见《宋史》卷四四三及王偁,《东都事略》(1883), 卷八, 页六; 又卷一一五, 页六。两书都是根据欧阳修的《梅圣俞尧臣墓志铭》,《欧阳文忠公全集》(四部备要), 卷三三, 页四一六。又参见注 [19]。

[22] 王辟之，《渑水燕谈录》（涵芬楼），卷一，页四，有"撩子持锦……鬻于市者，织成诗"。按此即与梅尧臣诗织于西南夷锦上者类似。

[23] 欧阳修，《六一诗话》（说郛，1646），卷八四，页五一六。

[24] 厉鹗，《宋诗纪事》（1746），卷二〇，页八。

[25] 刘克庄，《后村先生大全集》（四部丛刊），卷一七四，页二。陆游，《渭南文集》（四部丛刊），卷一五，页四。参阅《文献通考》，卷二一七，页一七六九及一八六九。胡云翼，《宋诗研究》（1930），页四三一四八。郭绍虞，《中国文学批评史》（1934），册上，页三九七一四〇一。

[26] 朱熹，《朱子语类》（1876），卷一三九，页一六。

[27] 司马光，《温国文正公文集》（四部丛刊），卷一〇，页二一三。

[28] 《朱子语类》，卷一二九，页四一五。又《宋史》，卷四四三，本传。

[29] 郭绍虞辑，《宋诗话辑佚》（1938），册上，页二五五。参阅 Lin Yutang, *The Gay Genius, the Life and Times of Su Tungpo* (1947), p.153.

[30] 《宛陵先生集》，卷四，页一〇一一一。

[31] 同上，卷四，页八，《彼鴂吟》。

[32] 同上，卷五，页七，《啄木绝句》。

[33] 同上，卷五，页八。

[34] 同上，卷五，页二。

[35] 欧阳修，《六一诗话》，页二。

[36] 《宛陵先生集》，卷五，页八一九。

[37] 同上，卷六〇，页四一五。

[38] 范仲淹，《范文正公集》（万有文库），卷一，页五一六。梅范交换《灵乌赋》的年代，见同上，《年谱》，页四二九。胡适，《宁鸣而死，不默而生》，《自由中国》（台北），十二卷，七期，页二二一一二二二。

[39] 邵伯温，《邵氏闻见录》（涵芬楼），卷九，页二。

[40] 《续长编》，卷一四六，页一一。滕宗谅降知岳州，在任上建岳阳楼。范失势后两年，作《岳阳楼记》，中有尽人皆知的名言"士必先天下之忧而忧，后天下之乐而乐"。见《范文正公集》（1910），《文集》，卷七，页四。相沿以为范少年时即有此语，出于朱熹之误。

[41] 费衮，《梁溪漫志》（涵芬楼）卷八，页一一二，有苏舜钦致欧阳修的信，自辩"奏邸之狱"，提到事前伏线许多著述。此信，苏舜钦《苏学士集》里未收。

[42]《续长编》，卷一五三，页二一四。只引用杨仲良，《长编本末》，因此不详细节。

[43] 详英文拙著，见注 [4]。

[44]《续长编》，卷一五三，页三，据魏泰，《东轩笔录》(稗海)，卷四，页二一四，提到李定报讯，但未说明动机。本文所引的是陈鹄，《西塘集耆旧续闻》(知不足斋丛书)，卷五，页七一八。进奏院宴客赛神，神乃苍颉，见叶梦得，《石林燕语》(稗海)，卷五，页五一六。公宴是年例，卖故纸，也事前奏闻。当时各衙门都有此惯例。苏舜钦等同官，还各自另出一些钱备宴。详见苏自辩，参见注 [41] 引费衮，《梁溪漫志》，卷八，页二。

[45]《续长编》，卷一五三，页三云："李定无闻，今不取。"这是偶然失检。王明清，《挥麈前录》(四部丛刊)，卷四，页一云："李定字仲求，洪州人。晏元献公之甥。文亦奇。欲预赛神会，而苏子美以其任子拒之，致兴大狱。"

[46]《六一诗话》，页七。《宋诗纪事》，卷二〇，页八。

[47] 夏敬观选注，《梅尧臣诗》(1940)，页二一一二二。并参见注 [46]。

[48]《宛陵先生集》，卷一一，页五，《杂兴》。又"一客不得食"之句成为南宋人熟知的典故，见《挥麈后录》，卷八，页六。又《朱子语类》，卷一二九，页四一五。

[49]《宛陵先生集》，卷二四，页四一五，《李舍人淮南提刑》。

[50] 同上，卷一一，页三一五，又页八。

[51] 梅询受吕夷简提拔，见《续长编》，卷一二四，页二，又赵德麟，《侯鲭录》(稗海)，卷七，页七。又丁传靖辑，《宋人轶事汇编》(1935)，卷六，页二四五引《凤阳府志》。均较《宋史》卷三〇一梅询本传为详。

[52]《宛陵先生集》，卷一二，页八，《贵躬诗》。又另有一赋，自比拙禽，同上，卷六一，页六一七，《鸤鸠赋》。

[53] 同上，卷一一，页七《异同》。

[54] 同上，卷六〇，页一七一一八。

[55]《石林遗书》，卷九，页九，何焯校语。

[56]《宛陵先生集》，卷二四，页五。

[57] 同上，卷一五，页七。

[58]《邵氏闻见后录》，卷一六，页一一二。又见《文献通考》，

卷二一七，页一七六七。

[59]《范文正公集》(万有文库)，《年谱》，页四四二。见沈括，《梦溪笔谈》(四部丛刊)，卷一一，页六一七。南宋时，陈正仲也仿此法救灾，见罗大经，《鹤林玉露》(涵芬楼)，卷一，页八。传统的经济思想，强调俭省节约。但也有少数人因时制宜，采用花费的策略，以利经济。参见杨联陞先生一文 Lien-sheng Yang, "Economic Justifications for Spending—An Uncommon Idea in Traditional China, " *Harvard Journal of Asiatic Studies*, Vol. 20, No. 1-2 (Jun., 1957), pp. 36-52, especially pp. 46-47 and note 22.

[60]《朱子语类》，卷一二九，页四一五。

[61] 当时专揭发阴私的诽谤文字不止《碧云骃》一种。见《清波杂志》，册上，页四二。

王安石、曾布与北宋晚期官僚的类型

一　引言

许多史籍中批评王安石（1021—1086）[1]，多半提到两点：（一）他不是正统的儒家，近乎法家；（二）他引用小人。这两点恶评，未尝没有一部分的根据，可是同时也反映道学派的偏见，失诸过甚其辞：就现存文献而论，不尽合史实。北宋中期，儒家思想，各派并起，道学只是其中之一，未占上风。当时根本也无所谓正统。王安石虽重功利，未忘德治，并没有脱出儒家理想的范围。至于王所引用的人，有许多干才，并非全是小人。例如曾布（1035—1107），是创行新法时主要人物之一，中途为吕惠卿（1031—1111）所挤，王安石所弃，被贬外出。直到廿余年后，才重又当政，一方面执行又经恢复的新法，一方面希望缓和新旧两党的冲突。岂料徽宗改用蔡京（1047—1126），曾布又被诬远贬，国事益不可问。《宋史》将曾布列入《奸臣传》，实欠公允[2]。从基本上来说，君子小人的两分法，过于简单武断。像曾布这类人，既非君子，也非小人。

本文的主体是《曾布传》补。搜集若干史料，考证他的政治经历，以补《宋史》之遗。但本文的目的，不仅于此。曾布是一个好个案，来研究这一类型的官僚。一方面推源索流，从王安石的主张中去找线索，为什么王要提拔曾布这种人？又为什么不能久用？新党内部有些什么问题，旧党何以指摘他们是小人？另一方面，从曾布这种人说起，寻求一个比较合理的分类法，提议用几种类型，来包括新旧二党中的各种好坏人物；再以这些类型，来帮助说明北宋晚期这段错综复杂的政治纠纷和演变。

二 王安石的人才主义及其失败

关于王安石的思想，中外学者研究的很多；而以萧公权先生的分析，最为精当。"北宋政治之重心，不在理学，而在与理学相反抗的功利思想。此派之特点，在斥性理之空谈，究富强之实务。其代表多出江西、浙江。北宋有欧阳修、李觏、王安石。"[3] 王安石是"儒而有为者"，"以礼乐刑政为常道，非有取于刑名法术也"。他"虽注重制度，而始终认人才为根本。上仁宗书洋洋万言，所论不过陶冶人才一事"[4]。

我们不妨依据萧先生的分析，另外再加一些材料，补充几点。第一，反对和批评王安石的说法，认为他注重法，近乎法家。其实，王安石所谓"法"有广狭二义。狭义的法律，条文规例，王安石的确也重视，因为法律是行政的必要工具。但王安石所最重视的"法"是广义的，是"法度"的简称。不仅是"法令诰戒"而已，而是包括一切"法度刑政"在内[5]。用现代术语来说，也就是政治、经济、社会的各种"制度"，都应该由政府来倡导。第二，王安石认为由政府来树立完善的制度，有实际的和深远的两层目的。实际的目的是足财用，安民生。神宗屡言兵事，而王安石每次都强调富国先于强兵，也就是孔子足食先于足兵的主张[6]。深远的目的，绝不止于富国而已。王安石的理想是用制度来推行良善的"风俗"。这一点是儒家基本精神，他对神宗说了无数次[7]。第三，王安石因为要改革旧制，创建新制，非特别着重人才主义不可。

王安石有三段话，颇能表达他主张的重点。他在未当政时，有一篇《材论》说："天下之患，不患材之不众，患上之人不欲其众……天下法度未立之先，必先索天下之材而用之。"[8]他上台不久，认为有四项大问题："人材未练，财用未足，风俗未变，政令未出。"[9]这句话很能代表他政纲的原则。他又深信推行新政，也就是同时实际地去发现人才，训练人才，"举事则才者出，不才者困；此不才者所以不乐举事也"[10]。

王安石主张人才主义，以人才，立制度，改风俗，是一位有理想的儒家。这一点是当时公认的。王安石死时，他的政敌司马光预料一般投机官僚和后辈会起来攻击王安石的学说，特别写了一封有名的信，给另一位旧党领袖吕公著，要设法制止这种攻击[11]。刘挚是旧党中最保守的，反对新法，不遗余力。在王安石死后好几年，他弹劾学官不应当排斥王氏新学，说"安石相业，虽有间然。至于经术学谊，有天下公论在"[12]。这公论，南宋的许多学者，还是承认的[13]。指摘王近乎法家，主要是元朝道学家修《宋史》时的后起之说。

王安石以举事求人才，以人才再举事，自然偏重行政能力和政治手腕[14]。他所选拔的干才之中，颇有正直的人，例如薛向长于理财，王韶拓边立功，都是明证[15]。同时，王安石还改革吏治。胥吏开始支薪水，由官员严加督察，查出贪赃，即予重罚。这制变名曰"仓法"。旧党也承认在这制度下贪污减少了[16]。不过，王安石信任的所谓人才之中，也还有操守较可怀疑的，如吕惠卿。甚至还有品行的确很差的，如邓绾。邓绾有句无耻的话，"笑骂从汝，好官须我为之"[17]。

这类会玩手腕的官僚，整天包围住王安石，故意和他讨论政事经义，使旁人无从接近，借此蒙蔽他[18]。

王安石的人才主义在实行上有三点失败。第一是重视才能而用人不审。旧党批评他引用小人，就是指有才无德之人而言，不无理由。不过对新党所有人，一概抹杀，却是言之过甚。第二，王安石新法更大的失败，是新党内部彼此倾轧，不能团结。例如王安石以吕惠卿、曾布为左右手，后来都不合意（详见下节）。这倒不见得尽如欧阳修《朋党论》所说"小人无朋……暂相党引以为朋者，伪也"。元祐时旧党得势，洛朔蜀三派也闹意见。不过有手腕的人，彼此不合时，其倾轧更为激烈。第三，王安石最大的失败是他所用的人才，包括正直的在内，撇开倾轧不论，都只能助他改立制度，不能助他走向深远的目标，改善"风俗"。换言之，王本人极富于理想，而他的党徒，多半缺少理想。因此新政的推行缺乏它应有的基本信念和精神。

上述的论评，也许失诸空泛。容我们在下文就曾布来做一个具体的个案分析，以证实王安石人才主义的困难、失败和演变。

三 《曾布传》补

曾布列入《奸臣传》，清代好几位学者都觉得不对。陈黄中撰《宋史稿》（今佚），钱大昕跋曰："于奸臣传进史弥远、嵩之，而出曾布，颇与鄙意合。"[19] 杨希闵认为曾布"前不附王吕，后又不附蔡京，乃信'元祐'党人谤诬，人之奸臣，恐有过处"[20]。缪荃孙指出"布权谲自喜，议论多偏。然时以元祐、绍圣均有所失，欲以大公至正，消释党祸，较之（章）惇、（蔡）卞之徒，究属天良未泯"，因此觉得上引钱大昕的意见，"其论至公"[21]。这几位学者虽然如此评论，并没将《宋史·曾布传》的内容加以修正补充。本文的主要对象，却正在此。

曾布少孤，从异母兄曾巩学，承受欧阳修经纶致用的主张。熙宁三年（1070），实行新政的第二年，曾布上书言"为政之本有二，曰厉风俗，择人才"。《宋史》以为"大率皆安石指也"。其实可能是曾布真信服王安石，并能深得其理论之精髓。"神宗召见，论建合意"[22]，从此得用。《宋史》叙述他任职的经历太简略，应按《续资治通鉴长编》及其他材料补足，以见其行政能力。"布始为编敕删定官，即言立法必本于律；……驳其舛错乖谬百事为三卷……条析以闻。"[23]因功任"检正五房公事"，参加新法的擘划[24]。后来，他还有同类的贡献。曾经"详定编敕"[25]，又于"三司选吏二百人，专置司，磨勘天下帐籍"[26]。

曾布任检正五房公事，不久即判司农寺。《宋史》说"与吕惠卿共创青苗、助役、保甲、农田之法"，不太正确。青苗法定于曾布被重用之先。而免役一事，《宋史》下文又引曾布自己的话说"法令纤悉皆出己手"。前后文竟自相矛盾[27]。事实上，将改定役法时，"吕惠卿丁父忧去。王荆公未知心腹所托可与谋事者。曾布时以著作郎编敕，巧黠，善迎合荆公意，公悦之。数日间相继除中允馆职，判司农寺"[28]。吕未去前，主张用助税的说法，而曾布更进一步"改助役为免税，吕惠卿大憾之"，盖深忌之也[29]。两人的摩擦，从此开始。免役法出，政府以免税钱实行雇役法，旧党大肆反对，批评甚多，杨绘、刘挚"言助役（按即免役）有十害。王荆公使张琥作十难以诘之。琥辞不为。曾布曰，请为之"。结果，把杨刘所提出的十害，条条驳倒[30]。

除了役法以外，曾布对于新法还有其他的贡献。养马法是他草定的。保甲法，"首尾本末"也是他的"措置"[31]。王安石当时赞许他"宣力多"[32]。朝中也都知道王"用曾布为腹心"[33]，甚至河北有警，须备契丹，"上曰，谁可使，安石曰，不得已，须令曾布去"[34]。王安石日后虽弃曾布不用，还是承认"吾行新法，始终以为不可者，司马光也；始终以为可者，曾布也；其余皆出入之徒也"[35]。

熙宁五年（1072）冬天，吕惠卿复职，曾布的地位就有些动摇，以知制诰罢为翰林学士。安石请留之，"上口，惠卿吏文尤精密，不须留布也"[36]。吕自任司农寺，又有意想找曾布的错处，"遽乞令天下言司农未尽未便之事件"[37]。不过暂时还相安无事。曾布寻又兼三司使。吕曾二人大起冲突在熙宁七年（1074），因为市易务的纠纷。市易务的职务是买卖货物，政府可以取得物资之供应，兼以平抑物价。许多商人不满，勾结宦官、外戚，向神宗申诉，说市易务自为兼并，商贾不行，长此以往，恐怕要"生乱"了[38]。当时又适逢大旱，神宗因下诏求直言，并派曾布调查市易务。曾布报告说市易务判官吕嘉问经营过当，谋利过甚，失去市易法的本意。王安石原先向神宗力言市易并无问题，得此报告，无以自圆其说，大不高兴。吕惠卿趁此破坏曾布，说他背叛，欲沮新法。于是王又请神宗派吕惠卿再查市易[39]。正在这关头，郑侠进"流民图"，说是新法酷虐不堪。神宗不禁疑惑，下令权停新法，王安石随即求去。临行，荐吕惠卿为参知政事以自代。吕惠卿当政，即以市易之争置狱，意在曾布。曾布诉说"臣尝自言，与章惇有隙。今乃以惇治狱，其意可见……臣与惠卿，争论职事。今惠卿已秉政，势倾中外。虽使臣为狱官，亦未必敢以臣为直，以惠卿为曲"[40]。结果过了八十多天，终于把曾布贬知饶州，吕嘉问贬知常州，以了市易之案[41]。曾布之罢，"许将当制，颇多斥词。制下，将往见曾而告曰：始得词头，深欲缴纳。又思之，衅隙如此，不过同贬耳，于公无所益也，遂黾勉为此。然其中语言，颇经改易。公他日当自知也"。曾布并不在意，反倒说了一段故事。"曰，君不闻宋子京之事乎……晏（殊）公启宴召宋……翌日，罢相。宋当草词，颇极诋斥。"[42]

曾布攻击市易，逆王安石之意，受吕惠卿之陷，究竟用心如何？杨希闵的解释是曾布不肯附和，也并不教条式地尊崇新法，以为事事都好[43]。李焘《续资治通鉴长编》的解释，以为曾布也是投机作风，不幸失败而已。"初市易之建，布实同之。既而揣上意，疑市易有弊，遂急治嘉问。会吕惠卿与隙，乘此挤布，而议者亦不直布。"[44] 这两种解释，可能并存，曾布未必不投机，也未必纯出于投机。不过，所谓"议者亦不直布"，则又言之稍过。曾布之去，正人而非新党中人的刘攽等，为之叹息[45]。足见当时公论以为曾布是新党中有才干而又较有操守的人。曾布贬出，是新党的一个损失。

王安石去位不久，又重登相位。不过他的人才主义，已出破绽。第一，吕惠卿在执政的短时期内，阴谋破坏王安石势力。因此王安石回朝以后，不再信任吕惠卿[46]。邓绾等又趁机攻击吕惠卿。借他兄弟强借富民钱买田一案，把吕贬出[47]。第二，王安石不知何故还是信用吕嘉问。把他调回，检正中书户房公事，仍旧控制市易诸务[48]。可能是王安石的个性，特别在经过挫折之后，喜欢用完全听命的人。果真如此，那就是他的人才主义行不符言之处。第三，王安石始终不忘曾布攻击市易之举，因此不肯再用他[49]。当时已有人批评王用人不审，以曾布为例。有一次韩绛说："陛下尝言，用曾布骤，故终反复。安石曰，用曾布骤，恐非朝廷之失。方以人望，人诚无以易之。又不见其过，如何不便？及其作奸，自当辨曲直行法而已。"[50] 又有一次，王安石明说曾布有才无德。"臣以其材可使，故收之，及后宣力，臣倾心遇之，冀其遂为君子。非敢保其性行有素也。"[51] 及吕惠卿罢，神宗问："召曾布否？"王安石还是不肯[52]。从这几段记载来看，姑无论王对曾的批评是否公允，王等于自己承认他昔日的左右手，不是君子。又何怪乎旧党振振有词，说他引用骤进的小人呢？其实，曾布虽非召了，还胜丁吕惠卿、邓绾、吕嘉问诸人。曾布之不被王安石再用，就新法而言，未必得计。

曾布久居外官。中间经过元祐年间旧党执政，以久已脱离新法的要位，未受贬责。足见旧党并不对曾布太抱恶感。直到绍圣元年（1094）哲宗亲政，旧党下台，章惇主持绍述神宗，恢复新法。恰巧曾布路过，章惇乃留他在京，重为翰林学士[53]。曾布有答弟曾肇书曰："布自熙宁立朝至今，时事屡变。惟其不雷同熙丰，故免元祐之窜斥。惟其不附元祐，故免绍圣之中伤。自处亦有义理。"[54] 他二次立朝时，留有纪录，或称日记，或称日录，或称手记。元祐时起，大臣多留有这类纪录[55]。朱熹曾见曾布此录刊本，以为"其间邪恶之论甚多"，且"恐不可全信"。晁公武《郡斋读书志》记曰："曾布知公论所在，故对上之语，多持两端，又辄增损，以著此书。"[56] 可是朱熹另有一段话，却又说曾布不错："子宣《日录》，极见渠心迹。当时商量云，左除却（苏）轼（苏）辙，右除却（蔡）京（蔡）卞，此意亦好。"[57] 曾布这纪录在南宋时曾被政府征用，以为修史的参考，辨明北宋末期政潮的混乱情形[58]。一部分又由他后人的亲戚转录在笔记之中[59]。原书早佚，现有《曾公遗录》三卷，是从《永乐大典》

中辑出来的。缪荃孙跋曰：李焘《续资治通鉴长编》，"每据以删润"，此语甚确。《续长编》有时全用曾布原语，有时删节原语，有时另行考正日期，有时又参考吕惠卿的家传，以相比较[60]。以李焘当时所见史料之多，而频频采用曾布的纪录，则此书内容当属可信。晁公武说他"对上之语，多持两端"，可见当时政情险诈，其应付之苦。

《宋史》说章惇虽挽曾布入朝，仍"忌之，止荐居枢府，故稍不相能"[61]。实际上，这还在其次。主要是章曾二人，意见不同，时起摩擦。曾布自己对哲宗明说："与（章）惇（蔡）卞议论，无一事同者。"[62]不过章蔡势力大。据曾布说："今日士人，皆分隶惇卞门下。"而他自己则久居外官，"亦无所党与，故门下亦无人"[63]。因此无从抗争，只好慢慢等机会。

《宋史》说曾布迁就章惇时，有一件过失。哲宗宠刘氏，生皇子。孟后嫉妒，她的宫女就试用厌魅法害刘氏，未成。哲宗怒诏"掖庭诏狱"，拷问宫女太监。狱成，孟后被废。在审理此狱时，"法官谓厌魅事未成，不当处极典。布曰：驴媚蛇雾，是未成否？众皆瞿然。于是死者三人"[64]。杨希闵怀疑此说是否可靠[65]。这的确可疑，因为《宋史》本身的《后妃传》内又说孟后被废时，有录问官据案情奏谏，哲宗欲贬之，为曾布所阻[66]。足见曾布对于治狱废后，不太同意。其实，此事皆章惇所主，《宋史》的《章惇传》和其他记载都是如此说[67]。又据《曾公遗录》，则废孟后立刘后的手诏，经太监刘友端之手，假托太后之名，其实是章惇的手笔[68]。曾布参加狱事，多半是因为他枢密院的职守，负有监督皇城司太监侦察等的责任。此外，他还可能有些同情孟后。因为有一段间接的私人关系。曾夫人旧识一张女，教以文字，张女后入宫中掌笔札，即依孟后，时与曾夫人通问[69]。徽宗即位不久，曾布就赞助恢复孟后的地位。后来蔡京当权，又再度撤去孟氏后号，并罪及赞助复后者，曾布还因此降官[70]。

《宋史》又说曾布害元祐党人。章惇"兴大狱，陷正人……布多阴挤之"[71]。杨希闵评曰"略无实证，不敢谓无，不敢谓有"[72]。《宋史》接着又说，章惇"诡情饰过"，引用名士，让他们"乞正所夺司马光、吕公著赠谥，勿毁墓仆碑，布以为无益之事"。《琬琰集》所记，与此不同。说这些名士，乃曾布引以自重，将欲倾章惇[73]。而据有些笔记所说，则更与《宋史》恰巧相反。乃是章惇主张发元祐领袖之墓，赖曾布力阻。朱熹也认为曾布并不深恶元祐诸人[74]。再看曾布日后建中靖国之策，《宋史》此说，实难置信。

哲宗死，章惇主张立同母弟简王，太后则主张依次立端王。曾布即言章惇事前未与其他大臣商量，不应擅自有所主张，而且太后所见极是[75]。端王即立为徽宗，任韩忠彦、曾布为相，将章惇、蔡京和竭力排害元祐旧党的一些人贬出。蔡京从此深恨曾布。曾布又认为绍圣时，"贬窜元祐人过当……其实多报私怨"，应当以宽大纠正[76]。最好是以"大中至正之道，调一两党"[77]。赞成此说的人，也就拥护曾布[78]。

曾布当政，对国事"殊无可否"[79]，唯一希望是收拾残碎的政局。因此他延用名士，而这些名士被用之后，不因此满意，反更力言旧日新法之非，以元祐为是。例如曾布用陈瓘，而陈瓘著《尊尧集》，力诋王安石，并且攻击曾布在绍圣之初，直史院，不应徇私，请将王安石的日录，宣付史院，据以编修实录[80]。曾布想要调停，不料政府中同情元祐的人愈来愈多，时攻其短，使他日益难堪[81]。

曾布的地位真是左右为难。蔡京等力主新法的人，时谋再起。而元祐党徒，又不肯支持曾布。再加上曾布和韩忠彦不合。鹬蚌相争，结果是给蔡京造了机会。蔡京巧于安排，线索很多。他为太后所喜。曾布曾在太后前数蔡京之短，而太后不听[82]。蔡京又联络太监童贯，利用太学中的人，借道士的力量，在徽宗面前屡次说非相蔡京不可[83]。邓绾之子邓洵武批评建中靖国，不合绍述神宗之意，以孝道激动徽宗[84]。韩忠彦是韩琦之子，以渊源而论，是和旧党方面有关的。他看见情势不利，同时他又和曾布不合，索性变计，以新党之人攻新党之人，附议召蔡京回朝，以挤曾布[85]。曾布无计，也转头来敷衍蔡京。"京入朝，师朴（韩忠彦）遣子迎之十里，子宣（曾布）却遣子迎之二十里。"[86] 真是政情混乱，官场反复。但这种敷衍手段，施诸蔡京，焉能生效，曾布至此，已是四面楚歌[87]。

果然，蔡京参加政权不久，就将韩忠彦、曾布两人一齐排去。蔡京对于曾布，尤其不忘旧仇。使"御史攻之，罢知润州。京积憾未已，加布以赃。令开封府吕嘉问逮捕其诸子，锻炼讯鞫，诱左证，使自诬，而贷其罪，布落职"[88]。这吕嘉问就是当年管市易务，被曾布攻击的[89]。蔡京以有宿憾之人治狱诬罪，何啻借刀杀人[90]？而当时士风真是低下。曾布失势，旧党人当然不管，而新党中也没人替他解冤。例如王安石的一个女婿毛泽民，原本依靠曾布，至此即转投蔡京[91]。

助王安石创行新法的曾布，历经三朝，便如此负冤老死。初则为吕惠卿所挤，以章惇审市易之狱，与吕嘉问同贬。吕嘉问寻又再用，曾布则久屈外任。继则借章惇之助，再入政府，而又与章惇不合。立建中靖国之策，去章惇、蔡京，又不为元祐旧党所谅。终则为蔡京派吕嘉问治诬赃之狱，受安置的处分。这失败的经历，岂是曾布一人的失败？陷害曾布的，多半是王安石引用的人。这失败是王安石的人才主义在实行上整个的失败。

四　论北宋晚期官僚的类型

上文详考曾布的政治经历，一方面是以此为例证，说明王安石人才主义的失败；另一方面却又引起若干问题。新党的人，从王安石起，包括曾布等人在内，到蔡京为止，究竟应该如何分辨类别？旧党和拥护旧党的人，又何尝不是良莠不齐，能不能也加以区别？在新法之初，一般士风，尚属不恶。中间经过元祐绍圣，士风日渐低下。至蔡京擅国，士风竟不堪问。王安石最高的理想是改善"风俗"，元祐诸公更是力倡道德，何以新旧两党的努力，均归于失败，结果适得其反？换言之，为什么经过这段党争，优秀官僚减少，而品质低劣的官僚增加？当然原因决不止于一端，但这问题是和官僚类型的动态有关的。

传统的解释极简单：新法引用小人，元祐更化，而可惜君子不能合作。小人乘之，再度当权，竟至亡国。这说法的疑点很多。新法引用的，并不全是小人，已见上文。最难说通的是君子何以不能合作。还有一点就是何以后来的小人比新法初期的小人更是变本加厉的坏？

君子小人，道德性的二分法，过于简单。用以解释侠盗，尚嫌未足。用以讨论政治上的权变应付，更感困难。用以说明官僚类别，总多牵强，不过是草率的言其大概而已。其实，这二分法在北宋党争时已经成为政治工具，发生流弊。在1043—1044年时，范仲淹等主持短短的一段庆历变法，遭受攻击[92]，欧阳修即首创"朋党论"，言君子小人之别[93]。从此君子小人之论，争辩不休。王安石变法，旧党以新党为小人，新党又何尝不以旧党为小人？元祐时旧党上台，洛党以苏轼为小人，而蜀党也不承认程颐是君子。建中靖国前后，附庸元祐党人的名士，莫不自居君子。蔡京擅国，故意笼络名士，又有谁肯自认小人 [94]？自居君子，攻政敌为小人，轻用这二分法为政治上的便利工具，流弊是政治上的四分五裂，间接的影响士风低下。南宋叶适曾说："欧阳氏朋党论……迫切之论，失古人意。徒使人悲伤，而不足以为据也。" [95] 只有在政治分野极其明显，昏君权臣当道，措施在在不当，多数儒者不是洁身引退，就是被罪被谪，这君子小人道德性的二分法才有明确的政治意义。例如蔡京擅国以后（或更如明朝东林党时），确可明分君子小人。而从王安石变法起，到蔡京当政以前为止，粗分君子小人，终嫌笼统 [96]。

旧日典籍，对于官僚类型这一问题，除了君子小人道德性的二分法之外，早有其他若干的分法。例如《史记》首创循吏酷吏之分，是以行政方式为区别的标准，原不是以道德为分类的根据。宋初编纂《册府元龟》，列举官职，每条都提及各该职务的行政条件，又提及各种政治作风，并非仅以道德为唯一的衡量标准。即以宋代实际的课考而论，对于贪污不法，颇为严厉。但除贪官以外，是以实际行政来区分官僚的殿最高下的 [97]。我们在这里叙述这些分法，目的是要说明区分官僚类型，最好是用多元的标准。当然，道德操守，不容忽视。可是此外还要注意到政治理念，学术地位，行政才能，政治作风等等的因素。

还有一点说明，所谓官僚类型只是言其特征。这些特征，无论在思想上，态度上，行为上，都是相对性的，在程度上比较显著而已，并不是绝对性的，属于某一些类型，而旁的类型完全没有。因为特征是相对性的，所以类型只是模式，有时有典型的代表人物，有时则有人近乎某一型，同时也又近乎另外一型。不过有一个分类，能说出某些类型来，能指出这些类型的特征来，总比完全不分类或太笼统的分类，能帮助我们多了解一点政治史上各种不同的人物。

既经如此说明，我们现在就提出一个北宋晚期官僚类型的分法来讨论[98]。

（一）理念类。这类官僚是极少数领袖。他们在学术上的地位很高，有政治上的理论、主张和信念，有操守，不肯轻易放弃他们的理想。粗言之，亦即传统所谓君子。这类官僚，在北宋晚期，又分三型。（甲）德治型，重视个人道德，反对改革制度，不太着重行政能力，即旧党中朔洛两派是也。（乙）治术型，以为个人道德尚不足治世。改革制度，也不可妄举。一方面要注重政治的权势，行政的能力，但另一方面不求速达，以缓进为是。即旧党中蜀派是也。（丙）改制型，特别强调改革制度，以高度的行政能力，求急进，在理论上并不轻视道德，在实行上则难免轻用道德稍差的人，即新党王安石是也[99]。

（二）仕进类。这类官僚在学术上的成就较低，在政治上纵有理论、主张和信念，总以仕途进取为前提。他们做官为人也尚有操守，非渎职者可比。最能代表这一类官僚的精神是文彦博的一句话："孰不好功名？又当体国！"[100] 在这一类中，又可分两型。（甲）因循型，这是官僚群里的绝大多数，照惯例常情奉行公事，无过之望，胜于有功之心，以年资考绩取胜，普通称为"良吏"（但却不是《史记》所谓"循吏"原来的意思）[101]。（乙）干才型，这一型又较属少数。他们行政能力高，还有政治手腕。立功取胜，急进之心甚切。传统术语，称为"能吏"，"干才"，"长于吏事"，或"多谋"。

（三）渎职类。这类官僚纵有学术，却少道德。最能代表这一类官僚的精神即上文所引邓绾的话："笑骂从汝，好官须我为之。"[102] 他们的政治主张，无非手段。即传统所谓小人，利用职位营私。又可分两型。（甲）贪污型。这一型较属多数。除了自肥之外，野心不大。（乙）弄权型。这一型有野心，擅长手腕，要掌大权。他们的贪污也是较大规模的贪污。

本文所要特别分析的是干才型和弄权型两者之间的相似处和动态的关系。简单言之，干才型用手腕在行政上立功以求急进。若能立功，而不渎职自肥，不能算是小人。而弄权型的手腕，主要并不用在行政上，目的也不在立功，而是在政治上要弄，争权以夺利。试以曾布、吕惠卿、章惇、蔡确四人比较[103]，可列表如下，以（+）代表有此特征，（-）代表无此特征，（？）代表有疑问或不知有无。

特征 个人	干才型的特征					近乎弄权型的特征					
	高度行政能力	善用手腕	善处理公文	善论辩	有相当学力	善迎合意旨	阴挤同僚	交结党羽	勾结太监	陷害政敌	贪赃或纵容家人贪赃
曾	(+)	(+)	(+)	(+)	(+)	?	?	(-)	(-)	(-)	(-)
吕	(+)	(+)	(+)	?	(+)	(+)	(+)	(-)	(-)	(+)	(+)
章	(+)	(+)	(+)	(+)	(-)	(+)	?	(+)	(+)	(+)	(+)
蔡	(+)	(+)	?	?	(-)	(+)	?	(+)	(-)	(+)	(+)

上表求避繁琐，难免失于简略。但大概可以看出一个比较。曾布是干才型，不太近乎弄权型。吕惠卿虽是干才，已

接近弄权。章惇、蔡确可能是兼乎两型。换言之，王安石喜用干才型。在创行新法时，大目标集中在推行改制的理想，干才还是干才。到了新法已行，政治理想的因素不免减低。有的干才就转移目标趋于弄权。旧党批评王安石引用小人，也有相当理由，要点实即在此动态的变化。

弄权之风既起，政情日趋险恶。其他的干才，也不得不用类似或同样的手腕以自保，以对抗。曾布前后的经历，也略有判若二人之感。早年有理想，有为，并不弄权。晚年重掌政权，虽尚有建中靖国的主张，已经不能有所作为，只是卷在争权的旋涡中。在争权的旋涡中，干才型是不能取胜的。就是干才近乎弄权的章惇，都未免不能立足。唯有真正弄权型的蔡京，能排除政敌，掌握大权二十年之久。

我们还可以综合以上所有类型，以简图表示这段政治演变。曲线之上，代表王安石创行新法时所占的势力。曲线之下，代表蔡京当权时所占的势力。

类　型		
理念类	德治型	治术型	改制型（王安石）
仕进类	因循型（绝大多数）		干才型
渎职类	贪污型		弄权型（蔡京）

王安石创行新法时，不但旧党、德治型的洛派朔派、治术型的蜀派反对，绝大多数的官僚是因循型，也在反对，因为新法与他们的惯例素习不合，给他们加上许多重担。至于贪污型，最初也是不赞成新法的。在重要反对之下，王安石更不得不另外找人，选拔和依赖他所认为的干才，坚决奋斗。

蔡京当权时，情形大异。新法已行过多年。绝大多数的因循型已对新法习惯，同样的可以奉行照例公事，并不反对蔡京。贪污型则更乐得蔡京用事。蔡京之所以能久位，得到多数官僚拥护，也是重要的原因之一。而干才型的人物，则因弄权伎俩不如蔡京，终归失败。所以蔡京登台，不独旧党受罪，即旧日新党中人如曾布者，也同受谪贬。就整个官场而言，熙宁、元祐新旧两党，尽管意见不同，究竟都有政治的理想和信念。徽宗用蔡京时，士大夫之间，就无所谓理想和信念了。

从改制而用干才，用干才而造成弄权者的机会，王安石不能不负相当的责任。南宋史家，念亡国余痛，认为新法误国，也有其理由。不过，旧党以德治为重，既不能改善行政，裨益国计民生[104]，又不能以道德转换和领导因循型的多数官僚，眼看他们依附弄权的蔡京，又何尝不负相当的责任？

新旧两党各有其不同的儒家理想，却都没能成功。北宋晚期政治的失败，也可以说是北宋各种儒学，经世致用，在政治上始终没找到出路。这也是南宋儒学，一转而高谈性理的原因之一。

原载台北《清华学报》，新二卷，一期（1960）

【注释】

[1] 关于王安石，参阅蔡上翔，《王荆公年谱考略》（1930重刊），梁启超，《王荆公传》（饮冰室丛书）；柯昌颐，《王安石评传》（1933）。作者已有英文拙著出版，*Reform in Sung China* (Harvard University Press, 1959)。其中引用李焘，《续资治通鉴长编》（1881，以下简称《续长编》）若干材料，以补充上列各书，又引用近三十年来中日学者关于王安石及其时代的研究，加以综合分析。

[2]《宋史》，卷四七一。关于曾布，参阅上引《续长编》，散见卷二一〇—五二〇；曾布，《曾公遗录》（藕香零拾），册二二—二四；周

明泰，《三曾年谱》(1932)；杨希闵，《曾文定公年谱》，《豫章先贤十五家年谱》内《附曾文肃公事略》，页二八—三三；王焕镳，《曾南丰先生年谱》(1943)，也提及有关曾布的材料；以及下文所引的一些宋人笔记。

[3] 萧公权，《中国政治思想史》(1946)，第二编，页一四三。

[4] 同上引，页一四九——五二。参阅陶希圣，《中国政治思想史》(1954)，第四册，页四九—五八。

[5] 王安石，《王临川集》(万有文库)，卷三九，页七九，《上仁宗皇帝言事书》(通称《万言书》)；卷六四，页一八，《周公》；卷六六，页四三，《礼乐论》；卷六九，页六九，《原教》；卷七〇，页七九，《议茶法》。

[6]《续长编》，卷二一七，页一三——五；卷二二〇，页一五；卷二二一，页一〇；卷二三二，页二；卷二三六，页二六；卷二三八，页六；卷二五〇，页一二——三。

[7]《王临川集》，卷六九，页七四——七五，《风俗》；《续长编》，卷二一三，页三；卷二一三，页六；卷二一五，页三；卷二二一，页七；卷二二三，页一九；卷二二四，页一〇；卷二二九，页一七；卷二六四，页二〇；卷二七五，页一二。

[8]《王临川集》，卷六九，页二一——二二，《材论》。

[9]《续长编》，卷二二一，页一七。

[10] 同上，卷二四四，页六。

[11] 司马光，《温国文正公文集》(四部丛刊)，卷六三，页一三，《与吕晦叔简》。

[12] 刘挚，《忠肃集》(丛书集成初编)，卷七，页一〇〇——〇一，《劾黄隐》。

[13] 萧公权先生，《中国政治思想史》，第二编，页一六三，注五七，指出陆九渊推崇王安石为儒家正统。

[14]《续长编》，卷二四八，页九；卷二五三，页一〇。

[15] 梁启超，《王荆公传》，页二八八——三〇九；柯昌颐，《王安石评传》，页三〇〇——三三八。

[16] 宫崎市定，《王安石の史士合一策》，《桑原博士还历纪念东洋史论丛》(1931)，页八五九——九〇四。

[17]《宋史》，卷三二九，《邓绾传》；《续长编》，卷二一六，页二。

[18]《续长编》，卷二一六，页二。

[19] 钱大昕，《潜研堂文集》(四部丛刊)，卷二八，页一六，《跋陈

黄中宋史稿》。关于陈黄中的书，参阅金毓黻，《中国史学史》(1946)，页一四六。

[20] 杨希闵，《曾文定公年谱》，《附曾文肃公事略》，页二八—二九。

[21]《曾公遗录》，卷九末，页八六，缪荃孙跋。

[22]《宋史》，卷四七一。

[23]《续长编》，卷二一四，页二〇—二一。

[24] 同上，卷二二〇，页一一一二。

[25] 同上，卷二四七，页一，又页五，参阅卷二五四，页一一。

[26] 同上，卷二三八，页一五一一六；卷二四四，页一一。

[27]《宋史》，卷四七一。

[28]《邵氏闻见录》(涵芬楼)，卷一三，页四；参阅《续长编》，卷二一五，页七。

[29] 司马光，《涑水记闻》(涵芬楼)，卷一六，页二。

[30] 邵伯温，《邵氏闻见录》，卷一三，页三：详情参阅聂崇岐，《宋役法述》，《燕京学报》，三三期 (1947)，页二二九—二三一；曾我部静雄，《宋代财政史》(1941)，页一六二—一七三；《续长编》，卷二二五，页二一四。

[31]《续长编》，卷二三五，页三；卷二四六，页二一；又《曾公遗录》，卷八，页三九—四〇。

[32]《续长编》，卷二二五，页九。

[33] 同上，卷二三七，页二〇。

[34] 同上，卷二三八，页二。

[35] 周明泰，《三曾年谱》，页五二。陈善，《扪虱新话》(涵芬楼)，卷一，页二一三，均同。而《琬琰集删存》(哈佛燕京学社引得编纂处，1938)，卷三，页四九，则吕惠卿之名与曾布并列。

[36]《续长编》，卷二四一，页一〇。

[37] 魏泰，《东轩笔录》(稗海)，卷一〇，页五。

[38]《续长编》，卷二五一，页一五一一八；卷二五二，页二〇。

[39] 同上，卷二五一，页二三一二四，又页二八—二九；卷二五二，页一一二，又页一一，又页二三一二四；《宋史》，卷四七一；杨希闵，《曾文定公年谱》，《附曾文肃公事略》，页二八—二九；魏泰，《东轩笔录》，卷四，页一〇。

[40]《续长编》，卷二五三，页二。

[41] 同上，卷二五五，页七。

[42] 魏泰，《东轩笔录》，卷一〇，页二一三；参阅李心传，《旧闻证误》(藕香零拾)，卷一，页一一二。

[43] 杨希闵，《曾文定公年谱》，《附曾文肃公事略》，页二九。

[44]《续长编》，卷二五三，页七；参阅《琬琰集删存》，卷三，页四九。

[45] 魏泰，《东轩笔录》，卷八，页三。

[46]《续长编》，卷二九五，页一一二，又页八；卷二六一，页九一一〇；卷二六五，页四，又页二四一二八；卷二六八，页四一八。

[47] 同上，卷二六四，页二〇一二二；卷二六六，页一〇一二，卷二六八，页一二一一七；卷二六九，页三一八；卷二六九，页一六一一七；卷二七一，页　　；卷二七五，页十一一八，又页一一，卷二七六，页四一六，又页九。《宋史》，卷四七一，《吕惠卿传》。

[48]《宋史》，卷三五五，《吕嘉问传》。参阅《续长编》，卷二五五，页七；卷二六〇，页八；卷二六一，页一〇；卷二七二，页九，二七七，页一五。

[49]《续长编》，卷二五一，页二八一二九；卷二五二，页一一二；又页一一，又页一九；卷二五三，页九；又以下两注。

[50] 同上，卷二六三，页二八。

[51] 同上，卷二六四，页四。

[52] 同上，卷二七一，页一一二。

[53]《宋史》，卷四七一。冯琦，《宋史纪事本末》(万有文库)，册四，卷四六，页六二。

[54] 柯昌颐，《王安石评传》，页三二三。

[55] 周辉，《清波杂志》(稗海)，卷中，页一五。

[56] 朱熹，《朱子语类》(传经堂)，卷一三〇，页二九。晁公武，《郡斋读书志》(四部丛刊)，卷二上，页三二一三三。

[57] 朱熹，《朱子语类》，卷一三〇，页一二。

[58] 邵博，《邵氏闻见后录》(涵芬楼)，卷一，页六一七。

[59] 王明清，《挥麈后录》(四部丛刊)，卷一，页一三一二二。王明清外祖，乃曾布第三子，见其另著，《玉照新志》(涵芬楼)，卷二，页一五一一六。

[60]《曾公遗录》，卷九末，页八六，缪荃孙跋。例如《续长编》卷五〇七，页一，即用《曾公遗录》卷七，页一原语。《续长编》，卷五一〇，页一四，即节用《曾公遗录》页七、页二一之语。另行考正日期，

参用吕惠卿家传，见《续长编》，卷五〇九，页四；又页九；卷五〇八，页七。

[61]《宋史》，卷四七一。

[62]《曾公遗录》，卷九，页五五。又可参阅全书三卷，及《续长编》，卷五〇七—五二〇。

[63]《曾公遗录》，卷七，页二一—二二；《续长编》，卷五一〇，页三—四，略同。

[64]《宋史》，卷四七一；冯琦，《宋史纪事本末》，册四，卷四七，页七一，记披庭诏狱，无曾布之语。

[65] 杨希闵，《曾文定公年谱》，《附曾文肃公事略》，页二九—三〇。

[66]《宋史》，卷二四三，《哲宗昭慈孟皇后传》；冯琦，《宋史纪事本末》，册四，卷四七，页七一。

[67]《宋史》，卷四七一，《章惇传》；冯琦，《宋史纪事本末》，册四，卷四七，页七一—七二；《续长编》，卷二二〇，页一〇；卷二三三，页一五，卷二三五，页二三—二四。

[68]《曾公遗录》，卷八，页四七；卷九，页五六；又页六四—六六。

[69] 王明清，《挥麈三录》，卷二，页三。王明清见注 [59]。

[70]《曾公遗录》，卷九，页六四—六六；又页六九。参阅《续长编》，卷二五三，页九；冯琦，《宋史纪事本末》，册四，卷四七，页七三—七四；朱熹，《朱子语类》，卷一三〇，页一二。

[71]《宋史》，卷四七一。

[72] 杨希闵，《曾文定公年谱》，《附曾文肃公事略》，页二九。

[73]《琬琰集删存》，卷三，页四九；周明泰，《三曾年谱》，页五五。

[74] 潘永因，《宋稗类钞》(1669)，卷六，页五〇；参阅朱熹，《朱子语类》，卷一三〇，页二八。

[75]《宋史》，卷一九，《徽宗本纪》；冯琦，《宋史纪事本末》，册四，卷四八，页七六；《曾公遗录》，卷九，页二，又页五。

[76]《曾公遗录》，卷九，页三四—三五。

[77] 同上，卷九，页八〇。

[78] 参阅晁咏之，《上曾丞相子宣书》，《宋文鉴》(四部丛刊)，卷一二〇，页一九—二一。

[79] 朱彧，《萍州可谈》(墨海金壶)，卷一，页八。

[80] 杨希闵，《曾文定公年谱》，《附曾文肃公事略》，页三一；岳珂，《桯史》(稗海)，卷一一，页八；卷一四，页一；《宋史》，卷三四

五,《陈瓘传》。

[81] 朱熹,《朱子语类》,卷一三〇,页一二;又《朱子全书》(1713),卷六二,页三八。

[82] 陆游,《老学庵笔记》(涵芬楼),卷四,页九。

[83]《宋史》,卷四七二,《蔡京传》;冯琦,《宋史纪事本末》,册五,卷四九,页一;岳珂,《桯史》,卷一〇,页一一二。

[84] 岳珂,《桯史》,卷一五,页七一八;冯琦,《宋史纪事本末》,册五,卷四九,页一一二。

[85] 邵伯温,《邵氏闻见录》,卷五,页三一四。

[86] 朱熹,《朱子语类》,卷一三〇,页一二。

[87] 朱熹,《朱子全书》,卷六二,页三八。

[88] 冯琦,《宋史纪事本末》,册五,卷四九,页三。

[89]《宋史》,卷四七一;邵伯温,《邵氏闻见录》,卷五,页三一四;周明泰,《三曾年谱》,页六〇。

[90] 参阅杨希闵,《曾文定公年谱》,《附曾文肃公事略》,页三〇。

[91] 潘永因,《宋稗类钞》,卷六,页五七。

[92] 冯琦,《宋史纪事本末》,册二,卷二九,《庆历党议》;杨仲良,《通鉴长编纪事本末》(1893),卷三七一三八;参阅拙著 James T.C. Liu, "An Early Sung Reformer: Fan Chung-yen, " *Chinese Thought and Institutions*, J.K. Fairbank ed. (1957), pp. 105-131.

[93] 欧阳修,《欧阳永叔集》(万有文库),册三,页二二。

[94] 王夫之,《宋论》(四部丛刊),卷四。

[95] 叶适,《习学记言》(1885),卷五〇,页一〇;参阅拙著《范仲淹、梅尧臣与北宋政争中的士风》,《东方学》,东京,第十四辑(1957),页一〇四一一〇七。

[96] 拙著,James T.C. Liu, "Some Classifications of Bureaucrats in Chinese Historiography," *Confucianism in Action*, ed. David S. Nivison and Arthur F.Wright (Stanford 1959), pp. 165-181.

[97] 同上注。

[98] 此文第三节大致见于英文拙著,见注 [1]。

[99] 参阅萧公权先生,《中国政治思想史》,第二编,第一四、一五两章。

[100]《续长编》,卷二二一,页二〇。

[101] 参阅《史记·循吏传》和《汉书·循吏传》的原文;又注 [96]

所引拙著。

[102] 见注 [17]。

[103] 这四个人的传记材料，主要见于《宋史》；杨仲良，《通鉴长编纪事本末》；柯维骐，《宋史新编》；陆心源，《宋史翼》；杜大珪，《名臣碑传琬琰集》，又《琬琰集删存》；朱熹，《朱子语类》；黄宗羲，《宋元学案》；陆心源，《元祐党人传》(以供旁证)；丁传靖辑，《宋人轶事汇编》。参考者可用《四十七种宋代传记综合引得》，最便。

[104] 曾我部静雄，《宋代财政史》，页二二一二七。

秦桧的亲友

小引

秦桧这人，真是遗臭万年。凡是读过书的，包括学童在内，无人不知他是屈辱求和，残害忠良的大奸臣，就是不识字的，也从流行的戏曲里，得知他是冤杀精忠报国岳飞的大凶犯。这千古罪恶，令人愤慨无已，甚至传说有的油条叫油炸烩，就是炸桧的讹音，大家要泄恨的意思。在抗战期间，秦桧更成为卖国的代名词。而有的日本学者，附和军人侵略，普通名之曰御用学者，居然还厚颜著书，说秦桧主和，并非卖国。目的很显著，妄想中国屈服求和。而中国人看见这种著述，更觉得秦桧令人不齿。

最近看见两本中文的岳飞传记。一本是根据旧作，加以增订。考订史籍，更胜于前。另一本叫《岳飞新传》，确是新式写法，明晰生动，不为考证所累。但也都是正面文章，不屑于分析一下秦桧究竟多坏。历史应该力求全貌，不能因为其人可鄙，其事可略。

本文绝非翻案，只是确切的补充。先声明三点意义。

第一，从方法论说，无法研究秦桧本人，但是可以查考他的周围，特别是从他的亲友来观察。如众周知，秦桧父子当权的时候，已经抹杀了若干档案的记载，令人无从查考。

所以南宋后来的史家，尽管查国史，找实录，看会要，都无法追记。李心传的《建炎以来系年要录》(以下简称《系年要录》)，已经尽其所能，也没有多少秦桧的资料。元代修《宋史》，未见《系年要录》。明人也看不到，一直到清代才从《永乐大典》里，辑出《系年要录》，这才稍有线索。

一般忽略了高宗的手段，隐蔽对金求和的史料，不要人说出秦桧的作为，他是主要因素。秦桧父子毁去档案，高宗不可能不知道，而是愿意他们这样做。秦桧死后，高宗公然宣布诏书说："朕惟偃兵息民，帝王之盛德。讲信修睦，古今之大利。是以断自朕志，决讲和之策。故相秦桧，但能赞朕而已。"(《系年要录》，国学基本丛书，页二八二七) 这样一说，谁还敢提当初屈辱讲和的经过？不但如此，高宗根本不许人提出秦家的过失。不久，他又下便诏："然朕以秦桧辅佐之久。又临奠之日，面谕桧妻，许以保全其家……可令中外知朕此意。今后不得更有论列。"(《系年要录》，页二八七五)

李心传等有名史家，何尝不知道高宗讳史，只是在南宋时代，无法批评中兴圣主，只好推在秦桧父子身上，说他们摧残了纪录。但无论是谁，终不能掩尽天下人耳目。秦桧的亲友，还是有案可查。

第二，一般印象总疑心秦桧是女真金人的奸细。否则，他本是金人抓去的，怎能不受监视者的觉察，公然带着家眷，轻巧南归？可是，这只是怀疑，并没有实证。何以呢？一则如果是奸细，怎样和金人暗通消息？这很难做到事后也没人泄漏出去。二则不但南宋笔记里找不到痕迹，而且岳珂著书，为他先人岳飞申冤，有《金陀粹编》的专书，另外还有《桯史》的随笔，也不提秦桧有替金人做奸细的嫌疑。

可是秦桧的确很熟悉金人的动静，这又怎样解释呢？从他的亲戚里去找，线索有了。他有近亲是刘豫伪政权下的高官，自然近水楼台先得月，容易把消息透过来。换一个方式说，秦家和他们的亲戚，有的帮宋高宗，有的帮刘豫，私下联系，两头活动。只要讲和，对于他们高官的身家，总是有利的。这条线索，是前人没注意到的，可以订正史册。

第三，秦桧的妻子很值得注意。上文引高宗诏书说，临奠之日，面谕其妻。这是极稀见的事。秦桧之子秦熺，也立朝颇久。高宗何以不面谕其子，而特别要面谕其妻呢？整个宋代，大臣之妻，同不十预政事，而秦妻王氏确是特例。南宋佚名的《朝野遗记》就有特出的一条："王氏素阴险，出其夫上。方岳飞狱具。一日桧独居书室……若有思者，王氏窥见笑曰，老汉何一无决耶？捉虎易，放虎难也。桧掣然当其心，即片纸付入狱。是日，岳王薨于棘寺。"（见《说郛》，涵芬楼本，1972影印，卷二九，页二一至二二；丁传靖辑，《宋人轶事汇编》，卷一五，页七六上，引之，但有脱误字）。

宋代有人写这传闻，元曲里就成为"东窗事发"的故事，说因为岳案，秦桧夫妇受阴世刑罚。从此各种通俗演义、大小戏剧都无不以王氏为杀岳飞的帮凶。民间流行之后，士大夫也同意采取。因此杭州建岳庙，前面铸了铁人跪着认罪。既有秦桧，也有王氏。而且王氏跪像，赤露上身。妇女的像，而供众侮辱解恨，这也怕是仅见的特例。

正史上的材料不能解释吗？也不尽然。一去追溯秦桧的亲友，立即发现这些亲友多半是王家和王家的关系。连上文所提的可能，亲戚在刘豫那边可能先知金人消息，暗通声气，也是王家的亲戚。

三点声明说完，开始叙述史实，大致分为五节，计有岳父兄弟，妻子的弟兄，曾任伪官的表亲郑亿年，结为干亲的御医王继先，和另一位姓王的朋友，叫王次翁。

二　岳父兄弟

秦桧是建康（现代的南京）人，家世并不显著。宋代重视科第，盛行榜下求婿，名门高官，自己的子弟未必争气。为了维持家声，巩固势力，蟠踞官府，庇护子孙，往往把女儿嫁给中了进士的新贵。王氏就是这样嫁给秦桧的。

王家原籍四川，但已久居开封都城一带。祖父王珪（1019—1085）是有名的宰执。在实行王安石新法的时期，从1070—1085，都在台上。但并非真正相信新法。神宗去世，他看出朝廷的情势改变，又转而拥护恢复旧法的太后（传见《宋史》，卷一三二）。王珪词章很好，有《华阳集》六十卷（四库珍本）。华阳就是四川老家的地名，但已经和唐代以前不同，并不是什么郡望，早就寓居在外，过官僚生涯。

王珪两个儿子，王仲山和王仲嶷，远在秦桧主张向金人求和之前，早就不能尽职守节，公然降敌。其中王仲山尤其无耻，而他就是王氏的父亲，秦桧的岳父。

当时，建炎三年（1129），金兵打过长江，这是游牧民族，破天荒第一次渡江，是从前苻坚等人所不能比拟的。渡江以后，兵分两支。一支从南京附近直扑浙江，从浙西赶到浙东。宋高宗计划，从宁波航海，径向台州温州沿海。这也是中国历史上君主航海，破天荒的经历。另一支金兵，追赶逃向江西的太后。从建康（南京）打进江西，或降或走的知州，有十四人之多。王仲山、王仲嶷就在其中（《系年要录》，页五六六）。

王仲山知抚州（即王安石老家的临川），金兵将到，即以城"降拜"。降已丧名节，而拜则更无耻。金人没要他做官，却利用他的儿子（不知是哪一个），"权知州事，令括管内金银，赴洪州（即南昌）送纳"。王仲嶷知袁州（即宜春），已近湖南边境。也用不着金兵去打，和他哥哥一样，赶紧投降（《系年要录》，页五七七）。

名门兄弟，连袂降敌。消息传来，南宋震惊。朝廷虽然躲在浙东，深觉不得不严词痛斥，以儆效尤。诏令说："今尔兄弟，为郡江西。临川先降，宜春继屈。……虽尔无耻，不愧公议，然亦何颜下见先人？"所谓先人，即曾任宰执的王珪（《南宋书》，卷卅一，页九—十）。这责词简直是破口大骂他们兄弟死不要脸。

金人渡江南下，只是突破。目的限于追袭高宗和太后，以断南宋承继的根据。女真既无充足的人力，也没有征服长江流域的计划，甚至统治黄河流域，暂时还得利用伪政权。因此，南下的追兵不久就退回北方。许多降拜的官吏，也并不一定跟他们走。有的参加了刘豫的伪齐政权，有的厚颜归正，仍然留在南宋。王仲山的下落，缺乏史料，无从查考。但据说他在山东有产业，还帮助了原来被金人掳去的女婿女儿，秦桧夫妇，回到南方。这段传闻说："王仲山有别业在济南。金（人）为取千缯赆其行……人知其非逃归也。"（《系年要录》，页七二〇，引朱胜非，《秀水闲居录》）朱胜非的回忆录，不一定可靠。《系年要录》在他处常常指出它的误载。但我们可以看出，当时南宋和伪齐之间，并未断绝交通，亲戚之间，更不会不设法通声气。在这里固然没有证明，但下文讨论郑亿年的情节，自会明白。

王仲山虽然无声无臭，弟弟王仲嶷却恬不知耻，还在政界不断钻营，因为他和大臣汪伯彦交结。可是在建炎四年（1130）言官提出他在袁州"投拜"敌人之罪，应加惩罚。于是贬为沂州团练副使，潮州安置（《系年要录》，页六二九）。换言之，还留给他一个官衔。绍兴五年（1135），秦桧回南宋，出任大臣，立刻设法替他恢复名誉。刑部检举他的档案，就不提他降金的丑态，另找理由，解释贬责。说他"知越州日，起发花石"，所以"责授散官。盖隐之也"（《系年要录》，同上，又参页八八四）。但是言官不肯因此罢休，还是旧事重提。于是只好决定恢复王仲嶷旧的官阶，而作为退休。这段记载说："责授沂州团练副使王仲嶷复（就是恢复）中大夫（官阶），与宫观（就是有收入的退休）。言者论其不廉不忠，乃诏更俟一赦取旨（即等下一次大赦再考虑执行这命令）。"（《系年要录》，页一四六九）

王仲嶷当然不甘心。第二年上疏称述元祐时代宣仁太后主政，恢复旧法。他的父亲王珪是赞成的，有神道碑为证，不该受谤说他不忠，反对旧法。高宗据此陈说为理由，下令王仲嶷"复左中大夫，与宫观"（《系年要录》，页一六八四，又二四一五）。换言之，不等大赦，终于取得退休的荣誉。当时，言官就不再说话。绍兴八年（1138），秦桧正在筹画向金求和，居然任命他内亲王晚（王仲山之子）任要郡知州（见下文），辛次膺觉得忍无可忍，竭力弹击。记录说："论左中大夫王仲嶷，与直秘阁王晚之父，在建炎中，皆尝投拜。晚不当与郡，仲嶷不当复官。二人，枢密使秦桧妻党也。桧力营救。次膺乃并劾之曰，是将有蔽朝之渐。时桧议复遣王伦使北请和。次膺言，国耻未雪，义难请好。面陈及上疏者六七。（高宗）不从。乃以母疾求去。"高宗也不肯，而用妥协手段，将次膺外调，出任荆湖南路刑狱公事（《系年要录》，页一九〇〇——一九〇一）。

绍兴十三年（1143），在和议已成之后，王仲嶷年逾八十，还大做文章，向朝廷歌功颂德，以干恩典。这段总叙，值得钞录："左正议大夫（官阶）提举台州崇道观（退休待遇的宫观空衔）王仲嶷复显谟阁待制（恢复比前列更高的官阶）致仕（完全退休）。"为什么呢？"仲嶷始坐江西降敌失官。后复故秩。至是献绍兴圣德颂于朝，且遗秦桧书……书未报而仲嶷卒。权中书舍人刘才邵（显然是讨好秦桧）因言其所颂，既进归美之实，而权制典雅，真得家法之传（父亲是宰执），乃有是命（上列的任命）。"原文注引王明清《挥麈录余话》："王仲嶷（字）丰甫……后秦……再入相……以启恳之。桧之（秦桧字）为开陈，诏复原官，奉祠（即宫观）放行。……诸孙皆奏京秩。年八十余卒。"（《系年要录》，页二四一五）降敌之后，居然载誉归老，荫及诸孙。

哥哥王仲山先死，但他追叙了没有呢？就当时的纪录看，好像没有。但他是秦桧的岳父，怎会没有？也许隐蔽不宣，也许秦桧当权时毁改档案，故意删了。可是瞒不了。绍兴二十六年（1156），秦桧死后第二年，有个姓杨的提出呈请："为父昨守吉州，因金人侵犯，弃城。乞依王仲山、仲嶷例，追复元官并恩泽。"（足见王仲山也已经叙复了）这纪录接着说："上曰：祖宗时弃城皆用军法。今得不诛，幸矣！仲山、仲嶷皆秦桧亲党，录用以示私恩，岂可为例？（宰执）沈该等因奏当时一般弃城之人，独仲山、仲嶷两人追复官职，他皆不与也。"（《系年要录》，页二八八九）这后一段话是什么意思呢？高宗厚颜，公开承认王氏弟兄得的是私恩。而这时的宰执，已经不想再为秦桧或王家维护。表面上好像恭顺高宗的意旨，说这私恩特殊，不可为例。实际上是暴露往事，秦桧徇私特甚，唯独照顾王家，越规追复，丝毫不管法理公议。而且王仲山的几个儿子，都做官。其中还有很得意的，详见下节。

结束本节，还有一段意味深长的史话。既描述南宋初暗斗的尖锐，也显示秦桧口锋的毒辣。《系年要录》页七九五，引王明清《挥麈录余话》一节，今本不见。说绍兴元年，范宗尹和秦桧同相而不和，商量处理江州临江等地，李成寇至，守臣弃城的案件。和当初王仲山弟兄降敌类似。范宗尹"欲宽之，桧云不可。既已投拜，委质于贼，什么话不曾说，岂可贷耶？盖桧讥觉民（范宗尹字）尝仕伪楚耳"。《系年要录》的编者李心传赶紧加上两行按语，指出王氏弟兄降金是早一年的事，秦桧还没回到南宋。而江州这些该罚的官，地点与王氏弟兄不同，降的也是贼寇，不是金人。这两回事弄到一起，是"（王）明清盖甚误"。其实呢是李氏按语错了，完全没懂这节记载的深意。是范宗尹攻击秦桧，岳父弟兄既有降敌之丑，却又力求宽恕。而秦桧反击，极为有力。范宗尹曾在张邦昌首尾三十三天的伪政权之下任官，又有什么资格攻击人？南宋初年，曾受伪命的不在少数。而秦桧则以上书金敌，要求保存赵宋，因此被掳，又自动回到南宋，当然有理由傲视他人，打击政敌。

三 妻子的弟兄

王仲山有五个儿子，因为不知他们的年龄长幼，这里一概称为秦妻的弟兄。其中比较能干，和秦桧合作较多的是长子王晚。北宋亡国，康王（即后来的高宗）由河南北部绕道鲁南再转往归德，设立大元帅府。中途路经单州，王晚是守臣，率官郊迎。过了两年，王晚任江阴统制官，曾奉令拒敌（《系年要录》，页一一，又四一一）。又过两年，绍兴元年（1131），王晚忽然得意。"诏以绍兴重修敕令格式为名，自来年颁行。中大夫直秘阁新知饶州王晚（被任为）提举临安府洞霄宫。晚以郑居中（是其岳父）故，积迁至大官。时方讨论，故有是请。"（《系年要录》，页八三〇—八三一）郑居中是北宋末期声势很大的宰执。当然在朝中不少旧部，支持王㬇。但《系年要录》的编者没注意，那时候秦桧已经第一次登台了。

王㬇主要的靠山，还是秦桧。据说，两家还另有隐私。王㬇有个私生子，而秦无子，秦被俘北去，王㬇就把这人算成秦的儿子，奏报朝廷，赏他官衔。秦回南宋，很喜欢这事，当即承认父子关系。这人就是后来帮助秦桧、很有权势的秦熺（《系年要录》，页八〇二—八〇三，引王明清《挥麈录》）。姑无论其事是否属实，这两家的关系密切可知。

秦桧初次上台，地位并不稳固。王㬇的职位也随着浮沉。同年，他又被任为提点江淮等路坑冶铸钱，可是"后半月，复寝其命，以言者论列也"。过一些日子，还是任命他这事，只换一下地方，提点江浙京湖福建广南路坑冶（《系年要录》，页八六五，又九八〇）。再稍后，宰相吕颐浩罢免和秦桧接近的二十余人。其中就有王㬇和他弟弟王晌。御史还特加弹劾（《系年要录》，页九九九，又一〇〇四）。

秦桧在初期下台后，王㬇也闲了几年，绍兴六年（1136），张浚拉拢秦桧，王㬇即在张的都督府，任随军转运副使。不到三年，秦桧独相，他又恢复知州的高位，知泰州。言官又反对，但并不见效（《系年要录》，页二〇九九，又二一五三）。从此，一帆风顺。在泰州兼管通州，名义是通泰制置使。又升淮南东路转运副使。先加直龙图阁的官衔，后又提升秘阁修撰的官衔（《系年要录》，页二二三四，二二五二，二二五四，二三一九，又二三二一）。

绍兴十二年（1142）金人依议把徽宗的棺材和韦太后送来南宋。王㬇有好机会，做了两件大事。第一，他以转运副使的地位，献给转运司"银钱十万缗两，以助奉迎两宫（徽宗与太后）之费"。十万之数，并非特多。但他一立榜样，"四方率皆献助矣"（《系年要录》，页二三二二，又二三二八）。朝廷凭空收入大增，岂非王晚首创之功？第二件，太后中途借钱，出了误会，又是王晚临时竭力筹措，挽救难关。《系年要录》记载得很生动，有些惊险的曲折（页二三四〇）：

> （太后）因称贷于金之副使，得黄金三百星，且约至对境，倍息以还。后既得金，营办佛事之余，尽以犒从者，悉皆欢然。途中无闲言，由此力也。既将抵境上，使必欲先得所负，然后以后归我……遂询于（奉迎大臣）王（庆曾）……然（王）心惧秦（桧）疑其私相结纳（太后），归欲攘其位，必贻秦怒，坚执不肯，傧相（伴迎者）待界上者凡三日……既愆期，张俊为枢密使，请备边，忧虑百出，人情汹汹，谓金已背盟中变矣。秦适以疾在告（假），朝廷为备边计，中外大恐。时王晚以江东（即淮东）转运副使，为奉迎提举一行事务，从王（庆曾），知事急，力为王言之，不从。晚乃自裒其随行所有，仅及其数以与之。金人喜。后即日南渡，疑惧释然。

太后到了临安，当然把这事告诉高宗。本要重罚王庆曾，但秦桧因为喜欢他真正事事听命，竭力庇护。奉迎大臣怕秦桧起疑，王晚是至亲，并无顾忌，一力担任，解决困难。因此大得高宗欢心，连连升官。凡是奉迎太后的官员，都进一级。而王晚特升集英殿修撰的官衔，派为两浙路转运使，参加办理安葬徽宗。葬事未毕，又升临安府尹（即首都特别市长），加直学士衔（《系年要录》，页二三五三—二三五四，二三六四，二三六九，又二三九五）。

王晚在临安府任上，还做些文教工作，以增名誉。他为太学筹措了固定经费，够养三百名学生。整顿秘书省，恢复北宋旧制。暇日天气好，召集官员，举行曝书会（《系年要录》，页二三九八，又二四〇二——二四〇三）。未足三年，调知平江府，即最富裕的苏州。以王晚的才具与官运而论，很可能再升大官。但不到两年，1147年，在秦桧未死之前八年，他就不幸先死了。

弟兄之中官位次于王晚的是王会。他本来只做小官（《系年要录》，页二三六九，二四七二，又二五三〇），在王晚死后，秦桧可能特别提拔他。先升兵部侍郎。绍兴十九年（1149）以敷文阁直学士衔，知湖州（《系年要录》，页二五九九，二六三三，又二六三六），绍兴二十五年七月，又调任平江府，他哥哥的旧地（《系年要录》，页二七五八）。不巧之至，十月间，秦就病死。王会从此倒楣，一是受他外甥秦熺冒失妄冀之累，二是小人乘机攻击他。

秦桧临终，秦熺就妄想代替他父亲。高宗断然斥之，并即令秦熺罢官致仕（《系年要录》，页二七七〇，又二七八一）。谁知他不识风势，还另有要求，说秦桧归葬建康（即近代南京），全家回去，请求把他在平江的亲旧王会和知建康的长官对调一下，以便王会照顾秦家（《系年要录》，页二七七四）。因为高宗在临奠秦桧的时候，"面谕桧夫人王氏以保全其家之意"（《系年要录》，页二七七九），他以为高宗还会厚待他家。其实，所谓保全，只是消极的不处罚不追究的意思，并无积极优待的涵义。这种对调地方长官的无理要求，哪会准许？反倒给人攻击的口实。

御史汤鹏举立刻指出秦熺丧父，"止有营私之心，初无忧惨之意。如乞王会知建康，共办父之丧事，可也。乃云庶得相聚，照顾家属。建康屯驻大兵……事体非轻。若止为私家相聚，朝廷何赖焉？"（《系年要录》，页二七八一）高宗得此抨击，不但不准所请，还把王会也罢黜了。

在这事以前，小人看秦桧死了，已经开始找王会的过失。有人说他过生日，有知县送他黄柑万余（《系年要录》，页二八三〇）。这是不值一笑的小毛病。而另一件事却异常曲折。那时，秦桧虽死，岳飞的冤狱并未昭雪，还认为他谋反有罪，而不以为然的人，就被指为不对。李若朴是若虚之弟，而若虚和岳飞相知。岳飞下狱，李若朴正任大理丞，参加审讯。事隔多年，侍御史周方崇忽然提出："岳飞之狱既具，若朴独以为非，务于从轻。今复守湖外（黄冈），其异议如是，得不为之虑乎？"（《系年要录》，页二八五二；又参阅王曾瑜，《岳飞新传》，页三〇七）这是站在秦桧那边说话，可是一掉头，又指摘李若朴交结王会，好像王会也靠不住。这真是乘机牵累，毫不讲理。

王会下场，几乎是迅雷不及掩耳。初则落职，罢宫观，勒停。不久，贬循州居住，他迟迟不去，又下令押发。不久，又从循州远移海南岛的琼州（《系年要录》，页二七九三，二八四四—二八四五，又二八八四）。不但如此，凡是和王会交结的人，一一罢斥（《系年要录》，页二八二四，二八三〇，又二八三二）。高宗所谓保全是指秦家直系。他利用过了秦桧，并不想保留秦桧的势力。所以便翦除王会，毫不足惜。明朝文徵明的《满江红》，题在岳庙。最后两句道破高宗和秦桧的政治关系。说"彼区区一桧，亦何能，逢其欲"（此词不见文徵明集中，见于徐阶所编的《岳武穆集》）。专制君主，对待臣下，往往是既不讲公道，也很少留情。

顺便带一下，王仲山还有三个儿子：王晓、王历（曆）、王著，都是小官（《系年要录》改作王历〈歷〉，不从日字，是避乾隆名弘历〈曆〉的讳。编者注：上文言王仲山共有五个儿子，已提及"长子王晙"、"〔王晙的〕弟弟王晍"、"弟兄之中官位仅次于王晙的是王会"。疑本文关于王仲山之子的说法有误）。王历做过江南东路安抚司参议官。王晓、王著先后都在温州做过通判（《系年要录》，页二四八七，二六八一，二七〇五，二七六〇，二八二四，二八三〇，又三三九一）。其中王晓，并不晓事，而王著，也无可著录。绍兴廿八年（1158）秦桧已死了三年."中书省言，右承议郎王著、王晓，皆王会兄弟。凭恃权势，恣为不法。昨从罢黜，公议未平。今乃辄造朝，干求差遣。诏并令吏部与远小监当日下押出门。"（《系年要录》，页二九五九）王门秦门，从此中落。

四　曾任伪官的表亲郑亿年

郑亿年这名字，在历史上很生疏，谁知此人事迹，却是千古怪事，而且关系微妙，先提出他可怪之处罢。

《宋史》无传，《东都事略》并不详细。明代钱士升的《南宋书》卷卅一，不但有传，而且很具体。他降金任官，又接任刘豫伪政权的高官。刘豫废，金宋讲和，他立即到临安任职，好像他到处都可以做官，一可怪也。金宋和成，按规定金国可以索取他们的人或家属，郑在名单中，而南宋恳求，独留郑亿年。二可怪也。中间和局一度破裂，郑居然大言，以百口保金人绝不背盟。他如何会有这种有把握的见解？三可怪也。他的古怪，很可能，就是秦桧办外交的大秘密。所以值得详叙细析。

他父亲郑居中，开封人。最初接近蔡京，但后来颇遵纪纲，守格令，因博好评。他曾使辽，也不赞成联金攻辽。在北宋惹祸之先，他已去世（传在《宋史》，卷三五一）。

亿年是次子。他中进士，曾引起风波。李邦彦主考，由得考官莫俦到各房里去找卷子，找到亿年的试卷，结果名列第九。有此情节，何况他又是宰执之子，物议沸然。幸亏徽宗手诏庇护，平息风潮。

北宋亡国时，亿年已是秘书少监，中上的职位。金人威胁张邦昌称帝，他就接受伪命。三十三天后，张自己投诚高宗，亿年和他哥哥修年也南下。在扬州时，任职学士（《系年要录》，页二八二）。宋廷从扬州，退临安，又向宁波海上进。同时遣散百官，任便居住。亿年躲在宁波山间，为金兵所获，带回北方（《系年要录》，页六〇二，又六一〇）。

南宋建炎四年（1130），金人设立刘豫的伪齐。亿年任工部侍郎，又移吏部（《系年要录》，页七〇五，又参页七三九）。当时南宋对于在北方任伪官的，不但不斥罚，还要特别安慰他们留在南方的家属。这叫"以安反侧"，希望他们回头归正，和"招安"是同一的"柔道"。亿年的弟弟侨年，"以其家流落为请"，即任为宣州通判（《系年要录》，页六四一）。又有命令凡在伪齐任高官的，都"命所在州根刷期（服）以上亲，赴行在。候到，取旨迁擢，以其用事于伪齐故也"（《系年要录》，页八九二）。换言之，有政治作用，要注意笼络，同时监视。但这命令，并不严格执行。例如亿年妻在台州，她身故，朝廷还赐钱千缗（《系年要录》，页九二一）。

亿年在伪政权尚颇顺利，1132年，任开封府尹。四年后又调兼吏部、礼部两部侍郎（《系年要录》，页九七五，又一六三五）。金人废刘豫，复以亿年知开封府（《系年要录》，页一八八四——一八八五）。但是他已定计，脱身回到南宋。因为他知道秦桧会帮他立脚。

他和秦家、王家是三重的亲上加亲，亿年的母亲王氏，就是王仲山之妹秦妻王氏的姨母。所以亿年和秦妻是表兄妹。而亿年的表兄王晚，前面提过，又娶了亿年的姐妹。由表兄弟而又成为郎舅。这还不算，下一代又结亲。秦桧的儿子秦熺，娶的就是郑修年，亿年老兄的女儿。所以在王家两重亲戚之外，秦桧和郑亿年，虽不是直接的亲家，也可以说是由表郎舅而成为叔伯亲家（《南宋书》未提王晚那段姻亲，尚非全貌）。

亿年到临安，"上表待罪"。同时他又从开封带来他暗中收藏的皇室"祖宗诸后御容五十余轴"（《系年要录》，页二〇六五，又二二一六），表示他忠心耿耿的见面礼。经秦桧关说，复以亿年为直学士。他又不满意，还要求恢复他在伪齐原有的更高的名义。执政李光反对，但反对无效。高宗竟给了亿年资政殿学士的职名。曾任金伪两处高官的罪人，有什么理由站在朝廷上？这不是像《南宋书》所说，秦桧"庇护"这两个字所能解释的。他之可以一再要求，他之所以能高踞其位，这样出人意表的，唯一无二的特例，一定是他有所凭借，而秦桧和高宗不得不敷衍他。这特例的重要性就在此。

命令郑亿年恢复（伪齐）资政殿学士的制词很妙。"略曰：还秘殿之隆名，赋殊庭（即刘豫朝廷）之厚禄，非为尔宠，盖所以昭大信于四方。"（《系年要录》，页二一四九）换言之，这特殊措置，实在讲不过去。只好说并非为他，只是拿他作榜样，对外宣传。御史廖刚攻击说："亿年身为从官，委质叛臣。今而归国，赦其戮，幸矣。乃宠以秘殿雄职，授以在京观使。臣恐此命一行，节夫义士，莫不解体。"（《系年要录》，同上）这是针对制词不但没有宣传作用，反倒使人心涣散。

廖刚之外，儒臣陈渊也竭力抗辩。除《系年要录》之外，《宋元学案》，卷卅八，也提及陈的痛论。而四库珍本陈的《默堂集》，卷十二，页廿六—廿八，有"论郑亿年除资政奏状"原文，值得节录几段：

> 今者忘万世之功，而任一时之权。用贼豫之所以悦亿年者，以宠亿年，将使为善者不劝，而为恶者不惧……臣谨按，亿年，故相居中之子，虽尝为从官，无他技能，而有从贼之丑……从之而得美官，必有取非其道者。因赦而复之……其可乎？……且资政隆名，贼豫……兴之者也。固不可以言复矣。

这篇痛论明说朝廷荒唐。亿年任伪齐资政，南宋怎能说是恢复他的名义？

高宗和秦桧，都很聪明，怎会如此荒谬？廖陈二人的反对，又都理直气壮。怎样办呢？不报。何以无法答复，不能解释呢？其中必有难言之隐。这隐情是什么？

这是绍兴十年（1140）正月的事，和议正炽。不料金国内政起了变化，主战的中止和谈，再占河南，进攻两淮。廖刚已升任工部尚书，直指亿年说："公以百口保金人讲和，今已背约，有何面目尚在朝廷。""亿年气塞。秦桧以为讥己也，乃曰：（廖）尚书晓人，不当如是。亿年惧，求去。"于是给他宫观退休（《系年要录》，页二一七四—二一七五）。这段当面冲突，露出线索来了。亿年能供给南宋金人的军政情况。再回头看《南宋书》，曾轻轻提及亿年在伪齐，曾参预伐宋（即进攻南宋）的机谋。再审查他的全传，别无见长或重要经历。可见他的政治资本，主要在熟悉北方的军事策略。

有这线索，不难推理。千古疑窦，都怀疑秦桧是金人的奸细。金人故意放他回来，策动南宋求和。这怀疑较难成立。因为秦桧初回时，无从策动求和。过了六七年，经过赵鼎、张浚中止合作，张浚急进，而激起郦琼兵变，高宗才倾向求和，因此秦桧才能进言，力揽和议。其次，秦桧要和金人直接交通，技术上也有困难，总不会没人知道，没人漏话。再其次，秦桧如果真是金人奸细，当时笔记也许就会写下，至少后来岳珂为祖父岳飞申冤，写的《金陀粹编》和《桯史》这类的随笔，应该有些线索。然而竟完全没有。

但事实上，秦桧的确随时在注意北方动静。这怎样解释呢？郑亿年就是解释。南宋、伪齐虽然对立，南北的汉人之间，不难暗通消息。更何况是三重亲戚之间呢？不难推想，郑在北，供给消息。秦就得据以画策。换言之，郑必对秦有功，所以敢回来南宋，所以敢一再要求，甚至恢复在伪齐曾任资政殿学士的名位。而秦也把内幕报告高宗，高宗也不得不同意。而这内幕，不仅是谍报，而且是南宋决定国策的重大参考资料，怎能公布？因此任命郑，而言官反对，只好不报。

还有反证。金人据和议索人，郑亿年也在其中。南宋同意要求，唯有郑，又是例外。历史上又以为秦桧的亲戚，所以保证他，不让金人要去。假定把郑放走，而万一金人从他身上，得知从前的内幕，便能测度南宋的国策，那还了得？

这段索人请留的事，怎样经过，也值得细叙。

绍兴十一年（1141），金人于失利之后，放弃进攻，而高宗也致力于统治，释三大将兵权，巩固他的半壁江山，无意再战。和议从此定局。据条约，金人可以索取原来归附北方的人或他们的家属。金帅来的公文，列举若干名人。其中说："郑亿年资政……系汴梁……人氏。早岁朝廷尝委以近上职任。"请亦送回金国。南宋照办如文，但请求留郑。回文说："其母（即秦桧岳父之妹）亦以此中亲眷不少，只欲留此养老，诚出恳切……亲书状缴纳，想蒙情察也。"金帅先没反应。

请示他政府之后,才来公文说:"所附到郑亿年申状,寻具奏闻。准奉圣旨,为已经放还,只合在彼(南宋)居住。"南宋再次去文,还道谢金帅:"过蒙恩念,特为取降圣旨。"所以结果是:"凡士大夫北留者,家属悉遣,惟亿年得留焉。"(《系年要录》,页二三二七——二三二八,二三三〇——二三三九,二三五一,又二三六一)高宗和秦桧是不放心把他放走的。

郑亿年虽然退居于宫观,是避免朝中纠纷。高宗和秦桧特加优待。徽宗下葬,郑任复按使。事后升级,提举临安洞霄宫,赐田二十顷。最要紧的是"恩数视(同)执政"(《系年要录》,页二三三六,二三六〇,又二三六四)。他享了十几年福,但秦桧一死,右正言张修旧事重提:"以宰相子,身为近臣。不能捐躯报国,乃甘事逆臣刘豫。既还朝,大臣力为之地。高爵重禄,坐享累年。"这时高宗已无所顾忌。诏亿年落职,贬到南安军居住(《系年要录》,页二七八三,又二七八五)。他的千古怪事,就此结束。

五 干亲——御医王继先

秦桧,除了内亲王家和迭为婚姻的表亲郑家之外,还结有干亲。王继先是高宗的御医。"有宠。秦桧使其夫人王氏与之叙拜为兄弟,往来甚密。"他的儿子秦熺也"厚结"继先。从继先那里可以熟悉高宗在闲暇时的动静和意向。因为不上朝而进宫见皇帝随便谈论的,只有继先一人。高宗说:"朕于药医尝所留意。每退朝后,即令医者诊脉。才有亏处,便当治之。"(《系年要录》,页二五二九,二五五二——二五五三,又一七〇八)这医者地位之高,与宰相相提并论。"台臣有论秦桧、王继先者。上曰:'桧,国之司命。继先,朕之司命。'言者遂沮。"(《宋人轶事汇编》,页六九,引《四朝闻见录》)哪敢再说?

继先如何得宠呢？传说他是开封人。"世为医。其祖以卖黑虎丹得名。"这恐怕是挖苦他的话。因为他相当文雅。一则编写医书，见于书目著录。二则收藏古董，有名女词家李清照的丈夫，前知湖州的赵明诚，逃难南下，搬到金华等地，出卖多年收藏的金石，就是继先买去的（《系年要录》，页四四九—四五〇）。还有一点，要十分注意。高宗有父风，颇喜翰墨，尤其是书法，他自己书法，也有相当功夫。他接近的人，都是较有修养的。而且高宗时对太监有戒心。一则因为徽宗信任童贯、梁师成等太监，公论都认为是亡国原因之一。二则高宗初年，也仍然放任太监从中用事。而苗刘兵变，迫他临时逊位，立刻就杀了康履等几十名太监。从此，高宗不敢让太监们放肆，太监们自己也敛迹得多。在这种情况下，御医王继先是唯一的近习幸臣。

高宗为什么十分注意医药呢？除了上述，重视卫生，随时诊治之外，还有个特殊原因。据说，继先"治海气，有奇效"。海气究竟是什么？不详。也许是俗话，也许和讳言的高宗隐疾有关。建炎二年（1128）金兵突然冲到扬州，高宗半夜仓皇渡江——就是后来盛传泥马渡康王的夸张故事——据说因为"蹙然惊惕，遂病薰腐"，现代称为阳痿。从此缺嗣，后来才以旁支宗子孝宗入继（《系年要录》，页六六九，又《宋人轶事汇编》，页七四，引《朝野遗记》）。这是事实，因为另有记载说王继先"尝劝上服仙灵脾……亦名淫羊藿，虽强阳，然久服……子不成"（《三朝北盟会编》，卷二三〇，页一四—一五，引《遗史》）。

当然，姑无论这些传闻是否可靠，王继先的医道绝不止此。如宰相吕颐浩有病，高宗立刻差遣他去治（《系年要录》，页二〇六一），其他大臣得病，也时常如此。又设立翰林医官局，令其主管。但继先知道正式官职，容易招致人言，因此辞谢，既可改为自己升官，还可以请求以恩数回授给几个儿子（《系年要录》，页六七三，一〇三二，一〇三三，一一三六，二〇六九，又二三三四）。

他有三子。悦道也是医生，曾为太后治病，最后升任直秘阁（《系年要录》，页七七八，又二七四七）。次子安道，是武官。甫任浙西马步军副都总管，便遭御史论罢。高宗也觉到这任命错了。"今和议虽成，尤严武备。可督诸路，招填将兵。至于将官，亦须择人。前者，多以子弟（如王安道）及堂吏为之，安能称职乎？"（《系年要录》，页二三〇七，二五五三，又二五八二）他的三子守道，由转运司主管文字的小官，一直升到直秘阁。秦桧之死，不影响王继先家。续以"供进汤药有劳"许以恩数回授孙子王锜，又是直秘阁（《系年要录》，页二五九一，二七七五，又二七七九）。他的女婿，也曾一度添监浙江税务，但为宰执封驳，而且说："继先之徒，以技术庸流享官荣……使其应奉有效，仅能塞责而已。想金帛之赐，固自不少。至于无故（添差），增创员阙，诚为未善。"（洪迈，《容斋四笔》，国学基本丛书，页一三二）

这都是小事。继先利用他的势力，常在幕后徇私引援。"凭恃恩宠，势焰薰灼。"据说他的力量，几乎和秦桧相等，甚至高过宠用的太监张去为（《系年要录》，页二一七九，又二五五二一二五五三）。连军队高级人事，他也插手。据说王进在池州任诸军都统制，"不恤士卒，惟厚结王继先及诸内侍"。另一位将官王胜，因为大将张俊不肯升他，就恳求大将韩世忠设法。韩宴王继先，"出胜拜继先为父。继先见上，言胜大可用"，即任镇江都统制。因为这类事，"诸将不敢少忤"（《系年要录》，页二三六九，二三七二，又二五五二一二五五三）。

宋金停战二十年，王继先也享尽富贵。绍兴三十一年（1161）金主亮篡位南征，要立马吴山。王继先竟敢出头，干预国策，还主张杀主战的大将。《系年要录》，页三二〇九—三二一〇引赵甡之《中兴遗史》如下：

> 初，刘锜都统镇江之军，屡请决战用兵，朝廷……未许……一日，汪应辰献复和策，坚持和议。且言……用兵之议，恐误大计。继先因闲见上言，今边鄙本无事。盖缘新进用主兵官好作非请，喜于用兵，重欲邀功平。若斩一二人，则和议可以复固。上不怿曰，是欲我斩刘锜乎？……
>
> 上在刘才人位，追膳不举箸。才人怪之。遣中人物色圣情，因何不怿。乃得应辰之策，继先之言。才人侍上，因用言宽解上意，大抵与继先之言相似。上怒问曰，汝安得此言，才人不能隐，遂具说遣中人物得继先之言，上大怒。刘才人俄以他事赐第别居。

这事传到外廷，侍御史杜莘老抓住机会，奏劾王继先十大罪状。《系年要录》，页三二一〇—三二一一节录不少。而《三朝北盟会编》，卷二三〇，有原文，页十一十五，有两千多字。大要说：（一）广造第宅，占民居，侵官街，塞运河，号称快乐仙宫。（二）强夺良家妇女。（三）钦宗丧礼时，违制燕饮。妓女舞而不歌，谓之哑乐。（四）怕金兵来，家财先移湖州。（五）养恶少数百，私置严甲。（六）纵子贪污，役使禁兵。（七）受福州富民海舟，舟中百物具备。凡受赂即为解免大狱。（八）各地建立生祠，复借以兼并大刹。（九）吞没珠行财宝，又诬人奸罪，以致编管。（十）用药谬误，反挤陷名医，或皆畏避。

高宗随即惩罚。拘收王家在临安以及外地所有第宅房廊（即出租铺面）田园。拆毁所立生祠。强买奴婢，放还遂便。王继先本人致仕，令在福建路居住。子孙任官者，一概勒停。还有其徒三人所校本草，原来希望由官刊行，查有讹错，不可传世（《系年要录》，页三〇〇二）。

过了一年，高宗怒气已平。又下令放宽，听王继先"任便居住"，即不必限住福建，但"不得辄至行在"（《系年要录》，页三三九七—一三三九八）。再过一年，高宗自称太上皇，孝宗继位。又过了五年，乾道三年（1167），"太子得伤暑病，医误进药，疾遂剧"。高宗、孝宗皆亲视疾，"乃急召医师王继先于福州"（李心传，《建炎以来朝野杂记》，《适园丛书》本，甲编，卷一，页一六）。但太子三日即死。王继先是否到了临安，不详。

总之，高宗偏安，表面上是中兴圣政（南宋后来，常用这四字为书名的起词），并无大过。实际上是信用专人来控制各方面。而信用未必得当。赵甡之的《中兴遗史》，有这样的结语："大抵主上（高宗）以国事委之桧，以家事委之（太监张）去为，以一身委之继先。"

六 忠于秦桧的王次翁

如果题目定为秦桧的亲戚，说完内亲和表亲郑亿年就可以打住。但既然说讨论秦桧周围的人，就不得不提起他的朋友。其实上节说的御医王继先，名为干亲，基本上不过是朋友。而在秦桧死后，高宗不许他的家人留在临安，从此毫无势力。王继先仍在高宗身旁，也没听说他照应秦家。

当权的人，周围都是依附权势的人。树倒猢狲散，根本没有朋友。不过这话也过分。第一点，在当权的时候，要办事，部下不乏得力的能手。这些人有受提拔与曾效劳的关系，广义说来，也可以算朋友。一般因为秦桧屈辱求和，对他的政绩以及选用的能员，都不觉得值得注意。这是偏差，有待补充。因为如果他政绩差，纵有帮助讲和之功，高宗未必一直信用他，至死方休。

本文并未进行这方面的研究，但既作此建议，不妨举个实例来唤起注意。中国地税，极为重要。一是政府主要收入，二是弊端百出。方田，即确定田亩品等大小，产权和租佃的登记，在北宋讨论了近百年，始终没搞清楚。实行新法，亦复如此。而在秦桧当政时，提拔了李椿年，先后到各地区推行经界法，并不测量 —— 那近乎不可能 —— 而是由四邻地保整个重新报明审定。也可以叫作清查法。就是如此，已经颇费办理，临时需要解决纠纷。不服的还要上诉，另费手续。虽然有人批评，许多人不满，但大致说来是成功的。一直要到明代的鱼鳞图册，才超过经界法的成绩。以往虽然有文章讨论经界法，可是没有注意到秦桧当政。再扩大点，可以提出一系列建议性的问题：是否在秦桧的时候，南宋立下稳定的财政基础？假定是或近似，是否可以说高宗求和之后，最注意的是财政？又是否可以说秦桧在讲和之后对高宗仍有财政上的功劳，所以高宗对他如此长久的信任？

第二点，秦桧久居其位的反面，也就是旁人不得久预朝政。据向来的看法，都以为秦桧固位嫉才，深怕旁人出头，又取得高宗欢心，抢他地位。这解释还需要检讨。至少另有三种从推理可以想到的可能：

（甲）高宗容他这样做，是因为高宗自己也是这作风。在秦桧之前，任宰执的多半不过两三年，只有少的，没有多的。

秦桧之后，高宗亲政，又是如此。秦桧多年久任，是唯一例外。等于高宗的代理人或大总管。在他之下，照样地时有人事更动，并不叫人久于其位，或久主其政。

（乙）相反的可能。也许有些士大夫早已看出高宗猜忌的心理和不让人久位的作风，更看透秦桧使用同一作风，更为阴险，所以早下决心，甘愿外任。与其在朝廷里应付维艰，不免跌倒，不如在大州当长官，独当一面。

（丙）第三种可能是高宗年少登位，并无行政经验。而秦桧亦没担任过事务的首长。他以画策议论出名，并不是行政领袖。因此，这两个人都不会用人，都不能团结办事的人才。底下有人会办事，反倒慢慢由摩擦而冲突，终于被罢免。这个可能性相当大。例如秦桧明知他儿子秦熺的才智并不高，而倚为左右手。但又知其孤立。病笃，以后事托付两个宰执，汤思退和董德元，并赠黄金各千两。汤不收，董收了。高宗亲来视疾，桧已不能语，而冒失的秦熺竟问高宗，代居宰相为谁。高宗毫不客气，答道："此事卿不当与。"（毕沅，《续资治通鉴》，标点本，页三四五七—三四五八）另一说，高宗来，桧不能言，"怀内出一札子，乞以熺代辅政。上视之无语，既出，呼干办府事，问何人为此，则答以曹泳"。因此第二天就把曹勒停，安置新州（《宋人轶事汇编》，页七七一，引《齐东野语》）。无论哪一说，都可见秦桧临死前，缺乏布置，考虑甚差，远不如高宗的老谋深算。

假定有这些可能，则上文所说的稳定财政基础，又需要修正。南宋只是着重人事统制，而并未改善行政统治。经界法清查，主要还是为了增加政府收入，并不减低民间疾苦。这些话都是举例说明，从检讨秦桧手下广义的僚友，可以透视南宋全局。

第三点，始终忠于秦桧的僚友，偶亦值得注意。刚才提起的曹泳，就是一例。但比他重要得多的是王次翁。《宋史》卷三八〇有传，劣迹昭彰，一无好评。姑简略地举几项大事。（甲）秦桧在讲和之前，一度感觉地位动摇，在焦急之中，托王次翁去探听口气。听见不要紧，赶快乘机力言，非久任秦桧不可。（乙）王次翁从头就参与密谋，先解除张韩岳三大将的兵权，然后谋害岳飞。（丙）帮助秦桧，在赵鼎下台之后，加以诬告。（丁）讲和得成，太后被护送回宋，王次翁是奉迎使。那时候他用的名字是王庆曾（《系年要录》，而一三三九）。就是前文所叙的，太后需要还给金使借她的钱，他坚拒不给，因为怕秦桧疑心他私下交结太后。要不是王映解决这事，太后走不了，南宋还害怕金人要再打。王次翁这样的作风，是像谋士政客，不像行政人才。而秦桧信赖这类人，也就反映他自己重视计划，对人多于对事。

王次翁百分之百地倾忠于秦，宁可因此得罪太后而丢官。好在他退官之后，秦馈问不绝。《宋史》列传结语说："桧擅国十九年，凡居政府者，莫不以微忤出去。始终不二者，惟次翁尔。"《宋史》如此说，其他史料，例如地方志怎样讲呢？

笔者从学生时候起，一直都听说方志资料丰富可贵。十几年前担任一课研究入门，借到旁枝的教材讲义，读了一些有关方志的书和文章，觉得方志的价值的确很高。但也发现有一点不妥。大家都不批评方志的缺点。

其实，方志里的记载，往往抄袭，并无经过考证。有的数字，照抄官府例行的报告，无从核实。地理风俗，或得诸传说，或偶据人言，不一定完全准确。许多诗文，并不出色。若干事迹，未免溢美。方志最大的毛病，是隐恶扬善，远过于正史的褒贬。正好像现代各国的商会或旅游机关，介绍本地风光，尽其能事。所以万不可误以方志传记为信史。王次翁的传就是例证。

《宝庆四明志》有王的小传，全是好话。《宋元学案补遗》照抄。因为编者也都是宁波人，既替宋代儒风照耀，又为本地士绅增光。考语说王次翁"文章似王安石，德行似司马光"。仿佛是才德俱美，古今完人。根本不提《宋史》那篇传记。如果偶然碰上，也判两人。想不到是两种写法。

笔者有这经验，故而借本题，提供史学界参考。就秦桧或南宋初年而论，《建炎以来系年要录》是最好的史料。元代修《宋史》未用，明代也不见此书，直到清代，才从《永乐大典》里辑出来。乾嘉史学大家毕沅著《续资治通鉴》，得力于此书甚多。而只有两三处注明《系年要录》偶误。国学基本丛书的普及本，有加点的便利。而近年影印的四库珍本，又多了若干页，但不太多。像王次翁这样的题目，《系年要录》中有相当的材料。以之为据，再考证他书，即可论定。

本文可能对于了解秦桧和他的时代，稍有贡献。可是要声明此文不免草率，因为用的时间甚少。一方面是另有文债要还，另一方面是得力于工具书。京都挚友梅原郁兄编个《建炎以来系年要录人名索引》，用起来真是一索即得，便捷无比。谨以此文献给梅原兄志感。写到这里，又不禁想起从前燕京大学的老师洪业（煨莲）先生，他创立哈佛燕京学社的引得编纂处，出版了经史子集各种引得，多达六十四种，真是造福史群。可惜笔者只选过他一门功课，学力至今还差得太远。只希望教课稍暇，再多多读书，好另成一篇较能接近水平的作品，纪念洪老先生。谨此附志。

附记

拙文《秦桧的亲友》，因课余未能多读书刊，竟未见应即采用的参考材料。幸去香港，重晤饶宗颐先生，蒙其指教。饶先生有文：《吴县玄妙观石础画迹》，见《中研院历史语言研究所集刊》，四十五本，第二分（1974 年）。该文考证精辟。敬节引页二五八——二六六有关王晙的事迹。王即秦桧妻兄。

范成大《吴郡志》载有郡守王晙重作该观两廊，画《灵宝度人经变相》，召画史，工山林人物楼橹花木，各专一技者，分仕其事，极其工致。直至同治午间的《苏州府志》，仍载其事。考《度人经》入画，已肇于阎立本。佛教壁画有变相，道教仿效之，亦有变文，但较罕闻。饶先生曾于法京看见伯希和列号四九七九，记有道教天尊变一铺。而且一般可知，北宋朝廷于道观绘事，颇为重视，蔚成风尚。王晙督绘之《度人经》变相，虽早失传，但台湾图书馆藏梵文本《太上洞玄灵宝无量度人上品妙经》末叶所记，可资参考，藉以推知王晙令人所绘的题材和内容的梗概。

以上节引，在宗教史上都很精彩。至于和拙文关系较近的是王晙的官声。饶先生在二五九页引正德年间的《姑苏志》卷三九《宦迹》提到他："知郡事。时兵火之余，公署学校，靡不兴葺。"好像是从事恢复的能员。但接下去又说他："峻于聚敛，用刑尤酷。"可见若干兴建的费用，往往是用暴厉的手段去搜括来的。历史上许多美术古迹，在赞赏之余，不免长叹，也是为此。

略论宋代武官群在统治阶级中的地位

  凡是叙述宋代，如众周知，都提及冗兵太多，而军事力量很弱。基本的原因是重文轻武的国策。甚至经过北宋亡国的严重打击，依旧不变。许多著述这样解释之后，就很少再加说明：这些被轻视的武官群究竟是如何的情形？历代的学者研究宋代，可能也受到重文轻武的影响，不大注意这个问题。现代的学人才感觉到这欠陷应该补充。但是有关军事方面的论著，比较其他方面的研究，还是为数不多。并且，这些论著，就大体而言，也许可以说是限于下列的三类。第一类是关于将领的。例如有名的大将、经略使、安抚使，或类似的统帅，以及他们的职权与政治势力。第二类是关于武力冲突的。例如农民起义，汉族对于瑶民和其他少数民族的侵占，此外的叛变，有名的战役，攻守城市的方法，以及使用的武器。第三类是兵制。例如边防，马政，禁军，御营司，厢军，牙军，茶商军，效用军，弓箭手，地方的隅官等项的专题。综合以上三类的文献，所注意的重点，并不一定是在军事方面。许多是用的政治史、法制史的观点。无论是日本文的，中国文的，西洋文的著作，大致都是如此。

  本文的希望是引起关心学人的注意，以军事史本身作为一个单独的部门，逐渐推进系统化的研究。其实，宋代军事的史料，并不太少。只是散见各书，需要从各方面去搜集整理。类书如《文献通考》，也不免有重文轻武的偏差，只限于编者认为重要，与政治得失有关的。最有兴趣的例证是《宋会要辑稿》，"崇儒"的部门内，有关于武学武举的记载。重文轻武的政策，在宋代当时，是希望儒教的影响，也能普及到武官武资各品。这类史料，很值得利用。作者因为时间和体力的限制，还没有能够去努力搜集，很感觉歉愧。本文仅只是尝试性的略论。虽然很简略，也许可能作为概说的参考。

本文采用社会学的观点，主要从两点出发。首先，武官群——包括武官以及有任职资格的武举（武科举人）与武学的学生——仍然是官。不拘他们如何被轻视还是属于统治阶级，只是说他们在统治阶级之中的地位，相对而言，远低于文官和有文资的人。转过来说，他们的身分是可以欺压士兵以及一般平民的。其次，他们在统治阶级之中所受到的歧视——正和一切的歧视相同——一定会产生企图补偿的行为。同时，又会产生违反法规的不良行为，使这种歧视更为加深。

在宋代的官僚政府下，士大夫必须遵守礼法的规定。而武官群就不一定受到同样的道德拘束。淳熙七年（1180）有如下的记载：

> 芮辉奏："窃见吏部选法，小使臣遭丧，不解官，给式假百日。欲除缘边职任，及见从军与归正、归朝、拣法指使等官，并军功补授杂流出身人，依旧以百日为限。此外，小使臣如荫补子弟，宜守家法。取应宗室武举出身之类，皆自科举中来，自合悉遵三年之制。"上曰："小使臣多是从军或杂流出身，及沿边职任，所以不以礼法

责之。其荫补子弟，取应宗室武举人，岂可不遵三年之制？可依奏。"[1]

以这项记载为例证，可以说明武官群的出身是混合的。有一部分，原本就属于统治阶级。因为没有取得文职文资，不是士大夫，才转入武途。

上引记载没有说明投考武举的是什么出身。其实，有的是考进士落第的。"进士两处投下文字。失解后，旋看兵法，权习弓箭兵马，意务苟进。就试日，多怀匿文字，饰以虚辞，弓兵不甚精习。"[2] 有的是不及格的太学生，"多去从武举"，目的只是为了科举的资格。"夫科以武名，不得雄健喜功之士，徒启其侥幸名爵之心。"[3] 关于武举，下文再和武学一起讨论。

上引记载也没有提到所谓杂流之中，还有其他的统治阶级分子，因为犯罪，才避入军队。有名的大将余玠，就是一例。"蕲州人。家贫，落魄无行。喜功名，好大言。少为白鹿洞诸生。尝携客入茶肆，殴卖茶翁死。脱身走襄淮。时，赵葵为淮东制置司，玠作长短句上谒。葵壮之，留之幕中。"[4] 后来建功，担任武职，击退蒙古兵，镇守四川，又立大功。他原来是否"家贫"，颇可容疑。至少，他曾有机会在白鹿洞读书，已经有书生的身分。再看他对于卖茶平民的态度，殴人至死，事后脱身，更是迹近统治阶级的身分自居。

所谓杂流之中，还有若干人，是和统治阶级建立特殊关系的。有的是"豪民"，于"武臣门馆"，以"牒帖"的方式取得武臣属下"牙校"的名义，因此而"凌驾州乡"[5]。而某些武职，又可以接近皇室外戚，使他们的子弟，成为士大夫。历史上名画家米黻（即米芾，字元章），据说，就是这种背景出身。"其先以武干显。母阎氏，与宣仁后有藩邸之旧，以恩入仕。"[6] 从武官群再转进而为士大夫，下文还要讨论。

总上而言，武官群中原来就是或渗透而成为统治阶级分子的，绝非少数。当然在南宋初期，因忠义投军的平民，有功任职的，也很多。同时，大批招安群盗，都是平民出身[7]。但这情形是在巨变时的例外，并非常态。不论出身如何，取得武官武资以后，就属于统治阶级了。而他们的背景来历，又多半习惯于不合正当法度的手段，自然很难期待他们遵守礼法，合乎纯粹士大夫的一般水准。

关于武举武学，还需要补充说明。"宋有武举武选。咸平时令两制馆阁详定入官资序故事，而未尝行。仁宗天圣八年（1030），亲试武举十二人。先阅其骑射，而后试之。"[8] 试的是文字，所以王安石批评这制度的不合理。他说："武举复试墨义，则亦学究之流，无补于事。"[9] 而且考取了武举之后，并不一定担任军职。南宋隆兴元年（1163）有人主张，乾道二年（1166）又有人重申前议，"请以武举登第者，悉处之军中。帝以问洪适。适对曰：武举人以文墨进，杂于卒伍，非便也。帝曰：累经任者，可以将佐处之"[10]。这节对话，明说武举并不精于武艺，是公认的事实。同时又明白承认，武举的资格是为了任官。需要用高级军职利诱，他们才愿意担当军事的任务。足证武举不过是另一种仕途而已。前文提及落第进士与太学生改考武举，势所必至。

范仲淹等人，在庆历变法时，首次兴办武学。但是几个月以后就废除了。"以议者言，古名将如诸葛亮、羊祜、杜预等，岂专学孙吴故也。"王安石新法的理想之一，是培养军事人员。所以熙宁五年（1072）"枢密院言，古者出师，受成于学。文武弛张，其道一也。乞复置武学。诏于武成王庙置学"[11]。然而新法时代，武学并不见有多大成效。这理想还是不合社会的现实。能入武学的，先需要有相当的教育程度。纵使不考墨义，也还是限于统治阶级以及和这阶级有关的子弟。而这些人的态度，是选择仕途的优劣。后来绍述，复行新法，"诸州置武学……入流比文额太优"。用这种降低水准的利诱，于是"隶学者众"[12]。这又何尝是新法的原意，相反地，这是北宋亡国时只重形式的陋政。南宋初，重立武学，不久就"屋舍颓弊"。仍旧是同一原因：统治阶级的分子，不认为武学是优越的仕途。"少有士人就试。所以权将下省人填阙。"[13]

说明了武官群出身的各种情形，再讨论他们因为重文轻武，受到歧视，而寻求补偿。第一，在服装方面，在社会上表现他们的身分，高于平民。北宋中叶张方平这样说：

> 臣闻太祖训齐诸军，法制甚严。军人不得衣皂，但许衣褐。其制不得过膝，岂有红紫之服；葱韭不得入营门，岂知鱼肉之味；每请月粮时……不许雇车乘，须令自负。……今则异矣；……一例新紫罗衫，红罗袍肚，白绫袴，丝鞋，戴青纱帽，拖长绅带。鲜华烂然。其服装少敞，固已耻于众也。一青纱帽，市估千钱。至于衫袴，盖一身之服，不啻万钱。[14]

用丝织品的彩色服装，或其他奢侈的消费品，只能向平民夸耀。第二，进一步的补偿，是模仿士大夫。南宋中叶，不但经济更繁荣，文化水准也不断提高。开禧二年（1206）下诏戒饬武臣"毋得效学文臣好尚……矫饰清谈虚名无实之人"[15]。这诏令是在解除道学之禁的后四年。但既无惩罚规定，也无执行方法。武官群以文风自饰，标榜兼通文武，何从禁止？

第三，根本的补偿，是以武官武资为进身之阶。遇有可能，换成文资。北宋时，"许从官三人荐举"，就可以换。南宋初，"令敦武郎以下，听召保官二人，以经义诗赋求试……锁厅应进士第"。因此许多武士，包括本是太学生，改取武举身分之后的，都"更习程文，褒衣大袖，专效（文科）举子"。在光宗绍熙元年（1190），一度不许武臣试换文资。而宁宗即位不久，又"复武科锁换令"[16]。统治阶级歧视军职的态度，使属于这背景出身的人，很难因得任武官而满足。"士大夫一入军中，便窃议而鄙笑之，指为浊流。"[17] 而"武举进士，甫得赐第，多弃所学。必欲锁试换文。回视兵书戎器，往往耻谈而羞道之"[18]。这由武转文的仕途，到了宁宗嘉定十三年（1220），朝廷正式承认，以为合理，"庶几文武兼通"[19]。甚至面临军事行动，有人还主张特奖武官，"先换文资，以励边功"[20]。

武官一方面是补偿，提高身分，而另一方面，因为不安心供职，就难免从事于违反法规的行动。北宋盛时，欧阳修早已感叹，军队欠乏纪律，求赏图利[21]。南宋初午，更是军纪荡然。"金人既去，而袭逐之师继至。官兵盗贼，劫掠一同。城市乡村，搜索殆遍。……兵将所过纵暴，而唯事诛求。嗷嗷之声，比比皆是。"[22] 并且，在北宋中叶，早有吸收盗贼参加军队的办法。理由是"不收为兵，则恐为盗"[23]。南宋则以招安为国策，安抚群盗，军纪更不堪问。称为官军，而"追迹盗贼所不至之处，发人之廪，录人之橐，鞭笞百姓，执缚妇女。所过骚然，与盗贼无异"[24]。武官掌兵，另有"后司"，执行司法权。不但百姓无从诉苦，连士兵也无法诉冤。"后司人吏，或非理锻炼，或轻重任情。贿赂得行，奸弊百出。军中冤抑，无所赴愬。"[25]

退役武官，往往任为巡检、县尉等职。名为捕盗，实际上沿袭军中的作风，形同抢掠。"巡检武人，其间多出军伍，至有不识字划者。"[26] 县尉横行，舞弊得赏，尤其是在沿海各地。据说：

> 今格当作尉者，希觊酬赏。多拟窠阙于滨海州县。故其到官之初，不务弭盗而愿多盗。锻炼旁及于无辜，牵连凑足于人数。有本非凶恶强盗，而用财买嘱，故入其罪者。有以任内所获之盗，积一名两名，而凑成全火者。亦有蹒跚跛曳，而称马前三步，躬亲斗敌者，妄冒成赏。[27]

上司也不调查审察，所以还可以升官：

> 方今改秩之法，惟盗赏为侥幸。牵合附会，上官通融。惟以金钱，赂遗吏胥，事蔑不济。所（谓）马前捕获，徒虚语尔。[28]

军队没有纪律的另一面，就是增加军费。从南宋初年起，已经说"竭天下之财，只足以养兵。兵籍日众，财用日窘"[29]。是真的养了士兵吗？不然。军费的大部分，是将领武官所得。"今日之兵，隶张俊者，则曰张家军。隶岳飞者，则曰岳家军。"[30] 上级是统治分子，支配军费，迹近行使所有权。四川军队用费，有数字比例。"官员之数，比军兵之数，约计六分之一。军兵请给钱，比官员请给，不及十分之一。即是冗滥，在官员，不在军兵也。"[31] 这样不平等的分配，绝不限于四川。政府支出浩大的军费，"军士顾乃未尝得一温饱"[32]，因为"自将佐等而上之，则有至数十百倍之多"[33]。

武官除了极为优厚的收入之外，还有额外营利。岳飞忠义，反被秦桧所诬，高宗默许而死，这是千古的悲剧。然而他的军队经商收税，并非纯属诬告：

> 先是，湖北转运判官汪叔詹以书白秦桧。言岳飞顷于鄂渚置酒库，日售数百缗，襄阳置通货场，利算不赀。……上谓桧曰，闻飞军中有钱二千万缗。昨遣人问之。飞对所有之数，盖十之九。人言固不妄也。[34]

至于张俊，有名好财。"喜殖产。其罢兵而归也，岁收租米六十万斛。"[35] 南宋商业，大为发展。武官虽受文官歧视，但可以利用职权，以商业的方式谋利。同时，又用所得利润去投资，取得地主和豪富的身分。

南宋商业化，影响到武官的风气，始终未改。淳熙十一年 (1184)，曾有命令："诏诸军将佐屯驻夫处，自今不许私置田宅、房廊、质库、邸舍，及私自兴贩营运。"[36] 从这诏书，可见商业活动种类之多。将领如此，他们下属辅佐的武官亦复有之。而这禁令，显然有两项缺陷，不能收效。一是并未规定，如何监察，如何惩罚。仅说不许，形同具文。二则禁令也只限于屯驻所在地。在近地经商，或在原籍投资，同样可以凭借武官的身分和势力，有何差异？南宋亡国以前，贾似道筹划军费，有两大措施。一是众所周知的公田法，以公田收入，直接供给军费，引起大地主纷纷反对。二是比较未受充分注意，专对武将、武官的改革[37]。他派专员，行"打算法"，彻查军中账目弊端。凡欠缺公款的，概须赔偿[38]。这事又引起武官群的怨言。其实，在南宋末年，武官群营利，已经积重难返。武官之外，武举都尚且如此。"武举中选……率授以榷酤之事。"[39]原因是百余年来，武人与商业早已有了密切的关系。又岂是"打算法"一事可以改变的？

宋代重文轻武，直至南宋亡国都没觉悟。帝㬎德祐元年（1275）临安危急，朝臣逃遁。太皇太后诏榜朝堂曰："我朝三百余年，待士大夫以礼。"而竟"接踵宵遁。平日读圣贤书，自许谓何？"而仍以官爵呼助，"在其朝文武官，并转两资"[40]。对于在外的武官群，可能有忠义勇士，还是轻视并未号召他们。

歧视武官群，深深地反映宋代士大夫褊狭的作风。按照儒家理想，应该崇文尚武。文武虽有高下，同是统治阶级。而士大夫不顾现实，区分仕途为二，抑制武官群，造成统治阶级内部的矛盾。前文提到的余玠，在淳祐元年（1241），镇守四川时，又重行提出警告。他有文武两途的经验，所以他说："愿陛下视文武之士为一，勿令有所偏重。偏则必至于激。文武交激，非国之福。"[41]不仅这警告毫无效用，而且余玠因"专制四蜀，凡有奏疏，词气不谨"（与岳飞的悲剧有相似处），被朝廷猜疑。"及闻召，不自安。一夕暴卒，或谓仰药死。"[42]

基本上，治国的责任的确在主持政权，领导统治阶级的士大夫。事实上，除了文武之间的矛盾之外，士大夫对于武官群的态度还另有一层矛盾。一方面歧视武臣群，时加抨击。另一方面，又无法控制，纵容武臣群若干不正当的行为。所产生的恶果是由武转文，武官欺兵士，武职掠夺平民，移用军财，多方谋利。武官群本身也早感觉到基本上误国的是士大夫。北宋亡国之后，有人归过于武臣败战，引起反驳。这节文字，相当精彩。就便引用，以结束这极短的拙文：

> 诸将皆忿。有令门下作论，以诋文臣者。其略曰：今日误国者皆文臣。自蔡京坏乱纪纲，王黼收复燕云之后，执政侍从以下，持节则丧节，守城则弃城。建议者执讲和之论，奉使者持割地之说。提兵勤王则溃散，防河拒险则逃遁。自金人深入中原，蹂践京东西、淮南之地，为王臣而弃地弃民，误国败事者，皆文臣也。间有竭节死难，当横溃之冲者，皆武臣也。又其甚者，张邦昌为伪楚，刘豫为伪齐。非文臣，谁敢当之？[43]

原载《宋代史论丛》(1974)

【注释】

[1]《皇宋中兴两朝圣政》(影印本)，卷五八，页八—九。

[2]《宋会要辑稿》，《选举》十七，页十六。以下简称《宋会要》。

[3]《文献通考》(万有文库)，卷二四，页三四二。

[4]《宋史》(四部备要)，卷四一六，本传，页三。

[5]《宋会要》，《职官》四八，页九六—九七。

[6]《京口耆旧传》(粤雅堂丛书)，卷一，页一一二。

[7] 请参阅拙著《包容政治的特点》，《中国学人》(香港，新亚书院)，第五期(1972)，注[3]。已收入本书。

[8]《文献通考》，卷三四，页三二二。

[9]《宋史》，卷一五七，《选举》三，页一四。

[10] 同上，页一六。

[11]《文献通考》，卷五七，页五一七。

[12]《宋会要》，《崇儒》三，页二八。又《宋史》，卷一五七，《选举》三，页一五。

[13]《宋会要》，《崇儒》三，页三七。又参阅页三四，及《宋史》，

同上注。

[14]《续资治通鉴长编》(影印拾补本)，卷一六三，页一一。又张方平，《乐全集》(四库珍本)，卷一八，页一五。

[15]《宋会要》，《职官》七九，页一八。

[16]《文献通考》，卷三四，页三二三。又《宋史》，卷一五七，《选举》三，页一七一一八。

[17]《建炎以来系年要录》，卷一〇六，页二一。以下简称《系年要录》。

[18]《宋会要》，《选举》十八，页一七。

[19] 同上，页一八一一九。

[20]《宋代蜀文辑存》(影印本)，卷七二，页一七。又《宋会要》，《职官》六二，页一五。

[21] 欧阳修，《欧阳永叔集》(国学基本丛书)，卷七，页五〇，《本论》。

[22]《系年要录》，卷四一，页九。

[23]《欧阳永叔集》，卷七，页六三，《原弊》。

[24] 孙觌，《鸿庆居士集》(常州先哲丛书)，卷一一，页六。

[25]《宋会要》，《职官》五，页五四。

[26] 同上，《职官》三，页七七。

[27] 同上，《职官》四八，页八四。

[28] 同上，《职官》四八，页八八。

[29]《系年要录》，卷五四，页一六。

[30] 同上，卷一三七，页四。

[31] 同上，卷一一一，页九。

[32] 毕沅，《续资治通鉴》(1957 标点本)，卷一五一，页四〇四七。

[33]《宋会要》，《职官》三二，页一六。

[34]《皇宋中兴两朝圣政》，卷二七，页一六。

[35]《系年要录》，卷一三五，页三。参阅丁传靖辑，《宋人轶事汇编》(1935)，卷一五，页七四一；曹彦约，《昌谷集》(四库珍本)，卷三，页一〇一一一；又汪藻，《浮溪集》(四库珍本)，卷一，页一一九。

[36]《皇宋中兴两朝圣政》，卷六一，页九。

[37]《宋史》，卷四七四，《奸臣传》，未载"打算法"之事。

[38]《续资治通鉴》，卷一七六，页四八一二。

[39]《文献通考》，卷三四，页三二三。

[40]《续资治通鉴》，卷一八一，页四九五〇。

[41]《宋史》，卷四一六，本传，页三。

[42]《续资治通鉴》，卷一七四，页四七三六。又《宋史》，同上注，页五。

[43]《系年要录》，卷四二，页一二——一三。

岳 飞
——从史学史和思想史来看

一 小引：忠的观念

今天还要讨论岳飞，是为了什么？主要是因为现代的中国人，无论是在任何一个地区，都对于岳飞的"精忠报国"，有很深刻的印象。这个印象也就是整个中华民族对于忠的观念的一个具体的反映。在这忠的观念里，有传统文化的许多成分：上层的儒家解释和一般社会上俗文学 —— 小说、戏剧 —— 的流传。同时，这忠的观念也随着时代的发展，特别是坚韧的民族主义对于环境的反应，在继续不断地演化。其中最根本的问题是忠于谁？或忠于什么？是忠君，也就是说忠于领导人，忠于领导集团，还是忠于国，也就是说爱国，爱民族？这篇短文是希望从史学史上和思想史上分析一下。至于偶然有几点发现，也许可以补充前人未说的细节，那只是无关紧要的小成果。

二 岳飞在历史上地位的升降

岳飞屡次打败入侵的金兵，结果在和韩世忠、张俊两个大将一起被解除兵权之后，反倒被诬告阴谋造反。事实上并没有可靠的罪证，而竟在狱中被害而死。这是宋高宗绍兴十一年（1141）的事。以后多少年都没人敢提。一直过了二十年以后，金兵又来进攻，高宗也下令亲征，往长江方面去布置防御，这才开始追赦岳飞。第一步放宽的赦诏很妙："蔡京、童贯、岳飞、张宪子孙家属，见拘管州军，并放令逐便。"[1] 换言之，恢复他们的自由。这诏书把岳飞、张宪和北宋末年以来所有人痛恨的蔡京、童贯并列，是故意的强调，赦虽然是赦了，但还是国家的罪人。又过了两年，隆兴元年（1163）高宗内禅，孝宗继位，很想自强，例如重新起用张浚，召见朱熹，许陈亮上书，在这时候才给还岳飞家的田宅[2]。等于是说取销旧案，宣告无罪，但还不能追悼岳飞，因为高宗仍旧在做太上皇，在背后主持大政。又等了七年，乾道六年（1170），孝宗才答应鄂州地方人民的请求，立庙纪念岳飞，诏给忠烈庙额。一直到淳熙五年（1178）高宗已经很老，朝臣也全不是旧时的人物，孝宗才追谥岳飞为武穆[3]。最后，南宋企图反攻金国。在宁宗嘉泰四年（1204），立韩世忠庙，岳飞封鄂王，连很少有功的刘光世也封为鄜王[4]。这是因为政府要"风厉诸将"，是利用岳飞等旧日的声望，并不是真正的追念岳飞。

除了朝廷以外，南宋当时的士大夫，对于岳飞还不太看重。朱熹是很推崇他的，但也说他有若干缺点，这且留在第四节里再详细讨论。同时，道学家在当时也还没有控制全盘思想的力量。南宋的文人，作诗很多，可是哀悼颂扬岳飞的诗，比较有名的，也只有黄文雷等人的三两首[5]。

在私著笔记之中，情形很不同，有很多称赞岳飞的事迹，同情他的千古奇冤，甚至有关于他生前神话式的记载和他死后迷信报应的传说[6]。这些材料，都是和后来小说和戏剧的发展有关的。

可是在这许多笔记之中，王明清的《玉照新志》值得注意。这本书提到南宋能够站得住，没有亡国，不能说秦桧没有功劳 [7]。另一处又说秦桧对于岳飞的遗族，也并没赶尽杀绝 [8]。固然这本书并没有否认岳飞死得冤枉，但至少是指出秦桧并不全错，也就是间接暗示岳飞并不全对。这种看法，对于后代的史论，不免发生影响。这里暂时不谈，留在第三节里讨论。不过首先要解决一个疑问，《玉照新志》是否偏袒秦桧？粗看好像如此，其实不然。作者王明清的父亲王铚，参加修史，不久被秦桧所罢。其兄王廉清藏有书籍材料，秦桧的儿子秦熺想来要去，他不肯 [9]。据王明清自己说，秦家失势以后，史局里面，还是秦家留下那一派人所盘踞的 [10]。既然王家两代与秦家不合，他的笔记为什么还要替秦桧说点好话呢？《四库全书总目》的断语，的确是又审慎又中肯："盖当时相去甚近，毁誉纠纷，尚未论定……非好诋谋正人。" [11]所以我们不妨借用这句结论。一般来说，在南宋当时，因为毁誉未定，岳飞的历史地位，并不算高。

元代是整个中国第一次全部被异族统治。可是反抗的民族心理，也就在若干不同方面另找表现。第一，官修的《宋史》，多半是尊崇朱子以来的道学思想的宋代遗老，和受他们影响的史家。因此《宋史》中的《岳飞传》和其他有关章节，大部分根据岳飞的孙子岳珂所编的《金陀粹编》和《金陀续编》，其中有些夸张 [12]。这样一来，岳飞在正史上的地位，就崇高无比了。第二，文人作诗追扬岳飞的也多起来了。最有名的出于赵孟頫。赵本来是宋代宗室的后人。他吊岳鄂王坟的七律，中间四句最有名："南渡君臣轻社稷，中原父老望旌旗。英雄已死嗟何及？天下中分遂不支。" [13]把岳飞被迫退兵，继而冤死，和后来宋代亡国，连起来一起说。

第三，元代并不太注意去统治民间的思想。因此祭祀岳坟岳庙，有增无减。第四，讲唱文学，可能在南宋就有岳飞的故事。到了元代，至少有两种剧本：《东窗事犯》和《宋大将岳飞精忠》[14]。这也是下文要再讨论的。

岳飞的历史地位，经过明代，不但是达到了最高峰，并且是普遍了整个社会。第一，政府有意要表扬民族英雄。董其昌的汤阴县岳祠记说得最明白："旌忠者，我明之励世，戡乱之时，表章尤急。虽非借才于异代，实可激耻于懦夫。"[15]第二，明代教育普遍发达。中科举者固然多，在考试或在仕途中失意，借文章发泄感慨的更多。一看中国古史，有名武将，大半不文。称为武圣的关羽，也许能看《春秋》，究竟没有作品。岳飞呢，不但有诗有词[16]，而且尊重读书人，喜欢接近文人[17]。他的确是最能引起士大夫共鸣的武将[18]。第三，时事的刺激。明英宗在土木之变被俘，景泰帝继位。英宗复辟，结果有功的大将于谦被杀。这件悲剧，和岳飞近似，几乎是历史的重演。因此有若干文人，不便批评本朝大政，便以岳飞为题，用岳飞有名的《满江红》那首词牌，另填新句[19]。最有名的是文徵明，题宋高宗赐岳飞手敕，现在藏在台北故宫博物院。其中突出的两句，指出错处不在秦桧，而主要是高宗自己要保持皇位："岂不念，中原蹙？岂不念，徽钦辱？念徽钦既返，此身何属？"[20]

岳飞历史地位，在明代达于顶点，不仅是朝廷与文人的关系，民间信仰的力量更大。除了最普遍的《说岳》一类的小说，又产生了更好的戏剧，有《精忠记》和《精忠旗》两种[21]。同时，民间已经把岳飞奉为神明，和到处有关帝庙的情形差不多。在明末，政府承认这种社会现象，因此加封岳飞为三界靖魔大帝[22]。

清代的统治，严防汉族不服从，用镇压式的控制，再加上利用式的驾驭，双管齐下。从大处说，有文字狱、禁书等等的措施。另一方面，又竭力以圣训等等的方式，灌输忠孝的观念。就岳飞来说，也是如此。因为岳飞抗金，而满人本来自称后金，所以政府不祀岳飞[23]。可是乾隆皇帝自己却写了两首诗，表示一些赞许惋惜的感叹[24]。在小说方面，没有什么新发展。在戏剧方面，反倒退步了。晚明已经有一出叫"如是观"，把历史事实翻过来说，岳飞完全成功。这是如愿以偿式的幻想，在环境压迫之下，别无出路，借岳飞的志愿，出一口气而已。京戏之中有一出叫"请宋灵"，也属于这类，说岳飞大败金兵，而徽宗、钦宗无颜回国，因而自杀，岳飞就把他们的遗体运回南宋[25]。所以，笼统说来，在清代的思想中，岳飞的地位从明代的顶点转而下降。

虽然这样，人民心目中的印象，究竟还是很强。例如在民国初年军阀时代，卢永祥做浙江督军，就重修岳王庙，并新立墓碑。后来冯玉祥也在庙中题过字[26]。在许多题联中，最值得注意的是蔡元培的手笔。开头一句就是"民族主义"[27]。时代的确是全变了。从"九一八"经过抗战，岳飞是千万人歌颂的民族英雄。《满江红》的词，编成了流行歌曲[28]。日本一些学者，跟着军阀走，早就从白鸟库吉和羽田亨以下，致力于研究"征服王朝"。有一本书，专讨论岳飞和秦桧，公然地把秦桧引为汪精卫的前例[29]。可叹这些日本学者，完全不认识中国的现实。在中国知识分子的阶层，"满江红"成为特殊的一体。凡是几百年来，用这调子表现爱国思想的词，在抗战开始的时候编成专集[30]。在一般人民眼中，也是一样。岳飞在河南老家的庙，在1940年被战争毁了。可是很快地在1942年就由当地人捐款重修[31]。经过抗战，岳飞的历史地位又达到了一个新的顶点，是超出了旧社会的顶点，是民族主义的新顶点。

抗战胜利以后，已经二十五年。可是对岳飞历史地位的估价，又新出一些议论。主要的症结，就是忠的观念。来整理一下史学史，也就可以帮助我们对于思想史，多一层了解。

三 历来历史评价的检讨

这里所谓历史评价是广义的。狭义的历史记载和评论，虽然占了大部分，但是除此之外，民间文学和戏剧也要包括进去。其次，以往的历史评价往往把好些方面，混为一谈，因此不容易看得太清楚，这里的检讨，建议分开三方面来分析——求和，杀岳飞，和决定做这两件事的责任。

关于求和，上文提过，南宋的《玉照新志》早就提出在那时代有些人觉得兵力不敌，求和不能算错。当然，另一方面反对屈服，力主准备实力，收复失地的奏章议论，数目相当多。在后代首先主张谅解南宋求和的史官是明代的丘濬。他说："秦桧再造南宋，岳飞不能恢复。"这看法"时以为确论也"[32]。其次是清代有名的王夫之所著的《宋论》。他比较平稳折衷。他说："尽南宋之力，充岳侯之志，益之以韩刘二吴，可以复汴京，收陕右乎？曰，可也。"再往北进，恢复北宋全部的领域，那就不可能了[33]。再其次是赵翼的《廿二史札记》，读历史常用的一本参考书。他却又同意丘濬的看法："此正高宗利害切己，量度时势……即专任韩岳诸人，能必成恢复之功乎？亦未必能也。"[34]有名的史学家钱大昕也有类似的见解，一般注意史评的人，也都熟悉[35]。可是另一方面，钱大昕对于南宋求和，还是表示遗恨的感慨。他有一首诗，其中四句说："（徽宗、钦宗）两宫竟绝还归望，（秦桧的）二策空矜耸动能。半壁偏安惭袖手，长城自坏（指岳飞）愤填膺。"[36]

近五十年来的讨论，意见虽然还有不同，但大体上趋于一致。在"九一八"以前，也有人以为比较宋金两方面的各种情势，南宋的力量不够[37]。从"九一八"以后，绝大多数以为南宋求和是错误的政策。力量不够，主要是懦弱的君臣，他们本身不能发挥领导作用[38]。至于说战费对人民负担太重，这一点尤其不能成立。因为求和以后，南宋的赋税反倒增加[39]。有的书是总论宋金两国一百一十年间层出不穷的战斗，证明民间始终不甘求和，不惜拼着自己的血肉来抵抗[40]。换言之，在政府懦弱的前提下，求和是必然的结果。假定政策不同，就可能结果不同，至少情势会因此而有转变的。

求和对不对，是较大的问题，若干方面超出了本文所讨论的范围。因此用两点来结束。第一点，就算南宋没有力量反攻，连防卫淮河以北都未必有把握，这也并不一定需要急于求和。因为金兵曾经渡过长江，自己决定退回去。再打过来，也同样的没有取胜的把握。在这种情势下，南宋很可以暂时只守不攻，也不讲和，用胶着方式的持久战对敌下去。第二点，就算高宗想安稳地做偏安皇帝，官僚群也想苟安，因此求和，但求和是一回事，杀岳飞又是另外一回事。并没有决定性的因果关系。求和决不需要把一员最突出的大将杀掉。

关于杀岳飞，千古同声，都觉得不对。例如《宋史·岳飞传》，结语是："论曰……高宗忍自弃其中原，故忍杀飞。呜呼冤哉！呜呼冤哉！"[41] 这在正史上是极重的句法。《宋史纪事本末》有张溥的评语曰："帝之忌兄，而不欲其归，其本心也。而性复畏敌。桧揣而持之，相得益深。……至于杀岳飞，而人道绝矣。"[42] 在正史之中，明说一个中兴君主，没有人性，这可能是独一无二的。

在小说和戏剧里面，重点不在求和，而在岳飞被害的悲剧。当然一部分是因为被害比求和能更具体地表达，能引起更大的同情。可是这重点也暗含着几百年来一般人民的评价。如果皇帝和权臣甘愿忍辱求和，则还罢了，为什么还要昧着良心，陷害忠良呢？

岳飞被杀，这是无可辩护的。可是就当时的军政风气来说，也并非是完全无法了解的罪恶。在抗金战争开始时，张浚在陕西就把一员大将曲端杀掉[43]。后来因为张浚的儿子张栻，受理学家的尊重，所以历史上往往不注意这件冤案[44]。南宋刚立国时，没有多少兵，主要是靠招安收编一些民间的或非法的武装集团。而这政策的惯例就是"用群盗而废其长"[45]。岳飞本人，平定洞庭湖的起义集团，收过来五六万的兵卒，也是用这办法，把领袖杀掉[46]。高宗用秦桧，重演宋太祖收兵权的措置[47]，把张韩岳三人内调，而把他们三支军队，改编为直隶中央政府[48]。而事后发现，岳飞和他旧部将领张宪等仍旧维持联络，这才引起杀岳飞的决心，而张宪也同时处死[49]。

附带补充一点。一般说来，宋代是第一个朝代依靠非贵族，多半是考试出身的士大夫来支持。因此国策要优待儒者，不杀大臣。后来写历史的士大夫，不免过分颂扬这一项国策，而忽略了例外。岳飞虽然原是武臣，但在再收兵权之后，他的官位是枢密副使，是名为管军政的文职，也是朝廷的大臣。把他处死，显然违反自己的国策。连王夫之的《宋论》，可能是传统史学中讲宋代最好的著作，也不多提。另一个例外就是韩侂胄。因为对金用兵失败，以宰相的地位，而在上朝的路上被暗杀，然后宣布罪状，最后还把他的头，从尸首上割下来，送到金国去。为了应付强敌，不惜牺牲道德标准，所谓儒教国家的本质，的确是应该批判的。

求和，杀岳飞，究竟是谁的责任？一般小说和戏剧都推在秦桧身上。只有《精忠旗》是唯一的例外。这个剧本指出政治不是那样简单。除了秦岳之间的矛盾，还有高宗和岳飞之间的矛盾，高宗和钦宗之间的矛盾[50]。几百年来社会上的观念，和岳庙连带着的迷信也都痛骂秦桧，很少有骂高宗胡涂的。相反的，关于高宗，还有泥马渡康王的天命传说。这都可以证明君主专制的根深蒂固，连前朝皇帝都要避免批评。不但如此，大半的皇帝都可以说是享受"人上特权"，并不受儒教标准的约束。

不过，高级的历史记载确是坚守儒教的理论标准。天子也是人，照样要受仁义道德的衡量。例如上文所引的《宋史》和《宋史纪事本末》，都明说岳飞被害，主要的责任者是高宗，秦桧还在其次。最早的要算元代的郑元祐《遂昌杂录》页十的一段意见。《四库提要》称赞说："称南宋和议，由高宗不由秦桧，可谓卓识。"最近而最透彻的是晚清学人俞正燮在《癸巳存稿》卷八页二三三指出当时一般官僚躲避责任的情况。他说："宋高宗通观大势，不可不和。而君父之仇，不敢居其名。群臣又内荏色厉，多旁观之论，独一秦桧，公任其事。"换言之，不得不用秦桧出面。高宗的政治手腕，实在是阴险巧滑。秦桧临死，高宗去看他，断定他的病绝不会好，立刻下令把秦桧父子一起罢免。事后又对杨存中说，秦桧死了，"朕今日始免靴中置刀矣"。史家又加一句说："其畏之如此。"[51]连王夫之的《宋论》，在叙述秦桧当权的时候，势力如何之大，竟连用了三次"可畏也"[52]。这却是儒教历史家受了高宗的骗。其实，高宗"靴中置刀"的话，只有他自己说过，毫无旁证。张邦昌在金兵支持下做傀儡皇帝，还自动偷偷跑回南宋。苗刘兵变，高宗被迫一度退位。结果后来这些人都被处死。秦桧势力不管多大，绝无弑君篡位的可能。临死，他的儿子只希望能保持政治地位而已。他们也毫无联络掌握兵权将官的痕迹。足见高宗是在秦桧死后，倒过头来诬赖秦桧。那是为什么呢？简单地说，是用巧妙的政治宣传，借此洗刷高宗自己的责任。把以往的错误——包括求和，杀岳飞在内——都算成秦桧不好。秦桧当然也有责任，但是是次要的，他生前死后都受了高宗更深一层的利用。在历史上，高宗是诿过于人，秦桧是一半负责，一半代人受过。跪在岳庙前不应该只有秦桧夫妇，也应当有高宗。

高宗本人为什么要求和、杀岳飞呢？他懦弱的求和，许多书都讲过，经过在金兵营中做质押，从扬州仓皇逃过长江，从宁波逃到海上四十天等等的惊险，他是没有胆量再继续抗金的。好不容易能偏安，做皇帝，他是不想再打仗了。同时，他对于武将总不放心。宋太祖就是武将篡位。他深知五代的政变方式一贯如此，所以定下国策，严防武将。高宗本人经过苗刘兵变，一度丢了皇位，更是害怕。

近几年最好一本《岳飞传》的作者另有一篇文章说："如果确是为想防制武将跋扈而杀一儆百，则最先应当收拾的是刘光世和张俊，万无杀岳飞之理。"认为杀岳和"制裁武人一事全不相干"[53]。这意见是不对的。因为张俊曾经面受高宗引用唐代郭子仪传的教训[54]。在内调枢密使后，立刻自动放弃兵权[55]。刘光世早就有退意，于是也跟着称病退伍[56]。而岳飞从头至尾总让高宗不放心。

岳飞的个性强，"忠愤激烈，议论不挫于人"，不容易和人合作，是他的弱点[57]。而最犯高宗忌的是他在绍兴七年

（1137）向高宗提到皇位的问题。"岳飞尝面奏，虏人欲立钦宗子来南京，欲以换南人耳目。乞皇子出阁（即正式立为皇太子），以定民心。时孝宗方十余岁。高宗云，卿将兵在外，此事非卿所当预。"[58] 高宗拒绝之后，岳飞还显着不高兴。因此高宗又告诉另一个官说："飞意似不悦，卿自以意开谕之。"[59] 同年，岳飞因母丧守孝，没得命令批准，先就把兵权交给张宪，从此高宗记得岳飞最信任的是张宪。事后，命令岳飞免除守孝，也不惩罚他不等命令擅先行动的过错，并且特别召见，当面说："卿前日奏陈轻率，朕实不怒卿。若怒卿，则必有行遣。"[60] 这是优容敷衍的话。高宗心中怎会不怀疑岳飞对皇帝不尊敬，不顺从？换言之，从高宗个人观点来看，岳飞是可能不忠。

并且和岳飞往来的还有一个皇族，判大正宗事赵士㒟。这人曾到河南去向宋代历朝皇帝的陵墓致敬，受到人民"夹道欢迎"[61]。当岳飞下狱时，他想草奏营救。还没办，"语泄，桧乃使言者论。顷岳飞进兵于陈蔡之间，乃密通书于士㒟，叙其悃愊，踪迹诡秘"[62]。因此，士㒟被免职。换言之，高宗要巩固自己的皇位，不止像上文提到，文徵明所指出的，"念徽钦既返，此身何属？"还不免顾虑到岳飞可能叛变。可能像苗刘之变那样的，强迫高宗退位，传位孝宗，也许还可能要求让位，拥戴像士㒟这样身分的皇族。

总之，岳飞被害，高宗的动机相当强，至少比秦桧的动机强得多。但是责任只在这两个人吗？本文以为不然。当时的士大夫和他们所接受的忠的观念，都有关系。

四　宋代官僚和儒学的忠君观念

检讨历史，无论是根据任何一个理论或观点，都不能不就当时全盘的情形，把各种因素连接起来，才能讲通。因为生命、政治，或是社会，都是多元的整体，息息相关。以前讨论岳飞，多半只讲皇帝、权臣、大将，还有"义勇"，或者叫作英勇抗金的人民。虽然有时提到士大夫，或者叫统治集团，也往往不再去仔细分析。其实，中国传统的帝国，特别从宋代起，任用文官，尊崇儒学，这一个领导阶层，是好也罢，是坏也罢，是另一个问题。他们的重要性，是绝不能忽视的。关于岳飞的问题，现在再建议讨论下列的四方面。

第　，宋代官僚一向赞成收兵权。他们不但对宋太祖杯酒释兵权的措置，歌功颂德，而且一贯主张重文轻武，军队最好也由文臣来掌握。高宗再收兵权，并不是从用秦桧开始。"初，张浚在相位，以诸大将久握重兵难制，欲渐取其兵属督府，而以儒臣将之。……赵鼎继相，王庶在枢府，复议用偏裨以分其势。"都没有做到。后来收韩张岳的三支军队，也是范同出的计划，经过秦桧[63]，由高宗采纳的。足见这是君主专政，官僚辅佐，共享权利的制度下，必然的结果。

第二，因为重文轻武，所以有儒将。例如北宋的寇准、韩琦、范仲淹，北宋末的李纲[64]，和南宋后来的虞允文[65]，都是儒将。不但如此，士大夫对于谁算儒将谁不算，有一定的观念。例如北宋思想家程明道就说："诸葛武侯，有儒者气象。"[66] 那末，岳飞算不算有儒者气象呢？这个问题，在南宋并没有明确的答复。朱熹是赞许岳飞的。"曰：张韩所不及，却是它识道理了。又问岳侯以上者，当时有谁？曰：次第无人。"[67] 但是没明说他可以算儒将。又关于岳飞奏请立皇太子一事，朱熹说："如飞武人，能虑及此，亦大故，是有见识，某向来在朝……欲拈出此等事，寻数件相类者，一并上之。将其后裔，乞加些官爵以显之，未及而罢。"[68] 换言之，虽然赞许他，还是称他为武人。这可能有两种关系。首先是岳飞的出身太低。例如上文提到岳飞守母丧，朝廷下令叫他复职。"飞坚执不肯出。（李）若虚曰：相公欲反耶？且相公河北一农夫耳。……可与朝廷相抗乎？"[69] 其次是岳飞虽然能文，识理，但他英雄的气质，就不合儒家的修养。朱子另有一段话，虽然没有明指岳飞，也可以借来用为朱子不称岳飞为儒将的解释。他说："今人率负才，以英雄自待，以至持气傲物，不能谨严，卒至于败而已。"[70] 假定岳飞懂得儒家修养，应该怎样呢？王夫之的《宋论》就这样推想过。"岳侯受祸之时，身犹未老。使其弢光敛采，力谢众美之名。知难勇退，不争旦夕之功。秦桧之死，固可待也。"[71] 换言之，从宋代起一直到清代，在儒将的观念下，是不赞成英雄式的正义作风的。而且在官僚政治里，不用虚伪掩饰的手段去应付环境，一定失败的。

第三，当时的官僚究竟对岳飞怎么样？王夫之说了他一大段："缀采敷文，网罗文士……军归之，民归之，游士墨客，清流名宿，莫不归之。"[72] 其实这描写夸张过分。不过，岳飞也至少认识一些官僚。但是在下狱以后，竟没有一个文官敢替他说半句话。只有武将韩世忠去责问过秦桧[73]，只有宗室赵士㒟想去营救。除此之外，就只有建州一个布衣刘允升上书，说岳飞冤枉，结果刘也被处死[74]。那时候南宋还没有恢复太学。一直到二十一年之后，岳飞后人已被赦还的第二年，才有两个太学生上书，替他讼冤[75]。说来可耻，在岳飞子孙被充军在湖南福建一带山区的时候，还有地方官僚建议不给他们钱米，饿死他们。倒是秦桧把这书札"付岳氏"，表示他本人不想斩草除根。这种下井投石的"士大夫用心至是"，充分暴露了儒教国家的黑暗面[76]。

第四，也是最后的一方面，宋代儒学对于忠臣到底怎样确定？北宋程伊川早就说过："君子思不出其位。"[77] 朱熹当然认为岳飞是忠臣。可惜"高宗忌之"。这是因为岳飞"有些毛病，然亦上面人不能驾驭他"[78]。然而，就朱熹整个的思想说来，他对于忠，还是着重在"事君"。在基本上，儒教是讲上下名分的[79]。朱子说："父子君臣，天下之定理，无所逃于天地之间。"[80] 换言之，忠是忠君，主要是对个人的，和孝一样。至于对国家民族大团体的忠，应该是受忠君的拘束的。像岳飞这样的悲剧，对国家民族尽忠，不幸而被君主处死，那也只能如此。朱子又说过："尽其道而死者，皆正命也。"[81] 换言之，朱子也觉悟到忠君和忠于民族可能发生矛盾，但他没法子打破传统和时代的思想限制。

像朱子这样的大学者，能理解到这种矛盾。一般人是不会的。例如胡铨在岳飞生前，绍兴八年（1138），反对和议。高宗下令申斥说："倘诚心于体国，但合输忠。唯专意于取名，故兹眩众。"[82] 忠君是要服从的，不许引起舆论来批评朝政。又例如岳飞在狱中有个故事。"飞犹不伏。有狱子事飞甚谨，至是狱子倚门斜立，无恭谨之状。飞异之。狱子曰，我平生以岳飞为忠义，故伏侍甚谨。今乃逆臣耳。飞请其故。曰，君臣不可疑，疑则为乱。君疑臣则诛，臣疑君则反。君今疑臣矣。少保若不死，出狱复疑于君，安得不反？反既明甚，此所以为逆臣也。飞感动，仰天移时。"[83] 这段故事，当然是士大夫写的，狱子的推理，未必那样敏捷。也许事实上根本没有这样一个狱子。但不妨把狱子的角色，看作一般平民的象征。也就是说，真是上至天子，下至走卒，中间一大群官僚，都是一样想法。普及的儒学思想，早已经渗透了整个社会。忠只是忠君，没有任何保留，也不容许再有任何矛盾。高层的儒学理论，像朱子所说那样的，并不在实际上适用于社会。

岳飞是"精忠报国"。在传统的普及的儒家思想，对于忠的观念，这四个字真是颠扑不破的结晶。要忠君，才能报国。如果不被认为是忠君，在那政治圈里，在那社会里，根本就站不住，就无从再报国了[84]。

在儒教国家里，君主和官僚政府的确是尽量利用一面倒的儒家教训，来控制人民。但这有一个大矛盾。高层的儒学理论，始终不肯全面地向政治势力低头。相反的，它始终在这种矛盾中挣扎[85]。同时，这种一面倒的儒家教训，终久是大失败。南宋末，元兵到杭州，很多大官逃走。太皇太后"诏榜朝堂曰：我朝三百余年，待士大夫以礼。吾与嗣君遭家多难。尔大小臣未尝有一言以救国者。……平日读圣贤书，自许谓何！……生无面目对人，死亦何以见先帝？"[86]这诏书也毫无用处。几百年来只是提倡忠君，对于君主个人忠，最多是对于领导集团忠，怎能救国？

因为儒教国家有这种的大矛盾，高层的儒学不得不在这种大矛盾中，不断挣扎，所以自宋以来儒学理论时常出现反复的检讨，更深的思考。

现在时代全变了，可是传统思想还是有一部分动力。这种检讨，这种的批判还是需要。

原载《中国学人》第二期（1970）

补记

这短文有疏谬，承诸友指教，曾于次期（即《中国学人》第三期）的论学书简栏内，加以补正，顺表谢意。可是后来又拜读饶宗颐先生旧日的大作，自己也略有两点新建议。借这重印的机会，一起再作简短的汇述。

前已发表的补正，大致如下：

原文注［77］前，"君子思不出其位"一语，经屈万里先生指教，原出《易经》。程颐引经而已。

原文注［9］前的一句话错了。经王德毅先生指教。王铚是王明清之父，藏书的王廉清乃其兄。（按，本书已更正。）又顺便提及秦桧在北宋亡时曾有赵氏状。《大金吊伐录》仅引二百余字。而王明清《挥麈三录》则引有 千五百余字，而且文气一变恭谨为慷慨，足见当日谀秦风盛，不管岳飞冤狱。

以上各点，自不如《满江红》一词的重要，世人莫不关心。笔者孤陋，在写这短文之后，才蒙久极景仰的饶宗颐先生赐寄他的大作《论岳武穆满江红词》（马来亚大学《斑苔学报》二号，1964）。

饶先生广征博引，大意如次。岳侯孙岳珂《金陀粹编》载岳侯词，仅《小重山》一首。《古今词话》评云，悲凉悱恻之至。《花草粹编》录之，而疑其词题。《全宋词》有岳飞《满江红》，而题曰"登黄鹤楼有感"。且与通行怒发冲冠一词各异。各集皆不载，实出于杭州九曲丛祠忠显庙，而此庙则建于清代咸丰年间。

至于尽人皆知的"怒发冲冠"这首词，乃明代弘治十五年赵宽手书上石，并未说明出处。徐阶等人的记载，即以为真。然清代王昶《金石萃编》已指出署款皆不合宋式，似是明人伪记，近人余嘉锡先生《四库提要辨证》更强调宋元人无记载，而突出于明代中叶以后。不过，脍炙人口，不知其为赝本也。

此外，夏承焘先生也有大作《岳飞满江红词考辨》，见日本京都《中国文学报》十六册（1962），除同意《四库提要辨证》外，指出《满江红》里提到贺兰山。这山在今甘肃河套西，在南宋时，属于西夏，不属金国。但弘治年间，情势大异，王越大胜于贺兰山，而赵宽刻《满江红》恰巧在这战胜后的四年。所以夏先生认为这词是表现明代的民族精神，更何况不久，通俗文学如《精忠记》就采用了这词。

笔者略有两点新建议，夏先生的说法，很近情理。《满江红》一定是明代中叶的作品，并且靠通俗文学流传。可是贺兰山这一点，似尚不能遽断。因为唐诗里，从王维等起，常用贺兰这名词。后来就成为象征，意指边山，并不一定专指真正的那座山。当时是属于哪一国，不一定有关系。

最后一点，比较重要。岳飞的诗文，不独全国歌诵的《满江红》，就是其他的制作，都可能经过幕客润色。这是当时通行的，更何况岳飞以精忠过人，并不以文学修养见长。

绍兴九年（1139），南宋宣布讲和，岳飞利用贺表，表示反对："愿定谋于全胜，期收地于两河。唾手燕云，终欲复仇而报国。誓心天地，尚令稽首以称藩。"《建炎以来系年要录》卷一二五，跟着说明："飞幕客左承务郎张节夫之文也。秦桧读之大怒。"钱士升《南宋书》，卷一五，介绍张节夫，说是"河朔人，豪迈尚气节"。

这只是一例。朋友如有兴趣，大可写一篇岳飞的幕僚，这些人事迹湮没，原因有二，一是他们后来被秦桧贬谪监视。二是传统史家，时常犯了崇拜个人英雄的毛病，不注意辅佐人才，这是今后史学应当改良的。了解人物必须从人群里去看。

1986 年 6 月补记

【注释】

[1] 毕沅，《续资治通鉴》（1957。以下简称《续通鉴》），卷一三五，页三五八五。李心传，《建炎以来系年要录》（1956。以下简称《系年要录》），卷一九三，页三二五二。

[2] 《续通鉴》，卷一三八，页三六七三——三六八二。

[3] 《续通鉴》，卷一四一，页三七八一。又卷一四六，页三九〇五。参拙著《南宋君主和言官》，台北《清华学报》，新八卷，一、二合期（1970），已收入本书。

[4] 《续通鉴》，卷一五七，页四二二〇——四二二一。

[5] 厉鹗，《宋诗纪事》（1746），卷六九，页六。陈登原，《国史旧闻》（1962。以下简称陈，《旧闻》），页四〇一——四〇二。

[6] 丁传靖辑，《宋人轶事汇编》（1935。以下简称《轶汇》），页七二八——七三八。

[7] 王明清，《玉照新志》（1921），卷四，页一四，又卷五，页一。参外山军治，《岳飛と秦桧》（东京，1939。以下简称外山，《秦桧》），页一八八。

[8] 《玉照新志》，卷五，页一。《轶汇》，页七三四。

[9] 陆心源，《宋史翼》（1967），卷二七，页二三。又卷二九，页一〇。

[10] 《玉照新志》，卷四，页六。

[11] 纪昀，《四库全书总目》（1926），卷一四一，《小说》第二，页五。

[12] 钱大昕，《潜研堂文集》（四部丛刊），卷三〇，页一〇一一。

[13] 李汉魂，《岳武穆年谱》（1947版，1961重印。本文所引多半是其中遗迹部分。以下简称李，《年谱》），《遗迹》，页一三八。

[14] 冯其庸，《论古代岳飞剧中的爱国主义及其对投降派的批判》，《光明日报》，文学遗产副刊，期四八〇、四八一，及四八七，1964年9月27日，10月11日，又11月22日。以下简称冯，《岳飞剧》。

[15] 李，《年谱》，《遗迹》，页二四。

[16] 《宋诗纪事》，卷四三，页八——九。

[17] 邓广铭，《岳飞传》（1955。以下简称邓传），页五四——五七，又页一九〇——一九一。

[18] 邓传，页三一。又 Hellmut Wilhelm, "From Myth to Myth: the Case of Yüeh Fei's Biography," Originally in *Confucian Personalities* (1962), later available in *Confucianism and Chinese Civilization* (1964), pp. 211-226, both edited by Arthur F. Wright.

[19] 参见李宗邺，《满江红爱国词百首》（1938。以下简称李，《满江红》）。这点解释是本文作者的。

[20] 李，《满江红》，页一八，文徵明这词，在他几个集子里都没有，可能是清代编者故意不选。参文徵明，《莆田集》（四库珍本，文氏五家集）。又《莆田集》（明代艺术家集汇刊，1968），卷二——二三，《题跋》。又《文徵明画传》（画史汇稿，1929），卷五，《诗余》。又卷六，《题跋》。

[21] 冯，《岳飞剧》。

[22] 李，《年谱》，页三三七。又同书，《遗迹》，页一一。

[23] 李，《年谱》，页三三七。

[24] 李，《年谱》，《遗迹》，页三二。又页一四四。

[25] 冯，《岳飞剧》。

[26] 李，《年谱》，《遗迹》，页一二一。又页一三一——三二。

[27] 同上，页一六二。

[28] 邓传，页一五九。英译见注［18］所引 Wilhelm 一文，页二二一。

[29] 外山，《秦桧》，序文。又页一九三。

[30] 李，《满江红》。

[31] 李，《年谱》，《遗迹》，页七一一〇。

[32] 郎瑛，《七修类稿》（1959），《续稿》卷三，页七八一。

[33] 王夫之，《宋论》（国学基本丛书），卷一〇，页一六六。

[34] 赵翼，《廿二史札记》（四部备要），卷二六，页一一。

[35] 外山，《秦桧》，页一八九。

[36] 《潜研堂文集》，见注［12］，卷五，页二一。

[37] 陈登元，《秦桧评》，《金陵学报》，卷一，期一（1931），页二七一四六。

[38] 例如朱偰，《宋金议和的新分析》，《东方杂志》，卷三三，期十。陈天启，《岳飞的民族英雄本色》，《历史教学》（1951 年 9 月），页二〇——二二。

[39] 邓广铭，《南宋对金斗争中的几个问题》，《历史研究》，1963 年第 2 期，页二一一三二。

[40] 沈起炜，《宋金战争史略》（1958）。

[41] 《宋史》，卷三六五，《岳飞传》。

[42] 冯琦，《宋史纪事本末》（国学基本丛书），卷七三，页二四。

[43] 上注同书，卷六八，页六四。山内正博，《南宋建炎期の曲端势力》，《世界史の研究》，卷二六（1960），页一〇——一九。这位近年来的日本学者对于南宋初军事的研究，论文最多。散见 1955 到 1962 年《史林》《史渊》《东洋学报》《东洋史研究》等各杂志。参日本宋史提要编纂协办委员会，《宋代研究文献提要》（1961）和京都大学人文科学研究所，《东洋史类目》（每年一册）。

[44] 陈登元，《秦桧评》，见注 [37]，页四二。

[45] 王夫之，《宋论》，卷一〇，页一六一。邓传，页一四一——一四二。

[46] 邓传，页一四一。赵俪生，《南宋初的钟相、杨么起义》，《历史教学》（1954 年 11 月），页一五——八。

[47] 王夫之，《宋论》，卷一〇，页一五〇——一五一。

[48] 《系年要录》，卷一四〇，页二二四七——二二四九。末有双行夹注引王次翁儿子所记当时的紧张情形，其他史料没有那样详细。

[49] 《系年要录》，卷一四一，页二二七一。又页二二八二。指出朝廷命令张宪到杭州，张宪不敢去，而希望岳飞重掌兵权。又《续通鉴》，卷一二四，页三二八九。

[50] 冯梦龙，《精忠旗》。

[51] 《宋史纪事本末》，卷七二，页二三。

[52] 王夫之，《宋论》，卷一〇，页一七三。

[53] 邓文，见注 [39]，页三一。

[54] 《系年要录》，卷一三九，页二二二七。

[55] 《系年要录》，卷一四〇，页二二四八。又卷一四一，页二二六六。《续通鉴》，卷一二四，页三二七〇——三二七一。

[56] 《续通鉴》，卷一一八，页三一三〇。又《系年要录》，卷一四〇，页二二五五。

[57] 《宋史》，卷三六五，《岳飞传》。《宋史纪事本末》，卷七〇，页八〇。《续通鉴》，卷一二四，页三三〇一。

[58] 黎靖德编，《朱子语类》（1962，以下只引书名），卷一二七，页四九五四。

[59] 《续通鉴》，卷一一八，页三一二四。

[60] 《续通鉴》，卷一一八，页三一三七——三一三八。

[61] 《续通鉴》，卷一二一，页三二一三。

[62] 《续通鉴》，卷一四二，页二二九〇。《续通鉴》，卷一二四，页三二九七。《轶汇》，卷一五，页七三〇。高宗怕另有宗室夺位，这一

点前人多半忽略了。

[63]《续通鉴》，卷一二四，页三二八一。《系年要录》，卷一四〇，页二二四七。

[64] 赵效宣，《李纲年谱长编》(1968)。西方近来也注意。加州大学待位生 John Haeger 研究李纲的论文，可能在 1970 秋天写完。本文作者被邀为客座指导员。

[65] 陶晋生，《金海陵帝的伐宋与采石战役的考实》(1963)。

[66] 朱熹、张伯行编，《近思录》，《续近思录》(1962，以下只引书名)，卷一四，页三三二。

[67] 邓传，页八四。

[68]《朱子语类》，卷一二七，页四九五四。

[69]《系年要录》，卷一一二，页四一五。

[70]《续近思录》，卷一〇，页一九二。

[71] 王夫之，《宋论》，卷一〇，页一六九。

[72] 王夫之，《宋论》，卷一〇，页一六八——一六九。

[73]《续通鉴》，卷一二四，页三二九五。又页三三〇〇。《系年要录》，卷一四二，页二二八五。《轶汇》，卷一五，页七三三。

[74]《宋史纪事本末》，卷七〇，页八〇。

[75] 王建秋，《宋代太学与太学生》(1965)，页一五。又页三七〇—三七一。《系年要录》，卷一九〇，页三一七八—三一七九。徐梦莘，《三朝北盟会编》(1962)，卷二三六，页二一五。又卷二三七，页七。

[76]《玉照新志》，卷五，页一。《轶汇》，卷一五，页七三四。

[77]《近思录》，卷七，页二一〇。

[78]《朱子语类》，卷一三一，页五一〇四。又页五一〇六。

[79] 参瞿同祖，《中国法律与中国社会》(1947)。这书有英文修正本。又参《朱子语类》，卷一〇，页一七六。《续近思录》，卷一四，页一九六。

[80]《近思录》，卷二，页四九。

[81]《续近思录》，卷七，页一四〇。

[82]《续通鉴》，卷一二一，页三一九八。

[83]《三朝北盟会编》，卷二〇七，页一一二。《轶汇》，卷一五，页七三二。本文引语，用的是《轶汇》。

[84] 参宁可，《有关岳飞评价的几个问题》，《文史哲》(1957 年5 月)，页四〇—四六。又参苏金源、李春圃编，《宋代三次农民起义

史料汇编》（1963），页三一〇—三一二。又参 James P.Harrison, *The Communists and Chinese Peasant Rebellions* (1969), pp. 122, 125, and 227-228.

[85] 拙著《儒教国家の重層的性格について》,《东方学》, 第二十辑 (1960), 页一一九——二五。

[86]《续通鉴》, 卷一八一, 页四九五〇。

教育与道学

略论宋代地方官学和私学的消长

　　宋代兴学[1]，奠定了中国文化近千年广大和深厚的基础。配合的因素很多，举其大者而言：技术上有印刷术的进步和传播，经济上有都市和商业繁荣的支持，政治上有政府的注意，社会上有士大夫阶层在官在乡在家族团体中的倡导，甚至穷乡僻壤，也逐渐出现了三家村的教书匠。这种发展是划时代的，具有深远的决定性的。高阶层文化的准绳，经过地方的各种教育，广泛地渗透到平民阶层，于是满街的人，尽管不认得几个字，也能说得出几句圣人的话。就这广泛深远的渗透而言，地方上的官学，尤其是私学，比起国子监太学重要得多。就文化延续而论，也是如此。蒙古入侵，鄙视儒生。首先挽救这厄运的，是地方军人。一面向蒙古人妥协，一面培植地方势力，维持社会秩序，在他们统治的地区内，招士兴学[2]。后来才有元朝的新政策，重开科举，奖励儒学。明清两代，文风更盛，这文化的传统，更根深蒂固，甚至弄到连改革都困难了。

　　这个大题目，以往已有不少论著。许多周知的史实，无需再重复。可是多数作品，侧重中央。以中国地区之大，今后的研究实在应该对于地方性的题目，多多努力。有些论者，以往注意到宋代的地方教育，并且指出若干的成就、弊端和困难[3]。本文再提出一些补充修正和分析。其中更着重一个中心问题，就是私学和官学两方面的前后消长。

第一点，北宋最初的四十年，地方上很少有正式学校。所谓四大书院之称，言过其实。《文献通考》承认："是时未有州县之学，先有乡党之学。"却列举庐山白鹿洞、徐州石鼓书院、应天府书院和潭州岳麓书院，说"宋兴之初，天下四书院……此外则又有……嵩阳、茅山，后来无闻。独四书院之名著"[4]。《玉海》也提到四大书院，而列举不同，以为是白鹿洞、岳麓、应天和嵩阳[5]。其实都是南宋名儒朱熹吕祖谦他们，在若干旧址废址，重新兴办私学，推崇久已中断的往事。应天府书院根本是半官性的，不能算乡党之学（见下文）。只因名臣范仲淹在那里读过书，有文颂扬，所以也在推崇之列[6]。但根据有关五代的史料，《宋会要辑稿》，和《续资治通鉴长编》，一类的史料，可以看出宋初少数书院，规模很有限。对于这些学院，政府经过地方官的申请，只是稍予奖赠而已。无非是赐额，赐国子监书，赐九经，任掌书院者为小官，或赐官衔仍旧回去教书，或加赐赴阙召见再回去教书的旅费，这时还没有赐田的。

至于白鹿洞在南宋最有名，而就北宋初期而言，简直是反证。太平兴国二年（977），"乞赐九经"。三年后，"洞主"自己请求"以其田入官"，换了个小差使到别的地方去任职，这书院根本废了。《续长编》值得详引："以江州白鹿洞主明起为蔡州襄阳县主簿。白鹿洞在庐山之阳，常聚生徒数百人。李煜僭窃时，割美田数十顷，岁取其租廪给之。选太学之通经者，授以他官，俾领洞事，日为诸生讲诵。至是起建议，以其田入官，故爵命之。白鹿洞由是渐废矣。"[7]可见这书院本就不是乡党之学。既是南唐官方支持，而北宋以文治自诩,何以反倒要收其美田,听其荒废呢?这有大小两套原因,大原因是北宋初平天下,吸取江南文物,并不重用,更不想培养江南人才,例如:"平诸国,尽收其图籍。惟蜀、江南多,得蜀书一万三千卷,江南书二万余卷。又下诏开献书之路。"[8]而当初南唐兴办的书院,还要向新朝"乞赐九经"。相形之下,可见中央集权之强,地方教育之弱。小原因是这类书院本身的缺点。五代时许多文人,避隐山地,读书授徒。在庐山一带的比较最多。但白鹿洞并非纯粹儒家作风,洞主这名称,就能体会到一些驳杂的息味。至丁聚的生徒,有的是本地人,有的是避隐的,也有的是亡命的。例如:"蒯鳌,宣城人,工属文……然居乡博饮无行,不为人士所容。乃去入庐山国学,亡赖尤甚。晚乃励风操……至后主末,始登仕版。迨国亡,铨授未及,遂不复谋仕……亟隐居庐山,数年卒。"和他同称庐山三害的另一人更不好学。"卢绛……读书稍通大旨……每以博奕角抵为事。举进士不中,遂弃去。为吉州回运务计吏,盗库金。事觉,乃更儒服亡命江湖间……入庐山白鹿洞书院。犹亡赖,以屠贩为事,多胁取同舍生金,又特榷货捱贾于山中,将人短长索赇谢,人皆患苦之。与诸葛涛、蒯鳌号为'庐山三害'。朱弼为国子助教,将捕治其罪,复亡去。"[9]宋朝政府对于可能潜伏前朝旧臣,窝藏不法文氓的书院,当然听其停废。

第二点,北宋立国以后四十年到八十年间,还并没有积极地鼓励地方教育。只是经过官员申请,对于少数私学,予以优待,或准许开办少数的半官性或官立的学校。几件事情在咸平四年(1001)配合起来产生一个新政策。首先,因为知州请求,"以国子监经籍,赐潭州岳麓山书院"。同年"邢昺等校订《周礼》《仪礼》《公羊》《穀梁传》正义……命模印颁行……于是九经疏义悉具矣",这才"诏诸路州县,有学校聚徒讲诵之所,并赐九经"[10]。《宋论》说:"咸平四年,诏赐九经于聚徒讲诵之所,与州县学校等,此书院之始也。"[11]这考语很正确。"与州县学校等"应该是解释为等于也算有了州县学校,这才是书院的开始。《通考》《玉海》等说宋初就有书院,不确。

在这时期,应天府书院最大。由私人捐款发起,却变为半官性的学校。应天府是宋朝的南京,离京城不远,不像江南那样地方,会让政府不放心。五代戚同文在那里教书有名。他有七个弟子,两个儿子都在宋朝任官。大中祥符二年(1009),"府民曹诚,以资募工,就戚同文所居,造舍百五十间,聚书千余卷,博延生徒,讲习甚盛。府奏其事。上嘉之,诏赐额曰应天府书院,命奉礼郎戚舜宾主之,仍令本府幕职官提举。又署诚府助教。舜宾,同文孙"[12]。对于这半官性的学校,最初也还没有什么优待。成立了将近二十年,才诏免"地基税钱"[13]。

政府赐田给学校,是仁宗初,天圣元年二年间(1023—1024)才开的例。赐江宁府茅山书院田三顷,并以供学生饮食。这书院后无闻,恐怕是管理不善,经费缺乏,慢慢衰废了[14]。最著名的是兖州,知州孙奭建立学舍四十余间,又以"己俸养赡",在离任的时候请正式拨给该州"职田十顷"[15]。这先例成功,才产生更进一步的新政策。地方长官愿意兴学,可以申请,经中央批准拨田做经费。"命藩辅皆得立学。其后诸旁郡多愿立学者,诏悉可之。稍增赐之田,如兖州。"[16]这里可以看出先由士大夫阶层提倡,政府才慢慢放弃对地方聚徒的警戒心,而用财力来补助。士大夫提倡,愿意立学,也并不全是为了当地居民,其中也有的是为了他们自己随任子弟的需要。例如西安，"寄往官员颇多，子弟辈不务肯构，唯咨嘲谑轻薄，斗谍词讼……到任后奏乞建置府学……现有本府及诸州修业进士一百三十七人……风俗稍变"[17]。

第三点，政府积极地命令地方办官学，是庆历四年（1044）庆历改革时的新政策。那时士大夫阶层的发言权已经提高很多，对于宋初国策，能略加改变。虽然庆历改革，因为官僚间朋党之间的争执，不久就结束了[18]，但有少数的新政策是继续下去的，地方兴学，即其一例。可是推行这新政策，地方政府所能筹划的经费，往往不够，要靠当地私人的力量来捐助。而另一方面，官办学校已经产生一些坏影响。

这项新政策的来历，《宋会要辑稿》说得最清楚："时大郡始有学，而小郡犹未置也。自明道景祐间累诏州郡立学，赐田给书，学校相继而兴。近制惟藩镇立学，颍为支郡，（蔡）齐以为言而特许之。庆历四年，诏诸路府军监各令立学，学者二百人以上，许更置县学。"[19] 各书上关于这个诏书，常常用"慨然"二字，这可能有几层含义。一是仁宗为改革派言论所感动；二是仁宗下决心放弃以往消极需要呈请而经特准的政策，积极地创立前所未有的新制度，责成地方政府兴学；三是慷慨地用国家财力来供给。但是赐田十顷，实际上是不够发展维持的。有的地方将就地把孔庙扩充一下。就是那样，也还靠当地士大夫地主阶层"率其私钱一百五十万以助"[20]。有的地方是把犯法的寺院财产充公，改设学校[21]，或拨用其他涉讼的土地。例如郓州，所需经费相当大，"有美田……讼不解……即为奏请，得田二千五百亩有奇，与民耕，岁输钱百万，是为新田……实三倍于其旧"。为什么要这样多的经费呢？主要是供给学生生活，没有这新田的时候，"新学成，顾苦在后。有田硗瘠，食不能百人。游学之士或自罢去"[22]。游学之中也有弊端。而官厅兴建，往往是贪污机会。慨然新定的政策，在第二年就另下诏书查弊："今后有学官州县，毋得辄容非本土人居止听习。若吏以缮修为名而敛会民财者，按举之。"[23]

在这时期，地方官学初兴，弊端还不大，而对于各地教育的裨益很多。宋代文化的提高扩展与渐渐的深入民间，实在是这时期才开始的。不过官学兴，间接地对于私学的发展并不完全有利。一般而论，私学就不免相形见绌，停留或退居于准备学校性的小规模，不容易再有发展。例如这时期三位最有名的私学教授，石守道，孙复，胡瑗。孙胡两人都去太学任教，对于太学固然好，而他们自己原有的学校就衰落了。胡瑗的例证，尤其重要。"下湖州取先生之法，以为太学法，至今著为令。后十余年（按：是1056年），先生始来居太学……礼部贡举岁所得士，先生弟子十常居四五。"[24]在熙宁年间还有"门人在朝……数十辈"[25]。但同时"学者非王氏不宗，而先生之学不绝如缕"[26]。到了南宋初年，已经是要费力搜求，才能找到胡瑗的遗书和往事[27]。到朱熹时，他说："问安定平日所讲论今有传否？曰并无。……如当初取湖州学法，以为太学法，今此法无。今日法乃蔡京之法。"[28]官学易受政治影响而引起弊端，下文再说。这里是证明最有名的地方私学，从这时期起到南宋初年，反倒有退步的现象。这并不是说全都如此。北宋后半期，洛学蜀学很有名。这是因为两区都有其特殊背景。洛阳是历代以来的文化中心，致仕的权贵往往聚合一些名士。四川少大乱，经济又很繁荣。洛蜀而外，就是闽学，官学较少，而沿海大地方民间的经济条件优厚，因此到了南宋，传播浙东和江西极一时之盛[29]。

第四点，王安石变法，如众周知，目标更大，想用各级学校经常考验递升到太学，来根本代替旧有的科举制度。本文只补充几点。充实地方官学的主张，不限新法一派。而在新法之下，学校经费仍旧不够。元祐也并没有全部废除新法。地方学校应该多有学官的目标，并没有变。只是经费还是没有方法增加。而对于新法时的行政弊端，却注意改善。换言之，若干基本问题，经过新旧两派执政，仍旧得不到解决。宋敏求在熙宁元年（1068）说："州郡有学舍而无学官。四方之士轻去乡里者，以求师也。今请州置学官一人，又三岁一下诏，得士三百人。"[30] 苏轼在翌年说地方学校"唯空名仅存"[31]。所以熙宁四年命令各路转运司选差学官，州军一律发学田十顷，"有田不及者益之，多者听如故"。到元丰元年（1078）各州有学官者共五十三处[32]。更可见要办得有规模，十顷旧额多半不够的。旧派领袖司马光也说："诸州……学校大抵多取丁忧及停闲官员，以为师长……游戏其间，坐耗粮食，未尝讲习。"[33] 而元丰年间，"诸州学或不置教授"。元祐元年至七年（1086—1092）旧派执政，对选派学官，或用荐举，或经历任，或循资考绩，多所规定，这里不必详说。但结果到了绍圣年间（1094—1098），还有人说："今州郡未有学官处，可量士人多寡而增置之。"或要长官择郡官之有学问者兼领。根本困难是地方官学经费少，待遇低，一般官僚风气"重内轻外"，在中央做官，就不肯去外地，更不肯去做清苦的学官。学官不太充实，官学的弊端也少人监督。元祐八年诏："诸州元无县学处辄创，及旧学舍损坏，许令人户出备钱物修整者，各杖一百。以尚书省言，外路多违法科，率造学故也。"[34] 扰民取财，当然不对，但经费和维持费，没有完善的财政和行政管理的制度，也是事实。

第五点，北宋末期，从蔡京假恢复新法之名，而行擅权任私之实起，到他下台，已无从挽救，直到亡国为止，这段演化最为混乱[35]。地方官学的情形，也是这混乱的缩影。从崇宁元年（1102）起，大举扩充州学县学，行三舍法，并增加经费。比新法当初的规模大得多，但从政和元年（1111）前后起反又缩减一些费用，挪去供应君主的浪费，因此大失士人之心。宣和三年（1121），又取消三舍法。而在扩充和增加经费的过程中，弊端大起。官学里的风纪，也非常差。蔡京最初的目的就不正当。他要利用学校来收买人心，同时限制言论。立党禁，在官学里设立"自讼斋"令人"洗脑"，放弃批评性的学说，这是周知的，不必多说。州学县学里作文，有"时忌"，更可以看出普遍的不自由的束缚，"州县学考试，未校文字精弱，先问时忌有无。苟语涉时忌，虽其工不敢取。时忌如曰'休兵以息民，节用以丰财'，'罢不急之务，清入仕之流'，诸如此语，熙、丰、绍圣间（按：即新法时及复行新法的初期），试者共用不忌，今悉绌之"[36]。这种教育政策的结果，绝不会好的。

蔡京的魄力相当大。令"天下皆置学"，至少"二三州共置一学"。因为"有司病费广难赡"[37]，就决定一个大的新政策，除原有学田外，以常平款项补充，以"户绝田土物业，契勘养士合用数拨充。如不足，以诸色系官田宅物业补足"。行三舍法[38]。徽宗还很得意，拒绝批评，诏书里夸口说："世知以官为冗，而不知多士以宁之美。"[39]崇宁二年，又增置县学和州县小学，并规定州县学校敕令格式。以经费规模制度而论，真是前所难望的充备。但慢慢地也觉得花费太多，变来变去。大观四年（1110）县学和州县小学，不再供给饮食。次年修正细节，县学的教谕等，是州学选差派去的学生，还是算州学的人，"依条给食"或"月给食钱"。政和二年（1112）有诏书说："今学校之兴……浸失本旨。至参以科举罢废，县学给食之法，害令惑众者非一。"又过了两年，再令一部分学校"罢支食钱"。最初扩充，拨用常平款项。后来别的开支增加，常平又感缺乏。"诏访闻比来学事司取拨过户绝田产房顷亩不少，遂致常平钱本，寝以阙少，有害饮散。可令诸路学事司，取大观四年初诏诸州以前三年赡学支费过实数内，取支费钱谷最多一年为准，仍增加五分以备养士外，杂剩田舍，尽数拨还元管系官司。"[40] 政和三年，又"诏诸路已拨良田赡学，提举学事司更不拨还常平价钱"。只是限制不得再另外拨田了[41]。朝令夕改，尚不止此。宣和三年（1121），根本改变。"诏罢天下三舍。"州学县学缩减为旧有的规模，自然也就裁省赡学之费，只保留三舍法前原有的田产。凡是在实行三舍法这些年内所"添置"的田产，一律"拘收"[42]。拘收到哪里去了呢？其实，因为账目不清，管理不严，在执行拘收时，"亏欠失陷"，被吞没的很多。而拘收到的，是"拨借充漕计"[43]。什么是漕计呢？原来是君主的浪费奢侈。"神宗皇帝修讲常平之政，置提举官。钱谷充足，不可胜校。崇宁中始取以充学校养士之费。政和中又取以供花石应奉之资。仅费三十年，所有无几。"[44] 这段记载可以看神宗的英明，徽宗真是个败家子！同时也看到王安石的新法财政，相当成功，南宋以来的评论，往往有偏见，功则归诸神宗，过则算在王安石与新党小人头上。还有各种记载中，特别骂花石纲。其中罢三舍法，裁减经费，直接影响到士人的待遇，恐怕这是恶评的小原因之一。

地方官学，在经费充足的时候，也并没有办好。经费增加，行政弊端也增加。大观二年（1108）有诏："养士之类，舍宇之数费，用之多寡，田业之顷亩，载之图籍，掌在有司。累年于兹，废阙不具，失职为甚。"[45] 于是决定用衙役来帮管。"诸路学费房廊，止是科差剩员一名收掠，其间侵欺盗用，失陷官钱……许依州县法，召募库子一名，专行收纳。其或少处，亦乞权令本州库子兼管。"其实，库子又何尝一定可靠？至于田产，从头就有弊端，有势力的大家，有时"请托州县，因缘为奸"，把田产高价卖给官学做赡学田宅[46]。除了舞弊以外，还有饱食终日的浪费。"州官燕犒，破赡学钱，乃无限定之数，往往广有支用。"对于学生，也"务为丰腆饮食"[47]。

在这种情形下，学风怎样会好？"诸州教授，有或多务出入，罕在学校……有未尝升堂者，往往止托逐经学谕，撰成口义，传之诸斋，抄录上簿而已，未尝亲措一词于其间。"有的是忙着在校外活动，贴补收入，"为人撰启简牍语之类"[48]。教授如此，学生更糟。其中有"富家子弟，初不知书，第捐数百缗钱，求人试补入学，遂免身役"。有近似"官户"的优待[49]。政和三年（1113）订定学规[50]。但风气已坏。有的"在学殴斗争讼，至或杀人"。多半是家庭利用"学籍"的特殊身分，包揽词讼，"其父兄尽以辞诉之事付之，校争锥刀之末"。还有挂名学籍，自己来佃赁官学田产，或"开坊场"[51]。北宋末期，大规模兴办官学，名为提倡教育，适得其反。因此秀才之称，已被人轻视[52]。但人事消长往往有一种补偿律（law of compensation）。官学失败，而从熙宁以来较为消沉的私学，又被人重视而逐渐发展起来。整个教育的传播，还是在推广。

第六点，南宋的官学，也是没有解决北宋学制所遭逢的若干问题，学官的品质，学生的风气，学产的被侵和经费的困难。另一方面，私人的学校，却大量增加，虽然经费也困难，可是教和学的水准一般说来都比较好，甚至比北宋的程度还高。南宋初，急于军事，教育被认为"不急之务"，州学县学多半停办。建炎二年（1128）规定设置教授的有四十三州。继而又罢，"任满更不差人"，将就由科举出身的行政官吏兼任。后来又再设教官，并且可以和太学的官员互转。简而言之，一般不受重视，陷入简陋停滞的状况[53]。舒璘，是奉化人，朱熹、陈傅良的朋友。在他给其他朋友的几封信中，说明了学官地位之低和学生风气之差。"躏等外汀右漕幕，随行逐队，无补公家。既罢，不敢傍缘，为侥幸图，遂分教于此。始至，士子循习敝陋。铺啜之余，涣然而散。不惟学不知讲，而廉耻亦丧。"以下几封信，常常提到努力教授两年，不见成效。还有一信，分析这情形："大抵歙中学校寥落，非吾乡比。学粮无几，日给仅四十辈，岁终又以匮告。乡来，处学（按即走读和寄宿生），皆苟二餐而去，荡然不修。"[54]

经费少，在绍兴廿一年（1151）时，曾经讨论过。北宋将亡国时，学田尽归常平司。南宋初年，学田钱粮也归户部拘催。都是因为应付军事需要。绍兴十三年，虽然明令"诸州将旧赡学钱粮，拨还养士"，未必全能做到[55]。此外，经过变乱，"赡学公田，多为权势之家侵占"[56]。那时政府也无力兴学，只有沿袭老办法，把买了僧道度牒而后来成为绝产的，和僧道违法擅置，并无敕额的庵院，一概"拨充赡学之用"[57]。事隔未久，绍兴廿四年，又发现拨给赡学支用的，又被地方政府拨入别项"侵移兑用"[58]。据赵铁寒兄的研究，州学的经费不够，从北宋中叶起到南宋，靠五种办法筹措：由地方长官筹措或捐助；将争讼不决的田产充公断为学产；请求转运使暂借一笔款，贱价买入邻郡讼争的田产，再以收租偿还借款；刻书贩卖来补充经费，自给自足；实在无法，请乡党父老供给伙食，等于为他们自己的亲友设立膳费奖学金[59]。这里再补充很小的几点。有时，是学生集体自己捐款买地，但这不过是三五个特例[60]。许多官学旧房，"久已浸敝，颓障堕级，栋扶梁拄，岌岌摇动，如坐漏舟中"[61]。就是有好官设法筹措，还得靠本地士绅捐助。有时，计划新建学址，要经过前后十五年，三任县令的继续努力[62]。根本的原因是政府与多数官僚，认为"劝学养士，迂阔弗切，何啻虚文？"[63]官学情形如此不好，但是许多道学大儒，自办私学，"名贤庋止，士大夫讲学之所，自为建置"[64]，在理宗一朝（1225—1264）尤其多。此外还有亲族社团的组织，办族学，乡学，义学。文风之盛，主要不是靠官学，而是靠私学。

最后，略作结语。北宋初期，地方上没有官学，而有规模的私学也极少。北宋中期，私学兴，官学也开始了。经过庆历变法，官学渐见增多。经过王安石的新政，更见扩展，凌驾私学之上。但主要限制，官学的经费还是不够，蔡京大事兴学，拨用常平款项，官学极盛。但后来一面减费，一面有弊端，又告不支。最大的失败还是把学风弄坏，一蹶不振。南宋政府也没有恢复之道，官学根本没有中兴。教育的重担，还靠优秀的学者，私人来领导。

附带赘上私学的演变和分类。富贵之家，延请家馆，这不必说。可是清寒子弟而有社会关系的，有时也可以去附读沾光[65]。唐人常在佛教寺院读书[66]。这途径在宋代已渐衰微。政府官员甚至会对于和尚读书发生怀疑。"洪拟……闻有僧聚书数千卷，诵读晨夜不休。拟识其奸，曰是非释子所为，异时必挟此之动众。归语钟离令逐出之。其后果谋不轨，即张怀素。"[67]私人书院，源起五代，是代佛寺而兴的。范仲淹就是一个好例。先在长白山醴泉寺读书。每天两升米，十几根盐菜，半盂醋，一点盐。后来就改入应天府书院，生活好得多[68]。北宋中叶这类清寒出身的名臣，出守地方，往往兴办学校。还有许多贤士，职位不高，却自办私学。这些人之中，还有更进一步办族学乡学义学的。这都是起于北宋中叶，而盛于南宋，在世界社会教育史上放一异彩，而对于近千年来中国文化的渗透平民阶层，贡献最大。

原载《纪念董作宾、董同龢两先生论文集》上册（1965）

【注释】

[1] 选这题目，是纪念和董同龢兄一起办学的一段因缘。在清华班次低，不认识他。后来哈佛碰见，常一起在洪煨莲先生家聊天。他爱吃八宝饭，洪先生送他一个外号，叫"八宝饭教授"，也是暗指科目虽然不同，隔行而能谈论到一起，很有意思。因为相聚的时间不长，相知也不深。两年前筹办史丹福大学中国语文研习所（研习这名称是刘王惠箴取的，董兄以为得体），才有机会多接触。董兄名义是咨询员，实际上一大半是义务帮忙，见义勇为，希望美国留学生增加人数，超过以往的纪录，多让他们认识中国社会，全部请中国同仁教课，而尽量采用两国间最有效的教学法，然后再进一步，国内国外的语文教员多通声气，从语言学和文法学的观点，来改善教学法，编制教材。办了一年，就扩展为美国各大学的中国语文联合研习所。学生现有近五十人之多。而不幸董兄竟已逝世，谨以此题追念。

[2] 孙克宽，《元初儒学》（1953）下同，又《蒙古汉军与汉文化研究》（1958）。姚从吾，《金元之际元好问对于保全中原学统文化的贡献》，《大陆杂志》，卷二六，期三，页一一一二，又《东北史论丛》（1959），下册，页三七六—四○一，《忽必烈对于汉化态度的分析》。

[3] 赵铁寒，《宋代的州学》，《大陆杂志》，卷七，期一○一一，页三○五—三○九，又页三四一—三四三。

[4] 《文献通考》（万有文库），卷四六，页四三一。其说似近于《宋会要辑稿》（以下简称《宋会要》），《崇儒》二，页四一。但《续文

献通考》(卷五〇,页三二四一)的编者,似未见《宋会要》,反倒引用《玉海》,见下注。

[5] 王应麟,《玉海》(元刊本,1963 影印),卷一一二,又卷一六七。

[6] 可参考的文章很多,主要是朱熹,《朱文公集》,卷二〇,《申修白鹿洞书院状》,又卷七九,《重修石鼓书院记》。吕祖谦,《吕东莱集》(续金华丛书),卷六,《白鹿洞书院记》。概述参见盛朗西,《中国书院制度》(1943),页———二八。又铃木虎雄《朱子の白鹿洞书院しについて》,《怀德》期一八。

[7] 李焘,《续资治通鉴长编》(1961 新定影印本),卷一八,页九;又卷二一,页五。

[8]《太平治迹统类》(适园丛书),卷三,页一。

[9] 吴任臣,《十国春秋》(1962 影印清本),散见卷二八—三〇。马令撰,《南唐书》(清刊本),散见卷一三一一四。蒯卢二人,见《十国春秋》,卷二八,页一二一一三;又卷三〇,页五—六。

[10]《续长编》,卷四八,页一一,又卷四九,页二及页九。

[11] 王夫之,《宋论》(四部丛刊),卷三,页四五。

[12]《续长编》,卷七一,页九,又参阅《宋会要》,《崇儒》二,页二。捐款兴学,可以得官。救灾纳粟助军等,也可以得官。将来打算另写一篇关于宋代捐官的问题。

[13]《宋会要》,《崇儒》二,页三。

[14] 同上,页一四。

[15] 同上,页三;《宋史》,卷四三一《儒林传》内关于孙奭事迹,没提他在兖州兴学。也许当时这事不被重视。

[16]《文献通考》,卷四六,页四三一。

[17] 王昶,《金石萃编》(清刊本),卷一三二,页一六—二二,范雍在永兴军为西安府学一牒与中书劄子,时景祐元年(1034)。

[18] 拙著,《欧阳修的治学与从政》(1963),下编,第五章《庆历改革及其失败》。又 "An Early Sung Reformer: Fan Chung-yen," *Chinese Thought and Institutions*, ed. by J.K.Fairbank (1957), pp.105-131.

[19]《宋会要》,《崇儒》二,页三—四。

[20] 欧阳修,《欧阳永叔集》(国学基本丛书),卷五,页三四,《吉州学记》,又参见卷八,页一七—一八。

[21]《金石萃编》,卷一三九,页一九—二〇,《京兆府府学新移石经记》,唐代就有这办法。

[22] 同上，卷一三九，页一七一一九，《郓州州学新田记》。

[23]《文献通考》，卷四六，页四三二。

[24]《欧阳永叔集》，卷三，页九八一九九，《胡瑗墓表》。参阅范仲淹，《范文正公集》（岁寒堂），《尺牍》，卷下，页三一五；又《续长编》，卷一八四，页一四一五。

[25] 庄仲方，《南宋文范》（光绪十四年），卷二四，页一二，崔敦礼，《平江府教授厅壁记》。参阅《宋元学案》，卷一，《安定学案》。

[26] 王梓材，冯云濠，《宋元学案补遗》（四明丛书 1962 影印），卷一，《安定学案》，页一三。

[27]《南宋文范》，卷四七，页四，汪藻，《胡先生言行录序》。

[28] 朱熹，《朱子语类》（宋本明翻刊 1962 影印），卷一二九，页六。又卷一〇六，页一四，"屡欲寻访湖学旧规，尚屯未获"。

[29] 参阅何佑森，《两宋学风之地理分布》，《新亚学报》卷一，期一。

[30]《宋会要》，《崇儒》一，页三〇一三一。

[31]《文献通考》，卷三一，页二九三。

[32]《宋会要》，《崇儒》二，页五。

[33] 司马光，《温国文正公文集》（四部丛刊），卷三九，页一一，《议学校贡举状》。参阅赵汝愚，《国朝名臣奏议》（宋刊本），卷七八一七九两卷。

[34]《宋会要》，《崇儒》二，页六。

[35] 拙著 *Reform in Sung China* (1959), pp.9-10，又 80-97。参阅 Meskill, John Thomas 选编，*Wang An Shih, Practical Reformer* (1963)。

[36]《文献通考》，卷四六，页四三三。

[37] 同上，页四三一一四三三。

[38]《宋会要》，《崇儒》二，页七一八。

[39] 同上，《职官》四，页一四。

[40] 同上，《崇儒》二，页一五一一六，又页二三。诏见《宋大诏令集》（影印本），卷一五七，页五九二。

[41] 同上，《崇儒》二，页一六，又页二〇。

[42] 同上，《崇儒》二，页三〇一三一。

[43] 同上，《崇儒》卷内未说明，见《职官》四，页三二。

[44] 同上，《职官》四三，页一四一一五。

[45]《宋大诏令集》，卷一五七，页五九二。

[46]《宋会要》，《崇儒》二，页一三一一四。

[47] 同上，《崇儒》二，页一五，又页一八。

[48] 同上，《崇儒》二，页一九，又页二八。

[49] 《文献通考》，卷四六，页四三三。参阅《宋会要》，《崇儒》二，页三〇。

[50] 《宋会要》，《崇儒》二，页二四，又页二八。

[51] 参见《金石萃编》，卷一三四，页二三一二五。蔡京未当权时，在元丰三年，曾有编修诸路学制的经验，见《续长编》，卷三〇二，页六。

[52] 洪迈，《容斋三笔》(四部丛刊)，卷二，页八。

[53] 《宋会要》，《崇儒》二，页三三—三四。宋留正(等)，《皇宋中兴两朝圣政》(影印宛委别藏本)，卷一七，页一〇；又卷一七，页六。详见赵铁寒，《宋代的州学》，《大陆杂志》，卷七，期一〇一一一，页三〇五—三〇九，又三四一—三四三。

[54] 舒璘，《舒文靖公类稿》(同治)，卷一，页八一九。

[55] 《宋会要》，《崇儒》二，页三二，又页三六—三七。

[56] 李心传，《建炎以来系年要录》(光绪八年)，卷一六二，页二〇，参阅《文献通考》，卷四六，页四三四，又《宋会要》，《崇儒》二，页三八，略同。

[57] 《宋会要》，《崇儒》二，页三八。

[58] 《系年要录》，卷一六七，页二。

[59] 赵铁寒，《宋代的州学》，《大陆杂志》，卷七，期一一，页三四二—三四三。

[60] 董兆熊，《南宋文录录》(光绪)，卷二二，页一，查籥，《杜御史萃老行状》。又卷一〇，页四，王庭珪，《重修安福县学记》。

[61] 《南宋文范》，卷四四，页九，叶适，《瑞安县重修县学记》。

[62] 同上注。又傅增湘辑，《宋代蜀文辑存》(1943)，卷六一，页一四一一五，史容，《儒学记》，又卷六七，页一〇，杨辅，《遂宁县迁学记》。

[63] 《宋代蜀文辑存》，卷六〇，页九，梁介，《增赡学田记》。

[64] 《续文献通考》，卷五〇，页三二四一。

[65] 拙著，《欧阳修的治学与从政》，页一三二。

[66] 严耕望，《唐人读书山林寺院之风尚》，《中研院历史语言研究所集刊》，三十本，下册。

[67] 佚名，《京口耆旧传》(粤雅堂丛书)，卷四，页一五。

[68]《范文正公集》,《年谱》,页四;又卷七,页一——二,《南京书院题名记》。参阅彭乘,《墨客挥犀》(《稗海》本册三四)卷三,页二。匆忙间写这稿时,很麻烦傅斯年图书馆王宝先先生,附言志谢。

宋代考场弊端
——兼论士风问题

　　最近一年来才有机会向李济先生请教。他是鼓励自由讨论的，同时也知道我对于考古学和上古史茫无所知，所以常谈谈研究方法和研究精神，有时也涉及时下一般读书人的风气。这自然容易联想到宋代类似的情形。另一位很受尊敬的前辈学者，京都大学的宫崎市定先生，曾经提出了宋代士风的问题[1]。因此我就借这题目，写篇短文，献给李先生，作为庆祝的纪念。

　　宫崎先生指出《名臣言行录》给人的印象是宋代士风醇良，仿佛是古今第一。中国有些学者也常作此论。可是这书本身在每个个人的条下，隐恶扬善。这人的缺点往往另见于旁人条下。这里我们可以补充一点。许多正史和其他传统式的传记，时常采用同一笔法[2]。宫崎先生又指出《名臣言行录》反映朱子一派的看法，有时并不完全公平。这是小处。这书的重要性是为了给当时新型的官僚阶层树立一个道德典范，影响到一千年来的士大夫。这类道德典范是接受君主专政的。例如忠君事上就显得比官吏为人民尽责更为重要。关于这点，中外学者多半同意。本人也曾经提出过一点修正，认为需要了解儒臣事君的双重性格。儒家理论一方面受专制君主的利用，不为所用的部分还遭受到摧残和压制。但另一方面儒家理论也迫使专制政权承认和容忍某些限度，而且还在这些限度之内不断地和专制政权发生磨擦，要求改良[3]。这一点不在本题的范围，就此打住。宫崎先生也提到当时许多史料，对于实际现象，有不少痛恨感叹的记载。那末，宋代士风多半没有一般印象中那样好，可是究竟如何呢？

士风是由各方面各种因素综合而成的现象，自然不能从任何单独的角度去轻断。本文是"大题小做"，限于一个片断面。可是最终的目的，还要回到大问题上。所以首先要提到一点有关全盘的说明。简单说，行为是社会的道德典范和自私的名利欲望，两者交织的混成品，本身就有矛盾。宋代士大夫的这种矛盾性特别大。他们把道德典范推进到前所未有的高度。可是他们自己所处的环境和本身的地位，也容易使他们自私的弱点，比前代更厉害。在当时，累代相承的世族门第已经不再多见。靠科举出身的新型士大夫往往退无所据[4]。或是"曾经沧海难为水"，不甘退守。从幼年读书起到奉祠致仕[5]，身家利害的考虑是很严重的。"劝学文曰：书中自有黄金屋……又曰：卖金买书读，读书买金易……已萌贪饕。"[6]考试任官"为干禄之路……抑由宠利所诱也"[7]。有的"至于无耻，则见利而已"[8]。何况宦海浮沉，风险莫测？有时也难免"只图苟免……若不如此，则往往其祸先及"[9]。根本弱点是"限于登进之途……使迁延坷坎……则士且为困穷之渊薮。则志之未果者，求为农而力不任，且疾趋工贾"，无从另谋生计[10]。要医治这容易让人趋于自私的弱点，不得不从个人心理着手，以更高的道德典范，来培养心境，"恬退自守"，克制自私。南宋名儒致力于理学道学的功夫，其故在此。本来在一切的社会里，高度的道德典范和一般的行为水准，两者之间，都有距离。在宋代，这距离比较大些。要讨论整个的士风问题，必须顾量到这两方面，他们之间的距离，和他们之间的相互关系。具体来说，《名臣言行录》所代表的道德典范，就是打了七折八扣以后，也还可能比其他时代较为高些。但同时士人人数庞大，环境涌杂，其中自然良莠不齐，一定有许多不够当时社会公认道德标准，不合格的行为。一般而论，因为道德典范高了，被社会公认的标准也相当的提高了一些，所以实际的行为水准也可能 —— 这里只是提示这可能性，或然性，并没有证明 —— 比较其他许多别的时代高一些。可是纵然能如此假定，也不太可能高出许多。移风换俗，千百万人的日常言行，谈何容易？

本文的题目是考场弊端。表面看来，好像多半会跳到士风不好的结论上去。这倒未必。"大题小做"并不容许轻易地"以小见大"，"由是观之"的轻断。本文的做法（approach）是这样的：不从道德典范这方面来着手，而相反地来检讨当时的实况，按照当时社会公认的道德标准，被认为是不合道德的行为。这检讨还牵涉到制度，用制度来控制行为，制度本身发生缺点，控制不住而产生弊端。确定了这些史实以后，问题是怎样去解释，对于整个的士风，就实际的行为水准而言，能作什么样的推论。

首先引两段《宋史·选举志》。一段是理宗朝（1225—1264）前后的情形，也可以说是1200年以后，南宋末期的现象："举人之弊凡五：曰传义，曰换卷，曰易号，曰卷子外出，曰誊录灭裂。"另一段是绍定二年（1229）有人说的："举人程文雷同，或一字不差。其弊有二：一则考官则受贿，或授暗记，或与全篇。一家分传誊写；一则老儒卖文场屋，一人传十，十人传百，考官不暇参稽。"[11] 根据这两段，和其他的材料，可以把考场弊病有系统地归纳为以下各端。（1）

考前预通人情关节和其他弊端。(2) 投考时冒籍顶名。(3) 入场时夹带。(4) 在考场内传抄，代笔，换卷。(5) 在阅卷时舞弊，使糊名誊录等防弊的办法失效。这五项弊端当然有互相关连的。除了这五项以外，还有连带的缺点和弊端，也应当注意。(6) 考官不暇细看的毛病。(7) 胥吏和书铺的舞弊。还有 (8) 考生风潮。下文就分这八端讨论。

(1) 考前预通人情关节和其他弊端。唐朝是用公卷的，把预先做好的文章送去请大臣或贡院近臣评定。这些朝臣也有据其所知作公荐的权利。唐末五代，这制度已经随着当时风气变坏了。"公然交赂……故当时语云：及第不必读书。"[12] 宋朝刚立国，就重视加强君主的权力，不许朝臣有集团的势力，要打破门生座师的亲密关系。所以乾德元年 (963)，就禁止公荐。大臣也赞成如此。"汉州防御使马仁瑀，尝私以士属知贡举薛居正，居正实不许而阳诺之……仁瑀乘醉携所属士慢骂居正。"[13] 可是还许可有公卷。此后四十年间的公卷，不少是"诈他人之述作"，"倩人撰述文字"，"或用旧卷装饰，重行书写，或被佣书人，易换文本"。景德二年 (1005)，用在试纸前亲书家状的办法，来考验和所纳公卷的笔迹是否相同。这办法自然不够彻底。景德四年，根本取消公卷，同时考卷采取糊名的严格制度，有入场搜夹带，入场后对号入座等等的规定[14]。后来又加上考卷另行誊录的办法。在这种严格的制度下，不太容易有人情关节。而考官也小心谨慎。连自己的亲戚，也不敢通融。亲戚却不免按照过去的习惯，有所期待，因而失望。例如"陈彭年，大中祥符中，同知贡举……有甥不预选，怒入其第"，写了一首打油诗大骂一顿[15]。

1007 年所定的制度，在北宋中叶，实行得相当好。虽然其他的弊病也有，详见以下各端，但在高官之间的人情关节方面，却没什么毛病。苏颂在熙宁二年（1069）觉得糊名誊录的办法不太好。按照儒家理论，应该"察访本州行能之士……先纳公卷，所以预见其学业趣向如何"[16]。但是这种建议，可能引起旧日公卷徇私的流弊，无法被采纳。如众周知，王安石新法，太学改用三舍法，经常考试。后来蔡京又大规模地推行学校制度。果然，这种流弊又出现了。士人"往往编集平昔所集经义论策之类，猥以投赘文字为名，交相请托"。这是被认为不对的。那时的士风虽然已经坏了，可是还遵守旧章："合格之文，有司之公取也，尚不许印卖。"因为要预防抄袭，"使天下之士，各深造而自得之"[17]。

南宋时托人情关节的弊端，慢慢多起来了。主要是权要请托，但也还不敢公然为之，有时要用暗示式的巧妙手段。例如秦桧先令人诵其孙之文，那人也不知用意何在。后来派他知贡举，才恍然大悟，心照不宣[18]。可是不论秦桧的权势如何大，手段如何巧妙，当他儿子孙子连连考中以后，就压不住舆论的批评。绍兴廿六年（1156），"依咸平二年（999）……诏……举人内有权要亲属者，具名以闻"[19]。可是南宋中叶起，关节更多，主要是在阅卷时舞弊，详见下文第五端。

（2）投考时冒籍顶名。北宋中叶就有冒籍问题，多半是冒开封府籍贯"寄名托籍，为进取之便"。有的是不愿还乡，在京城里机会多，机会好，有的也是因为来往旅费问题[20]。熙宁九年（1076），"修《贡举敕式》练亨甫言，自来诸路举人，于开封府冒贯户名应举，计会书铺，行用钱物。以少约之，亦不下六七千，被告讦，则抵犯刑宪终身。有司虽明知伪冒，终不能禁止"。只得另用方法防止，需要乡贯十人具保[21]。

南宋仍有冒籍问题，屡令禁罚，但不生效。具保也不一定可靠，问题在地方政府的执行。"本州保明给据，前来赴试。其州郡往往卤莽，多不照应。原降指挥，次第保明。止是随状给据，泛称于贡举条例，并无违碍。如此之类，十有四五。本监（按是国子监）临时难以却回。再行保明，不免申取朝廷指挥。先后收试，然后勘会。其间或……无从稽考。"[22] 并且冒籍又多了一条途径："州郡解额狭而举子多。漕司解，其数颇宽。士往往舍乡贯而图漕牒。"[23] 冒籍以外，又有改名，连连找投考的机会[24]。既然本人可以换名字去再考，那末也就可以冒了旁人的名字，去替他代试[25]。这一种弊端很大，远过于冒籍或改名的，留在下面第四端考场内代笔项下讨论。

（3）入场时夹带。景德四年（1007）设立严格考试制度时，竟"解衣搜阅"。大中祥符五年（1012），认为此法太严，"失取士之礼"，予以取消。搜还是搜的，不再解衣了。放松了的搜查，在那一年，也抓到了挟书入场的有十八个人[26]。带大本的书，实在太笨。北宋中叶时，技巧高得多，既然不解衣，就可以"公然怀挟文字，皆是小纸细书，抄节甚备。每写一本，笔工获钱三二十千。亦有十数人，共敛钱三二百千，雇倩一人，虚作举人名目，依例下家状。入科场，只令怀挟文字。入至试院，其程式则他人代作。事不败，则赖其怀挟，共相传授。事败则不过扶出一人。既本非应举之人，虽败别无刑责，而坐获厚利"[27]。这样巧妙的安排，已经不是长官根据详细规定所能禁止或破获的，主要在经手家状，在场巡查的吏胥。北宋中叶，考官尽管公正，下面已经管不住了。此后三令五申，"学生怀挟代笔，监司互察"[28]。这种命令，等于具文，监司又有什么好办法，逐一亲自清查？

北宋末叶，印刷发达，更为方便。"鬻书者以《三经新义》，并《庄》《老子》说等，作小册刊行，可置掌握。人竞求买，以备场屋检阅之用。"南宋更如此。"书坊自经子史集事类，州县所试程文，专刊小板，名曰夹袋册，士子高价竞售，专为怀挟之具，则书不必读矣。"于是"令州县拘收书坊挟袋夹小板，并行焚毁，严令罪赏，不许货卖。自临安府书坊为始"[29]。这当然禁绝不了。根本问题在考场的巡查。南宋晚期，不但是入场时夹带，入场以后还可以再送夹带进去。"蝇书满庭，莫之惮也。……传义以线，从地引入，饮食公然传入，弹圆随水注入。机巧百出。"或在"门外假手（按即代笔)，递稿入院"[30]。

（4）在考场内传抄，代笔，换卷。北宋初年，就用隔座的办法，禁文字往复[31]。景德四年（1007）的制度，规定将考场座位姓名，先一日公布，入场验明，对号入座，将来看卷时就可以注意到是否有因座位相近的可疑情形[32]。但上面第三端已经提过，北宋中叶，就有夹带入场，分头传抄的布置。有时也发生有趣的事。"考官……发策首篇，士愕然莫知对。莫子纯以小纸帖所出于柱间，士皆感之。"[33]这是予人方便的功德，但考场能在柱间帖条子大家看，足见如果要立意私相传义，不是太困难的。

北宋中叶，已经可以"雇倩一人……入科场，只令怀挟文字"（见上文第三端），那末想来倩人代笔，在技术上也可能做到。只是价钱恐怕很贵，而能代笔的人，自己已有功名，或很有希望考取功名，自然不愿意。因此北宋代笔之弊，似乎很少。南宋情形不同，士人数多，相对的考中，入仕，升迁的机会难得多，无聊文人肯做违法的事的就逐渐出现了。而以高价请人假手，最先似起于两浙有势力的富家，利用漕运解贡举人的名额，去顶替考试。绍兴十八年（1148）命令，立赏格，听人告发，如果查获，告发者可以补官[34]。但有钱的人，更不惜"凭借多资，密相贿赂，传义假笔……凡六七人，共撰一名程文，立为高价，至数千缗……诏令礼部……许同试举人陈告"[35]。这些禁令，都不太有效。淳熙十年（1183）的记载说："近日科举之弊，如假借户贯，迁就服纪，增减岁甲，诡冒姓名，怀挟文书，计嘱题目，喧竞场屋，诋讦主司，拆换家状，改易试卷。如此等弊，不可胜数。"足见传义的弊端，已不算一回事。而考场的秩序，主司也弹压不住。但最严重的是，已经不太追究代笔了。这段记载接下去说："而代笔一事，其弊尤甚。间有败露，而官司不复穷治。"[36] 既然政府不太深究，就"有一人代二三名者，有二三人共为一名者"。而"部胥书铺，群比为奸，揎名纳卷，入场代笔"[37]。"以兄弟承之，或转售同族。"[38] 无论是"替名入试"，或"就院假手"，甚至有"身蹑儒科而不能动笔"的[39]。这科举制度，已经濒于崩溃。

（5）在阅卷时舞弊，使糊名誊录等防弊的办法失效。考卷糊名，使阅卷人不知是谁的，无所徇私。唐朝曾一度试用过。宋朝在淳化三年（992）用于殿试，景德四年（1007）用于省试，明道二年（1033）用于各州[40]。虽然糊名，还能认字迹徇私。所以大中祥符四年（1011）又细定誊写封弥之法，大中祥符八年（1015）正式设立誊录院。果然此法行后"似少谤议"[41]。虽然糊名誊录，还是可以有弊。例如"作暗记以私取"[42]。但这种办法，究竟费事，而且不一定弄得准。

这些办法很久没有大弊。到了 1200 年以后，这样严密的手续，竟也百病丛生。第一是换卷。"计赂吏胥，抽换场中之卷，虽一二千缗，亦不惮费。""欲拆换卷头，以甲为乙。

誊写程文，以伪为真。受他人之嘱，毁坏有名试卷，亦可也。""或第一场卷子已纳。次日别作破题冒头，密付封弥所人改抹。"[43] 还有"不终场，次日并纳首卷者。有径自外潜得而入者。有密伺考中之号，则以所售白卷誊之"[44]。

第二是封弥本身有弊。糊名封弥，是换成号码，"以千字文排去。其间相类，可以添改。如乃可为及，王可为玉，白可为百……之类，共一百五十四字"。这就容易偷换号码。在手续上，"封弥既毕，拨过誊录。号簿付之吏手，姓名皆得而知"[45]。一方面是"封弥官不得其人，则吏因缘为奸……正缘州郡所差官，不过丞簿监当，素不经历，又无事权，不能检束吏奸"。另一方面也是胥吏饱有舞弊的经验，不易管束[46]。更何况胥吏下面"所差封弥人，皆是市井流手充役，不惧条法，恣行作弊"[47]。

第三是誊录人员太差。"率皆宣差局务。忽焉被命，莫得而稽。及课工程，善书者或规避，不善者多强勉。始焉，靳靳成字，夜以继日。卤莽灭裂，十脱四五，颠倒句读，反复涂窜，有不可晓者。胥有利焉，则择善者而授之书。"[48] 所以誊录也在胥吏的掌握中，可以高下其手。

第四是考官自己徇私。地方考场，胥吏妄为的机会多。高级考试，封弥誊录的程序比较上不那样坏，胥吏也胆小一点。可是考官也有接受"请托求嘱"的，也有自动"观望权要"的。"预知某士，系某官所牒，某官子弟系某经应举，或惮其势……或受其宛转，或惑其虚誉，必与寻取，取媚上官，为进身计。"[49] 但谁去"寻取"卷子呢？又是吏胥。官如本身有缺点，等于受吏胥胁制，管不了他们许多弊病了。

（6）考官不暇细看。这是制度上一个缺点，却因此而也引起弊端。北宋这困难不大。南宋文风盛，"士子日盛，卷轴如山。有司不能遍睹，迫于日限。"嘉泰二年（1202），"日力不给，即展期限"，还是看不过来[50]。又如"永嘉科举极狼狈……三万三千余卷，考官例以雷同冗长视之。仅看两三日，已厌恶矣。其间好文字，多不及考"[51]。在过累和厌恶的心情下，普通省劲的办法就是，"但取破题，而终篇不暇考校"[52]。还有一个偷懒的法子是"令书吏读而卧听"。更糟的是"有谩取数卷应数。其余或不加点抹，妄批一两字于卷首，而初未尝过目者"[53]。

（7）胥吏和书铺的舞弊。关于胥吏，宫崎先生曾另有一篇名文，指出宋代政府事务复杂化，中央政府的胥吏虽有薄薪，而地方政府的杂役，慢慢变成胥吏，却纯靠弊端去取利。但无论中央地方，胥吏不但职业化，而且专门化，斡旋于官民之间，是中国近千年来政治制度的一个特点。官的贪污，多半是胥吏配合的。唯有本身廉洁的官，才能够有希望对胥吏加以控制。他又指出北宋胥吏还不多，而南宋所有衙门杂役已经全部胥吏化了[54]。这一个解释，也大致可以适用在本文的小题目。北宋大中祥符五年（1012），就有胥吏舞弊，考官不知的事情。诏书说："陪隶之间，颇失防闲之术。卿等方当镤宿，故不周知。"[55]这种弊病，南宋大起。

书铺是很值得注意的。士人富家未必直接勾结胥吏，多半经过书铺做媒介。北宋时考场弊端，与书铺有关，比和胥吏有关还早。上文提过，公卷假借他人文字，抄写挟带文字受雇混入考场，刊行夹带小字书籍，都是书铺办的事。此外，勾结官厅，办理冒籍[56]。甚至定额之外有特奏名的考试，书铺人还可以和御药院的太监，"通同作弊"，代找保举的举主二人，真是手法通天[57]。

南宋空有法令，考卷"不经吏手"，考场中"严禁书铺等人"[58]。其实"凡富室经营，未有不由书铺"。"书铺与部监吏交通。此两窠人常在（考场）帘里。"还有"士人流落，衮同抄写"。书铺找人"入场代笔"经过书铺"嘱托既行，皆不之问"[59]。

在考官和胥吏之下的考场巡逻，也有关系。他们可能发生两种相反的毛病。第一种是胡涂的乱管。"未必究知事体，例多轻率。见士人适然相逢，便谓传义。因傍近有他人所弃掷纸札之属，及于座侧，便执座上之人，以为怀挟。士人必苍皇失措，莫能便说。致使场屋，众情不安。"[60] 这是有点作威作福，也许暗含勒索敲诈。第二种毛病是胥吏和书铺包办各种弊端之下所必有的现象，就是"往往袖手，不敢谁何"[61]。

（8）考生风潮，是最后一端。严格说来，不是弊端，只是附带说明，因为和整个士风有关。普通印象中较深的是北宋末太学生的爱国政治运动，而忽略了考生平时为了自己功名的小风潮。这从北宋初端拱元年（988）就有，"谤议蜂起，或击登闻鼓求别试"。因此次年考官"固请御试……以避请求，后遂为例"[62]。其实不得不然，"主司者亦大不易，徇请求则害公，绝荐托则获谤。王旦曰……必须临轩亲试"[63]。真宗更觉得"士流纷竞……欲镇压浮俗"。因此不服名次"率众兴讼"者，"决杖配隶"[64]。兴讼起狱的案子还不多[65]。可是骂考官的风气相当流行。咸平五年（1002），"陈恕知贡举，恕所取士甚少……竞为谣咏讥刺。或刻木像其首，涂血掷于庭。又缚苇为人，题恕姓名，列置衢路，过辄鞭之"[66]。嘉祐二年（1057），欧阳修主试，提倡古文，在考场内就"哄然"。发榜后，"群聚诋斥之，至街司逻卒不能止"。因为"待试者恒六七千人。一有喧噪，其徒众多，势莫之禁"[67]。南宋又坏一些。有人被疑为冒籍，几乎被同考的打死。考官题目出错一字，也当场被打。考场内都不能维持秩序和应办的手续。隆兴元年（1163）的国子监报告说："就试万余人，恃众喧呼。至有不请据，不纳卷，不引保，平白入场，称云失试卷。……就帘前请准备试卷。"[68]考生把考场秩序弄坏了，给胥吏书铺更多造了舞弊的机会。

检讨完了以上八端，看来考场中的士风似乎很不好。但这也不尽然。这些弊病，都是史实，可是只是一部分的事实，并不是全貌。引用像《宋会要辑稿》这类的资料，不能忽略了这类原始史料有它的特征，"有事则长，无事则短"，不出事故的那些事实，是不会记载进去的。我们要从旁的史料里才能发现并非所有考场，都有这么多的弊端。例如窦敷："顷岁科举，朝廷禁挟烛之弊，严其科条。敷尝董其事。棘闱一开，白袍百余辈，裹饭而前，寂寂无哗，须臾坐定。"[69]又如淳熙四年（1177），据上文来看，考场弊端已经是相当厉害的时期，可是史浩说："臣僚论科场之弊，得旨申严行之。臣守福州，当为规划数十事。宿弊既去，场屋整齐。试者二万人，无一喧哗。臣当时措置晓示，编类成书……谨以上进礼部国子监详，乞下临安府雕板印造成册遍诸州。""诏从之。"[70]可见清弊改良的办法，未始没有。主要还是缺乏能尽力执行的官员。法治无论有弊无弊，也还需要善于定法、执法的人治。不过，说回本题。凡是有好官主持的考场弊端是不会太多的。

同理，就是在弊端百出的考场中，也绝非全是舞弊的考生。张九成有这样一段话："或问科举之学，亦坏人心术。近来学者唯读时文，事剽窃，更不理会修身行己是何事。先生曰，汝所说，皆凡子也……本朝名公，多出科举。时文中议论正当见得到处，皆是道理……科举何尝坏人？"[71] 这类史料相当多，无需列举。

本文是小题，对于宋代整个的士风问题，当然不能做一个肯定的结论。但愿意就考场这一片断面——有许多弊端，而并非完全如此的情形——来提出一个推论性的假设。如引论中所说，可以分三个层次，一般行为水准，公认道德标准，和高度道德典范。宋代士人的一般行为水准，本没有提高多少。可是公认的道德标准是提高了。例如唐末五代，不以请托徇私为耻。而在宋代就是权要托人，不像富商，往往不敢公然为之，而是宛转暗示。因为一般行为水准并不高多少，而公认的道德标准高了，就产生了若干的虚伪手段和巧妙安排。因为有了这些流弊，而制度上又无法控制这些流弊，所以第一流的士人致力于更高度的道德典范，希望从心理上，教养上来挽救。他们是有苦闷的。张九成还有一段话："或问好古之士，未尝不欲行所学。及一旦入仕，往往与所学背驰，多不合时宜。岂所学未到耶？抑文章政事两途也？先生曰：习俗便情，正理多碍。守道之士，难施设耳。"[72] 要是撇开科场，离开政治远的，数数各地在野的，办学校的，提倡义田社会的，以诗书艺术自娱的士人来说，人数也不少——《宋元学案》和《宋元学案补遗》是这方面的好材料——他们的士风是相当高的。而有了他们更高度的道德典范，经过社会教育的传播和渗透，多少对于一般行为水准和公认道德标准，有良好的影响[73]。这样说来，宋代整个的士风还可能被认为是比较别的时代好，是一个进步。

讨论行为，不能离开制度。讨论一朝，时间有两三百年之久，也不能不再细分时期。以考场这题目而论，五代没有好制度，行为就差。北宋初期，已有进步。1007 年严密制度成立以后，北宋中期，水准最高。到了北宋晚朝，制度的弊端渐显，又退步了。南宋跟着坏下去，但勉强还挣扎了一个时期，维持相当水准。到了南宋后期，1200 年以后，制度竟有崩溃的倾向，与政治有关的行为水准更趋低落。这简单的描述，可能适用于宋代士风其他方面和各种政治方面的分析。

　　制度之所以发生弊端，甚至于崩溃，因素很多。其中有一个主因是制度不够应付新起来的现实环境。例如印刷发达，可以印成小书夹带，而制度上还是不许解衣搜身，就很难应付。例如审验入场考生，人数很多，难免假冒。但如果那时能采用指纹的鉴定或已经有了照相的技术，制度就多有应付这弊端的能力。宋代考场制度之所以有许多弊端，并不起于士大夫阶层的士风先坏，而是起于一连串的其他的改变。富商兴起，通过书铺，勾结胥吏。考生增加，找不到更多合格的能好好办理考场中巡逻，封弥，和誊录的人手。其中胥吏，尤占重要。他们成为日常事务上和各方面接触最多的核心。他们经验最丰富，对于制度的漏洞最清楚。抓到考场作弊的士人，"诘之，则云，胥所授也"[74]。所以南宋叶适说，"公人世界"也。由于胥吏，士风跟着坏了。在明清两代，考场制度，又比宋代严密。对于胥吏的控制，又多了些经验。并且产生了又一个阶层，就是专门职业化的幕府师爷来帮助官员应付专门职业化的胥吏。换言之，制度在环境里挣扎。其实，士风又何尝不然？

原载《庆祝李济先生七十岁论文集》(1965)

【注释】

[1] 宫崎市定，《宋代の士風》，《史学杂志》，六二编，二号。宫崎先生，一两年内就要退休，已经把他几十年来的作品整理出版，总名《アジア史研究》，不久就会刊行第四集。

[2] 参阅 A.F.Wright and D.Twitchett, *Confucian Personalities* (1962) 一书中 Twitchett 的序论。以及此书的拙评，见 *American Historical Review* (October 1963), pp.144-145.

[3] 拙著，《儒教国家の重層的性格について》，《东方学》，第二十辑 (1960)，页一一九——一二五。

[4] 孙国栋，《唐宋之际社会门第之消融》，《新亚学报》，卷四，期一。参阅宫崎市定《科举》(1946) 一书。

[5] 新亚书院有梁天锡君的毕业论文 (1963)，尚未刊行，题曰"宋代之祠禄制度及其考实"。

[6] 李之彦，《东谷所见》(学海类编)，页一六。

[7] 张方平，《乐全集》(四库珍本)，卷八，页三，《选举论》。

[8] 游酢，《游定夫先生集》(同治六年)，卷六，页一，《凑士风流》。

[9] 张九成，《横浦文集》(明本，1925)，《心传》卷上，页四。参阅邹浩，《道乡集》(同治九年)，卷四〇，页八，《冯贯首传》。

[10] 王夫之，《宋论》(四部丛刊)，卷一，页一五。参阅苏辙，《乐城集》(四部丛刊)，卷二一，页五——六，《上皇帝书》，又见《历代名臣奏议》，卷二六七。

[11] 《宋史》(影印武英殿本)，卷一五六，页一三。

[12] 赵德麟，《侯鲭录》(《稗海》本册四二)，卷四，页三。

[13] 李焘，《续资治通鉴长编》(1961 新定影印本)，卷四，页一八，又页二一。参阅《宋史》卷一五五，页一〇。费衮，《梁溪漫志》(涵芬楼《宋元人说部书》册一五)，卷一，页七。王辟之，《渑水燕谈录》(同上册三〇)，卷九，页七。荒木敏一，《宋代に于ける殿试成立の事实》，《东亚人文学报》，卷三，期二。

[14] 《宋会要》，《选举》三，页五——一〇。参阅《宋史》，卷一五五，页一〇。

[15] 龙衮，《江南野录》(五朝小说大观)，页一〇三。

[16] 苏颂，《苏魏公文集》(1959 影印本)，卷一五，页六——九，《议贡举法》。又《文献通考》，卷三一，页二九三。

[17]《宋会要》,《选举》四,页六。

[18] 沈嘉辙(等),《南宋杂事诗》(道光九年),卷六,页四。

[19] 李心传,《建炎以来系年要录》(光绪八年),卷一七三,页四。

[20]《宋史》,卷一五五,页八。《文献通考》,宋三〇,页二八六。《续长编》,卷一〇八,页一四。

[21]《宋会要》,《职官》二八,页八。《宋史》,卷一五六,页一八。

[22]《宋会要》,《崇儒》一,页三八。

[23]《文献通考》,卷三二,页三〇〇。《宋史》,卷一五六,页四。又《系年要录》,卷一六〇,页一二。

[24]《系年要录》,卷一五五,页一四。

[25]《宋会要》,《职官》十三,页十,又《选举》五,页五。

[26]《宋会要》,《选举》三,页一〇——一。《文献通考》,卷三〇,页二八七。

[27] 欧阳修,《欧阳永叔集》(国学基本丛书),卷一三,页一四。

[28]《宋大诏令集》(1962 影印本),卷一五七,页五九三。

[29]《宋会要》,《选举》四,页七。又《选举》六,页四九—五〇。

[30] 同上,《选举》六,页三五,又三三。

[31]《续长编》,卷二六,页一。

[32]《宋史》,卷一五五,页七。《宋会要》,《选举》三,页九。

[33]《南宋杂事诗》,卷三,页二〇,引《四朝闻见录》。

[34]《宋史》,卷一五六,页五。《宋会要》,《选举》十六,页八。《系年要录》,卷一五七,页二。

[35]《宋会要》,《职官》十三,页一〇。

[36] 同上,《选举》五,页五。

[37] 同上,《选举》六,页一二,又页二七。

[38]《宋史》,卷一五六,页一五。

[39]《宋会要》,《选举》五,页三〇。

[40]《续长编》,卷三三,页二。论此制最详的是 E.A.Kracke Jr., *Civil Service in Early Sung China* (1953), p.67。

[41]《续长编》,卷八四,页三,又页八。

[42]《宋会要》,《职官》七九,页三八,又《选举》六,页一六。

[43] 同上,《选举》六,页二九,又页五。又《选举》五,页二九。

[44] 同上,《选举》五,页三三。

[45] 同上,《选举》六,页二三,又页三五。

[46] 同上，《选举》二二，页一〇。

[47] 同上，《选举》五，页二九，又页三三。

[48] 同上，《选举》五，页三四。

[49] 同上，《选举》六，页一六。参阅《宋大诏令集》，卷一五七，页五九三。

[50] 《宋史》，卷一五六，页一四——一五。

[51] 李之彦，《东谷随笔》，页一八——一九。

[52] 《宋会要》，《选举》五，页三〇，又《选举》六，页一六。

[53] 同上，《选举》二二，页一一，又页二四。

[54] 宫崎市定，《胥吏の陪備を中心として》，原载《史林》，卷三〇，期一（1945），页一〇——三七。现收入其《アジア史研究》，第三集（1963）。此外尚存一文，也值得参考，《王安石の吏士合一策》，《桑原博士还历纪念东洋史论丛》（1931）。

[55] 《宋大诏令集》，卷一八八，页六八七。

[56] 见上文，即《文献通考》，卷三〇，页二八七。《欧阳永叔集》，卷一三，页一四。《宋会要》，《选举》四，页七。又《职官》二八，页八。

[57] 《宋会要》，《选举》十三，页八。

[58] 《宋史》，卷一五六，页一八，又页二二。

[59] 《宋会要》，《职官》六，页三五——三九。又《选举》六，页二七。又页三五。

[60] 同上，《选举》五，页六。

[61] 同上，《选举》五，页二六，又《选举》六，页三。

[62] 《续长编》，卷二九，页八。又《文献通考》，卷三〇，页二八五。

[63] 《续长编》，卷八三，页九。

[64] 同上，卷四三，页一二；又《宋会要》，《职官》六四，页二五。

[65] 刘挚，《忠肃集》（丛书集成初编），卷四，页五六——五七。

[66] 《续长编》，卷五一，页一三。

[67] 《文献通考》，卷三〇，页二八七。《续长编》，卷一八五，页一。详见拙著，《欧阳修的治学与从政》（1963），页八九——九〇。

[68] 《宋会要》，《崇儒》一，页三八。又《选举》十六，页三六。周密，《齐东野语》（五朝小说大观），页二六五。

[69] 傅增湘，《宋代蜀文辑存》（1943），卷六一，页九。窦敩，《黔江修学记》。

[70] 留正（等），《皇宋中兴两朝圣政》（影印宛委别藏本），卷五五，页一四。

[71] 张九成，《横浦文集》，《心传》卷上，页二〇一二一。

[72] 同上，《心传》卷中，页五。

[73] 刘王惠箴 Hui-chen Wang Liu, "An analysis of Chinese Clan Rules," *Confucianism in Action*, ed. D.S.Nivison and A.F.Wright (1959), pp.63-96.

[74]《宋会要》，《选举》五，页三三。匆忙间写这稿时，很麻烦傅斯年图书馆王宝先先生，附言志谢。

宋末所谓道统的成立

一 引言 —— 分析的格局

讲中国哲学史和思想史的著述很多，绝大部分是着重在哲学的体系和思想的内容，可是并不把这些哲学和思想跟当时的政治演变联系起来一块儿讨论。所以这些著述可以说只是哲学和思想本身的历史，而这里想提出来讨论的是综合的历史，重新检讨哲学思想和政治两者之间互有关联的经过。事实上，哲学和思想绝不限于抽象的理论，常常受到政治环境的刺激而发生反应。有的反应是空论，并不影响到现实的政治。而有的反应的确对当时的政局有相当的刺激，卷入政治的纠纷，甚至成为政治体制的一部分。这种情形，在宋代有很明显的例证。当时人肯定有具体的体验，只是不肯明说，也没留下明确的记载。但我们仍可以找到线索，看宋代当时的情形是怎样一回事。

宋代儒学，一面开展，一面深入。朱熹这一学派，尤其重要。在南宋末期，政府正式采用，承认它是道统。八百年来，这道统笼罩了儒家，甚至于中国整个的思想。所以在一般印象之中，朱子学派的学说一跃而为道统，好像是脱颖而出。凭它优越的造诣，自然地被公认为最合乎孔孟原意的源流。取得所谓道统的地位好像是理所当然，应该如此的。许多写历史的也就觉得没有必要再去解释这道统树立的过程。而事实上，其中的挣扎和曲折，以及成为道统的原因，都和政局很有些关联，并不是很简单的或纯洁的，更绝不像后代儒家史学者所想像的那样道貌岸然。

大概的经过是这样的。北宋五子在北宋一代，并没有取得领导的地位。到了南宋，经过朱熹等人的崇尚和提倡，他们的名望才越来越高。而朱子学派在朱熹在世之时，虽然超过其他学派，比陆九渊，比永嘉学派，比其他学派势力稍大，但多数士大夫并不承认他是独　无二的真传。更何况他的学派曾受到政治的迫害。在韩侂胄当政时，发生庆元党禁，指摘他们自己标榜的道学，是左道旁门的伪学。参加文官考试，必须出具声明和伪学无关。甘愿低头，在考卷上这样声明的儒生，何止数万人？朱熹被贬斥，死于 1200 年。连他自己也不会预料到，庆元党禁在几年以后就取消了。但是他的学派并没有因为不再受迫害而很快就取得道统的地位。并且道学的称呼，因为一度被禁，也不便多用。所以一般改称为理学。理学大师如真德秀、魏了翁在 13 世纪初年曾一度被重用，但只是短期的。其他理学的士人夫在政府里也没占优势。到了 1241 年，在部分地区已经被蒙古所占之后，南宋政府才正式颁布采取朱熹学派为所谓道统。南宋继续又支撑了不过三十多年，终于亡国。而道统在蒙古人统治之下却没有动摇，反倒更扩展，深入民间。到了明清两代，更牢不可破。

从以上草略的简述，已经可以看到树立道统的过程，颇多波折。为了分析简便，暂且按下史实，先建议一个分析的格局，以免在运用史实的时候，头绪纷繁。此外，这样的分析可能对于其他时代、其他文化之中类似的经历，能促进比较研究。但是务请读者注意，这种分析的格局，是建议性的，不是定论，只是当作工具来帮助说明史籍的纪载。

中国式的帝国是儒教国家，由两大成分组成[1]。主要成分是专制皇权。老话所谓"以马上得天下"，也就是说并非"秀才造反"所建立的。可是因为"不能以马上治天下"，所以组成政府，需要"秀才"，也就是用文人或知识分子参加，去巩固地主层的权力。再通过地主层，确保大部分农民的服从。因为文士、地主和农民本已信服儒教，所以专制皇权也迁就、采用、尊重，以及利用儒教来控制。儒教是这国家的另一个成分，别有其理论的权威。虽然这理论的权威往往依附、支持和凭借政治的权力，但权威和权力并非"二而一也"。儒教的理论并不从政治圈里产生。有些理论，相反的，往往对现存的政权采取超然、批评或甚至反对的态度。例如，儒生不去做官，而大讲儒道。许多士大夫官僚反倒钦佩，还承认这些理论是儒教的权威。后代曾经编过一个考八股文的笑话，考题只有两个字："子曰"。许多人不知怎样下笔。一个取巧的考生，却想出两句有名的破题："匹夫而为万世师，一言竟成天下法。"（其实是苏东坡的原句）这虽然只是笑话，不妨用来描写有些私儒的精神。他们希望从政治圈外，用理论的权威，打进政治圈里去，影响政权。政权虽然时常压制或干涉私儒，未必能一手掩尽私学。儒教的长期赓续，固然大部分仰仗和政权的结合，但在长期赓续中出现新理论，新权威，这动力的来由是出于私学。总之，政府用的官僚有他们的官样文章，而站在政府控制之外的大儒另有其学风和学说[2]。

儒教国家的双重成分，相互纷歧，各自趋向相反的方向发展，是有肯定的原因的。他们之间的距离和下列因素成正比。例如，印刷术的发达，书籍数量和种类的增加，学校数目、学生人数、特别是私学师生的增多，新学说出现的数目，新旧学说争执的激化，而最重要的是私家儒学献身理论的决心，也就是他们对于他们自己理想关心的深度。纵然如此，也还不能直接引起政局的变化。但是如果有这种情形，而恰巧同时政权本身发生了一些问题，例如他族侵犯，皇位承继的争执，在朝的官僚意见冲突，尤其是有派系的倾轧，那就很可能牵涉到儒学理论。如果有一派在野的学说抬头，又得到一部分官僚的赞许颂扬，认为这学说对，而当前政府所采用的旧学说不对，至少需要修止，甚至应该取而代之，这样就构成儒学和政治双重性的争论。对于这种争论，政府是无法熟视无睹的。

应付这种争论，政府有三种可能的策略。第一是接受，就是说，政府正式采用这种学说，作为国家的理论或理念。不仅如此，因为思想上的规定，有关系的制度也同时有所改革。换言之，规定了思想权威，也改动了政治权力的分配。第二个可能的策略恰巧相反，政府对于思想界里新兴的、正在抬头的学说，横加镇压。有的时候，政权的压迫得胜，被压制的学说因而消沉。有的时候，并不如此简单。在短期内，这学说硬被压下去了。可是从长远看，高压并不成功。一方面，历史上皇权的势力不能渗透整个社会，甚至不能控制统治阶层的某些方面。例如他们和政府看法不同，认为倡导这种学说的学者们确有学问。这也就是说这些学者，在社会上受到的尊敬，政府没法去摧残。并且，高压手段对于政府本身不利。国家既然崇儒，而反倒抑制一些博学鸿儒，显然自相矛盾，自损威信。学者被压迫，倒是小事。政权有失体面，所关匪浅。在第一种和第二种可能的中间，还有第三种策略，就是包容式的笼络和装潢 [3]。表面上，政府正式采用一种新学说，尊为国家的理念。同时也给这派的几个大儒高官尊位。并且在有些部门，例如礼仪、考试、诰令、典章之类，也尊重他们的意见。但是，这与第一种可能有很大的差别。实际上，政权的分配并不改动。切要的部门，例如国策、军事、财政、重要的任免权，并不让他们参与，也不采取他们的主张来改革制度。所以他们尽管想推行改革，事实上是束手无策。不仅如此，在包容他们之后，掌握大权的人还可以有托词，回过头来，讥评这些大儒，说他们名过其实，无非空论，对实务没有帮助。无形中，掌权的人就可以理直气壮，我行我素。

用以上分析的格局来看，南宋的"道学崇黜"（《宋史纪事本末》的原题），最初罢黜，后来又崇尚，并不奇怪。最初政府用的是第二种策略，加以高压。后来改为第三式的包容，加以笼络，用为装潢。问题的焦点就在改变策略的过程。

二　北宋新儒学的希望和失望

解说朱熹等学派的崛起，不能不从北宋说起 [4]。本文所谈的不是哲学思想的由来，而是教育和思想相互的关系。儒家重视教育，虽然并不一定要依仗政府来办学，可是北宋初期就开始重文轻武，信赖儒臣。按理来说，政府应该提倡教育，培养人才。多数史料也如此颂扬北宋。这是夸张的印象。在宋初，政府并不注重兴学。至于儒教理念，只是沿用唐代的九经正义。新兴的儒学绝大部分是出于私人学者的推动，推陈出新，提高水准。长江流域，经过科举而新兴的人才，特别是江西人和四川人，多半出身较低，并非名门望族的子弟。许多这种人才深信所学，对于当时现状，很难满意。当他们批评时政，要求改革时，不是被贬斥，就是置诸不理。

1043—1044 年，有庆历变法。而其主因，并不是这些理想派的新儒者有多大势力，而是政府自感威胁。西北有西夏入侵，北方辽国乘机威胁，离都城开封不远的地区同时发生几次起义。庆历变法的政纲中有一条，就是由政府来倡办各地州学。可是变法不久就停止了，而且各州一时也找不出经费来办学。虽然如此，这理想却从此存在。王安石在 1069—1085 年领导新法的大改革，又重新推行这理想。旧党执政，取消新法，对于兴学，却不反对。1093—1125 年，重行实施新法，徽宗昏庸自大而爱好文墨，因此各州各县，居然都实现兴学的理想。北宋新儒学的主流是要用理想来改变制度，居然成功了。

政府在各地设立学校，在中国历史上，在世界历史上，都是创举。有的地区，财力不足，就由两三州合设一所，许多官僚，并不赞成这样兴学。因为官员的缺额少，已经粥少僧多，再加上大批州学出来的人才，如何容纳？徽宗的诏书，大加反驳说："世知以官为冗，而不知多士以宁之美。"其实，他是学唐太宗，自觉得意。以为兴学之后，"天下英才，尽入吾彀中"。但过了几年，政府也承认："今学校之兴……浸失本旨。"1121 年，即宣和三年，更倒行逆施，诏罢天下三舍学校，把本来办学养士的费用，"取以供花石应奉之资"。无怪乎稗官小说千年来大骂花石纲，因为这是直接剥夺知识分子的权益[5]。

数量多并不保证品质好。北宋末期，州学大兴，而官纪腐败。州学的内容，殊不堪问。许多学生并非为了求学而来。而是为了取得身分和免税的优待，支取津贴，另谋前程。新儒学的理想：用新制度，由政府来兴学，竟变成一场噩梦。许多忠实的儒士宁可去私学教书。在他们心中，忧虑很深。兴学而结果如此，儒教的希望安在？

北宋中叶，已经注意经义的注疏和解释。庆历变法的领导群，自称是正学。可是这初代的先锋，兴趣很广，经史子集，金石图版，琴棋书画，都去发展。他们既不成为一个学派，彼此之间，有关经学的解释，往往不同。有的还觉得经世之学和实际经验，比经学还重要。后来王安石领导新法，就确信经学是为政之本，考试标准以新学为重。他自己写的《周官新义》，尤须重视。这就引起很多其他学者的反对，认为用一家私学，排斥其他说法。何况党争已起，正是火上浇油。徽宗用蔡京等重行新法，已经失去原来理想的精神。党争也退化成结党营私。许多正直的学者，更是不免忧心忡忡。重视经学而竟造成这种恶果，难道经学靠不住吗？为什么儒教的经典不能致用呢？

不久，大难临头。金兵渡河，二帝被掳，中原尽失，北宋亡国。南宋退保淮河长江，忍辱求和，一度还称臣纳贡，接受金国的册封。在这忧患里生长的青年学人，往往百思不得其解。北宋政府尽管有很多缺点，但就崇儒而言，远胜前代[6]。既然如此，何以会落到国破家亡。难道尊重儒教不对吗？有的说法归罪于权臣蒙蔽，有的说法更把权臣得势归罪于党争，有的说法又进一步把党争之起，归罪于新法，因为新法坏了祖宗之法，所以才会国破家亡。话尽管这样说，新法究竟没有这样大罪。就是那些权臣，也未尝不是小人儒，读过圣贤书的。想来想去，北宋的儒学一定还另有更基本的缺陷，才无法挽救厄运。但这缺陷到底是什么呢[7]？

宋代儒学，确另有其生气，用疑古态度，批评精神，孜孜不倦，寻求真理。南宋初期的青年学人也要整理国故，去找儒教基本的线索。在这些人之中，朱熹最为渊博，长于综合，集其大成[8]。朱子学派的答案是儒学基本上有缺陷，因为它忽略了北宋五子的一脉真传。就事变而言，北宋五子在他们当时和身后，并没多大影响[9]。程颐争论新法，参加旧党，较为知名，但也不居于领导地位。这并不奇怪，因为当时儒学主流侧重经世，侧重制度，而在朱子学派回头来看，儒学最大的毛病就在这里，应当重视基本哲理。

朱熹和他的师友，认为北宋儒者多半太浮，缺乏形而上学的基础。这正是北宋五子的贡献。把宇宙论弄清楚，才能把孔子以下的伦理哲学讲明白，才能把源出儒教以外的若干精华吸收进来，综合在一起。非有这样综合的一套整体，绝不能把五经一直讲到眼前，排除道家的信念，对抗佛教的信仰。非有这样一套整体，绝不能把宇宙的看法和日常生活结合起来，使所感所思所行都有它永恒的道德意义。这就是北宋儒学所缺和朱子学派等大声疾呼的要义。因此，做学问有内外两面，内则正心诚意，外则格物致知。内外互通，才成整体。这并不是说北宋所重的经世和制度并不重要，而是说那只是儒学行诸于外的一部分，居于次要。

二 提出所谓道统的问题

在朱子学派看来，道存在于人的心中，人的性情中。道在天地万物之间，无所不包。这不是念几本书就能通的。以改进当时士大夫的习俗风气而论，用朱熹自己的话说："那里是一时做得。少是四五十年，多是一二百年酝酿，方得如此。"[10]虽然积重难返，而挽救世道人心，刻不容缓，所以一定要宣扬倡导。这是南宋儒学新起的运动。

推动这新的运动，其方法也与众不同，先要"正名"。朱子学派自称渊源于伊洛。伊川是程颐的字，点明师承，上接北宋五子，以标榜得到儒学真髓。此学派简称洛学。洛阳这名称要略加解释，洛阳不仅是五子影响的范围，而且是北宋文化中心，再往远推，是汉文化从东周以来传统的基地。同时还有现实的关系。从政治上说，洛阳已经沦陷，在金国领域之内。这又要略加说明。金国也崇尚儒学，《金史》是有偏见的，没有多说，金人文集流传虽然很少，但还有足够的史料可以看到儒学在金国仍旧保存着。换言之，儒学并非南宋所独有。可是标明洛学，等于说洛阳的地方尽管沦陷，而洛阳的学问却并没有让金人抢去，现在移到南宋方复兴。金国的儒学，只是糟粕。南宋的儒学，才是精华。只此一家，别无分号。

说到这里，就牵涉到朝代正统的问题。北宋史家，时有讨论。司马光的巨著《资治通鉴》，以曹魏为三国时代的正统。朱熹就大不以为然，力主以蜀汉为正统。政治史如此，同理，在儒家宗派之间，也有正统。换言之，儒教遍天下，更要争取领导地位的道统。

讨论儒家的道统，我们不能忽略了佛教的刺激和影响。唐宋禅宗盛起，在士大夫的阶层中，影响很大。禅宗就有五祖六祖衣钵如何相传的纠纷，彼此争夺单线式的正统。佛教有它的正统，儒家怎倒没有呢？

唐代韩愈早有此说，以为孔子之学，从子思传到孟子。而孟子以后，道失其统。但这主张，北宋士大夫并没有接受。庆历正学，虽然以正自居，还只说是学，不自称为道统。在庆历之后，王安石竭力推行他的学说，称为新学，一名王学，也不敢说是道统。

朱子学派的新运动，对于道统特别重视。他们要以汉抗夷，确定南宋是正统。他们要保存国粹，确定洛学是道统。因此，他们把韩愈的旧说扩而大之。孟子以后，千年绝学，一直到北宋五子才重新发现。其实在北宋末、南宋初，都还没有人讲道统。杨时南归，程颢"目送之曰：吾道南矣"。即使暗含道统的意思，至少没有明说。南宋初年，一些人推崇杨时，怎样说呢？"渡江，东南学者推（杨）时为程氏正宗"，或者说他是"洛学大宗"[11]，也还没有标明是道统。

暂且按下这统字不说，先讨论这道字。所有的士大夫哪个不是儒家？哪个不觉得他们懂得道？像二程那样常提这道字，当时已经被人"讪笑"[12]。南宋初年，赵鼎在朝，尊尚程学，以清除北宋干学的末流，"轻薄者遂有伊川三魂之曰"。他们嘲笑赵鼎是伊川的尊魂，王居正是强魂，因为他个性很强，而杨时是还魂，因为他死后不久，名望大高[13]。

《宋史》破例，特别另立《道学传》。但不得不承认说"道学之名，古无是也"。那么这名词怎样起来的呢？其实，朱子学派和当时类似的一些学人，时常讲道，引起不少反感。有人反唇相讥，起个绰号，叫他们道学。"道学乃越中轻薄名"也[14]。以程氏洛学正宗之道为唯一的道，的确不容易取得其他学人的接受。例如叶适并不反对道学，而且在朱熹受政治攻击时，还出头代辩。可是叶适就说："道学之名，起于近世儒者。其意曰，举天下之学……独我能致之云尔。"叶适也怀疑，他反问说："呜呼，道果止于孟子而遂绝邪？其果至是而复传邪。"[15]

现在，再讨论道统。据清代史家钱大昕的考证："道统二字，始见于李元纲《圣门事业图》。其第一图曰传道正统，以明道、伊川承孟子。其书成于乾道壬辰（即1172），与朱文公同时。"[16] 这是说道统二字初见于私人著述。但据本文作者所见，官书早有记载。最早的是《建炎以来系年要录》绍兴六年（即1136）[17]。这是很自然的。南宋退保江南残局，对金国降格相从，屈居藩邦。对内更需要安定人心，强调自己还是正统。因此，关心国势的学人，也注意到学术上的道统，要尊尚洛学。

但政治正统与学术道统，毕竟不是一回事。南宋初年的政府愿意有学人主张道统，以壮声势。但实际上并不采用这种说法。何况大臣之间，意见不同，有的沿用王学，有的无所依违，并不赞成洛学或程学，多数根本不谈道统。而洛学中人，也明白儒教国家的双重性格，政治权力是另一回事，他们只争取思想权威，主张道统，隐然表示不受政治力量的支配。南宋人后来曾有过一种道统图，兼及政治正统。以宋太祖继周文王、周武王，而以周敦颐继孔孟[18]。这种思想，就是表示不但有道统，而且对政权是独立的，并列的。这种气度，又岂是轻薄的讥讽所能打倒的？人家挖苦他们，送他们道学绰号。他们并不在意，正好自认是道学，并进一步地鼓吹他们的道学就是道统。他们也不理会政府是否承认，因为他们强调的重点和最要紧的事业，不在政治方面，而是在学术、文化和社会方面。

四 朱子学派的教学和社会活动

朱子学派，在思想史上，的确超过其他学派。它的宽度、深度，都占上风。许多哲学史已经分析很多，这里无需再提。要提出的是另外一个问题。思想上占上风，并不一定就会成为学术权威，更不一定变为政府颁布的道统。本节讨论的是这一学派的作风。所用材料，为简便计，限于《宋元学案》一本书。这本书，当然有它的偏差[19]，主要是隐恶扬善。扬善这方面不免夸张，但基本是可靠的。而本节的目的是分析这些史料。他们教学和活动的特色，钱穆早已指出是仿效禅宗，至少是"近于禅家参谒高僧，发疑问难"。这种讨论，弹性极大。私人讲学，和学校不同。"无地无书。来者亦不同时群集，只是闻风慕向，倏去倏来。有一面数日即去者，有暂留数日者。"[20] 甚至于被谪远地，弟子自动跟去。例如赵鼎谪潮州，王大宝从游。张浚谪连州，王的儿子也从游。这种例子很多。他们起居朝夕，都在坐而论道[21]。朱熹自己说："一日不讲学，则惕然常以为忧。"他又说："若使某一月，日不见客，必须大病一月。似今日一日与客说话，却觉得意思舒畅。不知他们关着门不见人底，是如何过日？"[22]

朱子学派讲学，不是只讲书。从修身齐家，讲到乡约、社会各种题目，还讲如何做人，如何改进团体生活[23]。朱熹和吕祖谦合编一书，名曰《近思录》。这书陈荣捷有很精到的英译，本文不必细说。"近思"二字，是什么意思呢？就是身边手头各种切实的事。这一切，又都归诸于道，是个整体。朱熹自己说："《近思录》好看。《四子》（即指"四书"），《六经》之阶梯。《近思录》，《四子》之阶梯。"[24] 这也就是说把儒教的道理和每天的生活完全打通。

一般说来，南宋政府沿袭北宋的政策，地方设学，然而成绩很差。叶适的名言："今州县有学，宫室、廪饩，无所不备。置官立师，其过于汉、唐甚远。"也就可以说，有史以来，世界第一。其实不真正讲学问，"而徒以聚食"。用儒家本身标准看来，是严重的道德问题。舒璘说得好："士子循习敝陋，饫餟之余，涣然而散。不惟学不知讲，而廉耻亦丧。"[25] 正因为官办的学校，无补世道人心，所以私人讲学更变成主要的活动。

就地理分布而言，《宋元学案》的《序录》，指出洛学入秦，入楚，入蜀，入吴，入浙。全祖望重加考证，指出洛学又入闽，入湖南[26]。其实，中心在浙江，而其分布遍于南宋全国。以四川为例证，最为明显。北宋末，因为逃避刘豫的伪政权，尹焞就"夜渡渭水，流离至蜀"[27]。可是并没发生大作用。朱子学派在浙江树立基础之后，才努力在其他各地区倡导他们的学说，希望改变风气。例如黄榦的弟子吴昌裔，任四川眉州教授。"眉士故尚苏学。先生取诸经，为之讲说。揭白鹿洞规。……释奠仪，祀周、程五贤，士习丕变。"[28] 黄榦自己说："苟得……数十人，布在四方，吾道其庶几矣。"[29] 这种希望，朱熹确是关键人物。"乾淳之盛，晦庵、南轩、东莱称三先生。独晦庵先生得年最高，讲学最久。"[30] 所以弟子和再传弟子也最多，分布各方，最南到广东，等于遍布于南宋全国。

师友和弟子 —— 甚至可以说是信徒 —— 分布各区，发生些什么影响呢？他们绝不限于教学，而有其他各种相关的活动。上文刚提过，社会、乡约以及其他公共的福利组织都在推行[31]。而且这些事，绝非公共和福利两个概念所能概括。他们同时提高团体精神，增进人和人的关系 —— 儒家基本精神。人和人的关系，简而言之，就是所谓仁。尽管还是有不道德的行为发生 —— 哪个社会没有呢？—— 但至少大家所知道，了解的，和公认的水准愈来愈高。此外，这学派还倡导建祠，纪念先哲先贤[32]。凡是地方本籍出身的，曾在这地方任职的官，以及曾在本地讲学的，只要学问道德值得尊敬，都立祠。立祠绝不只以美观瞻。这种建筑颇有心理作用，无形中时时在提醒本地人，曾经有过好榜样。你是本地人吗？先哲先贤为你增光，你可不要不学好，给本地丢脸。在祠中举行的祭祀和其他仪式，更是和在教会做礼拜有类似的功效。这些祠堂，一方面对抗佛老庙观，另一方面，也和佛老庙观一样，平日可以出借，举行贸易，甚至娱乐性的活动。宋代商业活动，蒸蒸日上。让他们借用祠堂，不也是希望提醒来到祠堂的商人和顾客对于道德的警觉吗？

回到讲学本身，这学派的师友弟子常常整顿现有的学校，恢复已经闭废的，改善颓废和腐化的官学，创办新的官学，由地方官拨款去支持新的学校，或由地方绅士自愿资助。取得这种必要的办学经费，哪会轻而易举？先决条件是能获取地方官和绅士——他们也是士大夫——的尊敬，承认这位老师的确出人头地，才肯资助，否则是办不起来的[33]。附带提一点。这一个学派办学校，用钱不多。他们不重视图书设备[34]。主要关键是两项，一是排定功课日程，打好根基，逐渐深入。所以这学派的领袖，写了好几种日程的书，详细规定先读哪本书，再读哪本书，循序而进，懂得什么是道。第二项关键就是讲。他们不重视章句之学，经世致用，而是实践和体验。实践就是怎样去做人。体验就是一面做，一面内省，和修道一样。真正领会做人的道理，还在心里。换言之，平日生活，一举一动，都是道。正如《论语》所说："造次必于是，颠沛必于是。"明代中叶王阳明讲良知良能，满街都是圣人，也就是从这关键出发的。

做这些教学和其他活动，有经费自然好。但在相反的情形下，没有正式的学校可以讲学，就不讲了吗？不然，就是在自己家里关着，也要讲学传道。可是又怎样维持生活呢？虽然并不正式收学费——中国社会早就有这习惯——学生要给老师束脩。过年过节，另外送礼。但私人在家讲学，有了声望，也不能多赚钱[35]。有了名，就有人来拜访。按照社会习惯，必须招待客人，因此支出也就增加[36]。同时学生多了，就得选拔和协助清寒的好学生。换言之，还要维持他们的生活费用。尤其是从远道而来的，要供应他们的膳宿 [37]。如果开支如此增加，又怎样措应呢？道学家在这方面并不迂。有了名，有人来求书法，求写文章、墓表、寿序、上梁文，种类很多。地方官和绅士也有帮忙的，来讲写兴学记、某某厅记、某某园记、诗序、文序、画跋、题签、鉴品。这些都有润笔的资助 [38]。

较为实际的道学家，还带着随从或依靠他们的门人，刻书、售书 [39]。如果有余财，也不一定不去投资生利。可能有熟识的商人，搭上一股。但主要的还是买地，盖房子。最能代表这派精神的是盖一两间精舍。有的是连着原来住房加盖的，有的是在住房附近另造的。最好是依山傍水，风景幽静 [40]。精舍这名词，本文不能多加考证。扼要地说，汉代大族名门就有，只是精致书房的意思。南北朝道佛盛行，又另生新义。道士炼丹的房间，也叫精舍。佛教却以这名词作为梵文 Vihara 的译称，原意是礼拜敬神的屋子。总之，精舍是含有宗教意义的。到了宋代，儒家又把这名词再拿回来，指读书内省论道之处。虽然儒教不是宗教，但无疑地含有宗教性。精舍并非普通精致的书房，而是儒家学者为下功夫，修炼悟道而专用的屋子。每天忙着讲道，还有其他活动。活动愈多，愈需要有一处幽静明净的角落，退而深思，反省。

这些学人们日夜不休地进修。他们召来的门人亦复如此。如前所述，有的从几百里的远处慕名而来，有的从师数年之久，有的从师远行，甚至去贬谪处 [41]。也有的先从一师，偶去他师处请教，或者再改从他师，另学其他门径，但仍旧和旧师保持联系。《宋元学案》把学友分作下列几等：同调，学侣，讲友 [42]。最后一等，用现代话说，近似助教。有时代讲，分小组讨论。可见朱子学派重视问答、解说，和交换意见 [43]。

本节所据，因简便关系，主要只用《宋元学案》一书。就作者所读过的文集、语录、诗集、随笔而论，和本节所提到的要点，并无出入。总而言之，朱子学派确是儒学的新潮，就思想而言，有更深的新见解。就活动而言，走向民间。而最要紧的是他们有一种含有宗教性的精神。英文叫veligiosity [44]。他们讲学，有点像基督徒的查经班和讨论会。他们彼此之间的关系，有点像教友，基本上并不重视政治方面。

五　不合时宜和生活风格

凡是含有宗教性的学派，多半陷入一些缺点。例如过分严肃，也就过犹不及。又例如自以为是，对于大多数人感觉不满，多所评论，以致引起许多反感，结果被排斥为"局外人"。近年英文流行的观念，alienation 就是这个意思。而且也不一定是被人排斥，而是自己觉得"与众不同"，甩到圈外去了，不免孤独。有句老话，是"不合时宜"。苏东坡就有此感，但他幽默。而严肃的道学家，是缺乏幽默感的。

暂且按下什途，下文再说。先以诗为例，北宋大儒，多半也是诗家。南宋讲道学的不然。"高宗好看黄山谷诗"，而尹焞劝道："此人诗有何好处？陛下看他何用？"结果尹焞"未几求去"[45]。朱熹的诗，选入《千家诗》等书，多半是因为他道学声望的关系，并非以诗名。当时刘克庄就说，道学家不善诗文。他们所编语录、讲义，有的也押韵，是为了便于诵读记忆，谈不到文学[46]。最熟知而又显著的例子，就是南宋亡国，王应麟力求赓续文化，普及平民。据说《三字经》就是他编的。这说法不可信。但他编辞典，考证渊博，名满四海，而不擅诗文。史学也类似。北宋史学开拓很多，而朱子学派特重义理，未免忽略对历史情况的了解。有名的《东莱博议》，就是好例子。章法、句法、用字都是写议论文字的样本。可是目的只在评论某人某事的好坏对错。历史可以褒贬，但褒贬决非史学的全貌。朱熹编的《通鉴纲目》，也全是褒贬。其实他只定了凡例，实际是学生编的。司马光编《资治通鉴》，约了若干专家，分头考订《长编》，然后采定精要。以编年为体，而注意制度变迁，以为治乱之鉴。朱熹的《纲目》，对历史发展，大多从略[47]。无非借用历史，讲世道人心。流行广了，多数人反倒更忽略，造成史学的退步。

宋代士大夫，因为当时各方面进步，不免轻视前代。南宋国势衰弱，他们这种心理，不但不反省，反倒自信更强。魏晋六朝，缺点很多，不在他们眼下。就是汉唐两大帝国，文武并盛，在他们看来，距离儒家理想还远[48]。由此观之，仿佛前无古人。薄古是为了厚今，但他们对于厚今，却又提不出具体可行的方案。

经学，当然是朱熹学派的主干。对于注解、释文、衍义，他们反复探讨，确有不少发明。可是也有两点弊端，一则在哲学史上，他们觉得从孟子以后，许多儒者，无甚可取。最推崇的只是北宋五子。其他有名人物，不是以为学问较差，就是以为政治主张有错误，或是私生活可议。其实这五子，在北宋当时，并没太大影响。而在这学派看来，是直追孔孟，无与伦比。这就表现门户的夸张之见。一有门户之见，就引起第二点弊端，在本门之中，也互不相下。你这样讲，他又另有一说。朱熹批评考试说："今人为经义者，全不顾经文，务自立说，心粗胆大，敢为新奇诡异之论。方试官命此题，已欲其立奇说矣……遂使后生辈……争为新奇。"[49] 其实，这批评何尝不适用于他自己，以及类似的学派？至少，他们彼此之间，常有争辩。朱熹、陆九渊鹅湖有名的辩论，是个特殊的讨论会。平常大同小异的论争，屡见不鲜。这些学派，不能团结起来发挥更大的力量，这是一个基本的缺陷。

朱子学派看不起科举式的"时文"。做这类时文的，只是"文士"，算不上儒者[50]。更进一步说，他们对于整个科举制度，深表不满。从儒家理想说，最好是选拔学行兼优的人才。苏东坡早就看透，取人绝对不能凭几篇诗文，某种经义，或特殊表现的行为来判定。无论哪种考试方法，都有毛病。可是朱子学派因为特重经义，总还抱着希望，要用正确的经义来做考试的标准。但这希望就引起了矛盾。王安石就试行过这种理想。他们是不赞成王安石的，不便公然重新提出。所以朱熹说："当时神宗令介甫（王安石字）造三经义，意思本好。只是介甫之学不正，不足以发明圣意，为可惜耳。"[51]到了南宋晚年，朱子学派的理想毕竟实现了。从那时起，一直到 20 世纪初年，"四书"都用朱注，但结果还是写时文，哪有圣意？费去亿兆人脑力，何等可惜！

朱子学派，不满当代制度。一入仕途，就感到不合时宜，往往屡起屡落，甚至急流勇退。在朱熹之前的胡安国曾进过讲经筵。但在官十四年，担任实际任务的职位，仅只六年。朱熹自己几次婉辞进用。因为他审度当时政局，很难立足，虽曾一度立朝，仅四十余日而去。其实，在很多年以前，他早就"慨然有不仕之志"[52]。再另举个极端的例证，来充分说明这些儒者的不合时宜。"刘清之……言者论其以道学自负，于吏事非所长。财赋不理，仓库匮乏，又与监司不和。乞与宫祠。"[53] 政府重视税收，他却要替人民着想，和上官争论，这怎能站得住？另一方面，政府还顾全崇儒的门面，他又并无私过，给他一个挂名宫观的闲差，就包容住了。

不合时宜，而又深信要匡世济人，那就只能在日常生活中表现一种特殊风格。一面是宣扬自己的立场，不同流合污；一面是希望因此而能唤起他人的觉悟。不能发动政治改革，转而致力于社会改革的人，从古到今，常标榜他们特殊的生活方式，其故在此。

朱子学派因此特别推崇礼教，最好用古礼。儒家一贯强调礼节不只是仪式而已，而是用来节制人们的心理和行为的。所以在举行礼节的时候，一定要严肃。换言之，应当含有宗教的气氛。礼节流行久了，就变成习俗，忘了本意。南宋当时，不但如此，有些仪式已经不合原意。所以朱子学派遇见机会，就劝人恢复古礼，从纠正风俗里去提高道德。

他们个人的服装和举动，充分表现他们的不同凡俗。朱熹自己，"衣则以布为之，阔袖皂襈。裳则用白纱，如廉溪画像之服"[54]。在他晚年家居，更加这样。"遵用旧京故俗，辄以野服从事……大带方履。"[55]据行状追述，他每天生活，非常严肃。"未明而起，深衣幅巾方履，拜于家庙，以及先圣。退坐书室。几案必正，书籍器用必整。其饮食也，羹食行列有定位。匕箸举处有定所。倦而休也，瞑目而坐。休而起也，整步徐行。"[56]和他作风近似的人不少，都是峨冠，阔袖，芒鞋，修容，端坐，粗饭，菜羹，出门则平步正视[57]。旁人一望而知是道学先生。朱熹有的门人，矫揉做作。有一个"拜跪语言颇怪"，陆九渊教他取消"胜心"，以后他的"举动言语，颇复常"[58]。有的门人，依附道学，并非真信。道学被禁，就慌忙"变易衣冠，狎游市肆"[59]。

朱子学派和类似儒者的这种生活方式，显然受到佛教、道教的影响。而且这影响不只是穿古式服装。上文提到宗教性的精舍，并非孔孟的作风，已是一例。有人辞官隐居，往往自取别号，或名居士，或名隐君。有一位自称"元中子"[60]。朱熹自己没用这种称呼，但他也常用儒家以外的词汇。例如他说读书是为了"维持此心"，这有点像念经。又说"读书如炼丹"[61]。

他们辩护自己的服装，攻击崇宁年间士大夫流行的时装。他们说："褒衣博带，尚存元祐之风。矮帽幅巾，犹袭奸臣之体。"[62] 矮帽是时装，学苏东坡，幅巾是仿效黄庭坚的风雅。而苏黄二人，皆非朱熹等所喜。这样去攻击在位的士大夫，当然引起反攻，说朱子学派等人的生活方式大可怀疑。有一篇奏章说："寓以吃菜事魔之妖术……张浮驾诞。……餐粗食淡，衣褒带博。"[63] 结论是迹近邪说，恐怕还暗藏阴谋。反正这不像儒家正常的作风。就算有学问，也是伪学。

改造社会，并没见效，反倒因此而引起社会摩擦，甚至政治纠纷。

六　道学之禁是党争吗？

从 1195—1202 年，就是从宁宗即位庆元元年起，到宁宗嘉泰二年为止，有所谓庆元党禁。正式规定道学是伪学，领袖被贬窜。其余的不许做官，不许考试。在此期间，朱熹死于 1200 年。这些禁令取消后的第二年，即 1204 年，仍继续主政的韩侂胄计划攻打金国。结果北伐失败。

历史上一向认为庆元党禁是党争。北宋先有范仲淹庆历变法，被指为党，引起欧阳修写了一篇有名的《朋党论》。后有王安石的新法，反对者称为旧党。继而蔡京恢复新法，更变本加厉，惩罚旧党，立党人碑。连他们的后人和门人，都受排斥。这纠纷在南宋初年还有余波。有的史著，更把汉唐宋明的党争，看成一类。这种看法是需要改正的。严格说，党争至少需要有一个企图争取或把持政权的集团。道学之禁，并非这样情形。道学派根本不合时宜。虽然以教学和其他社会活动而论，他们无形中是一个集团，但他们并没有企图争取政权。他们的议论绝比不了东汉的清议，因为清议背后有贵族门第的政治势力，显然对政权有企图。再看反对道学的那方面，韩侂胄以下出面攻击道学的，约三十六人。其中只有十来个大官或言官，其他都是小官、地方官，甚至包括教授[64]。无非趋炎附势，下井投石，或挟嫌报复，不成其为集团。所以这案子并非党争。

以上的解释，并不是说道学和政治派系毫无关系，下文还会提到。道学家既不熟悉官场，而又要争取儒家的权威，因此卷入官僚派系的倾轧。有时是被用为羽翼的工具，有时就被反利用，成为被攻击的对象。

远在南宋初定的时候，赵鼎就钦佩北宋五子之中的程颐。秦桧等人却仍是相沿王安石、蔡京这一派系。宋高宗兼收并蓄，看得明白，1136 年就下个命令，凡是任免和考试，都不得以私学爱憎为标准。孝宗在 1178 年，又重申此令[65]。

朱熹卷入政潮，开始于他弹劾唐仲友，这是 1183 年的事，平心而论，朱熹的攻击也未免过火。全祖望考证，也认为如此[66]。唐仲友能诗，治史，精于经学。而朱熹高举道学的旗帜，说得他简直不是儒者。这就无形中得罪许多官僚，弄得人人自危，有点不安感。因此同情唐仲友的人就反攻道学是私学。攻击过火，是自己高抬身价，具有政治野心。这种反攻，也是不对。叶适就指出："以道学之名归之"，意在"残害良善"[67]。当时执政的王淮，也看得明白，说朱唐互讦，不过是"秀才争闲气"[68]。这事就平息下来了。

假定朝局安定，根本不会发生庆元党禁。这事的导火线几起于皇室。光宗精神失常，宫中朝中联合起来，迫他禅退。这也是历史上稀见的事。宁宗即位后，朝廷势力最大的就是赵汝愚。韩侂胄是外戚，因为参加拥立宁宗，便进一步想取赵汝愚而代之，赵又常被道学派这些人赞许。韩去拉拢这班人，却被拒绝，抱恨在心。他怎样才能把赵打下去呢？专制政治之下，最有效的惯技，就是暗指政敌于皇室不利。赵恰巧是远房宗室，他曾经推崇道学，举荐朱熹等人。这就可以指为吸引朋党，培植政治势力。赵的地位已经极高，还在扩大势力，试问野心何在？于是奏章进上，纷击道学。最露骨的奏章，说这些道学家评论长短，"肆无忌惮"，甚至"姗笑君父"。而赵汝愚呢，"则素怀不轨之心，非此曹莫与共事"。所以伪学之忧，仅次于边患。"盖前日为伪学，至今变而为逆党矣。"[69] 逆党——这是多大的罪名！再加上一些描写，说道学等人，吃菜事魔，夕聚朝散，潜形匿迹，简直像在阴谋造反。皇帝一看，岂不毛骨悚然？

这种捕风捉影的攻击，竟立竿见影。赵汝愚立刻远谪。宁宗自己无能，朝政全由韩侂胄支配。这是1195—1196年的事。但是所谓伪学逆党，到底是谁呢？考生入场，首先要声明与伪学无干。官吏任免，也要审查关系。如果没有名单，哪个是伪学，哪个不算伪学，根本无从肯定。闹了一年多，到1197年，才列出五十九人，算是伪学罪人。

这张名单，还值得再补充分析。第一，经过这样久，才勉强排出来。第二，七拼八凑，哪里是个政团？第三，并没有找到不轨行动的证据，又怎样会是逆党？第四，也是最妙的一点，处罚轻重，露出了政治考虑的马脚。朱熹声望大，如果重罚，有人可能出来抱不平。所以罢免他为平民就算了。蔡元定，根本不是官吏，不在政界，而言论强烈，将他重罚远谪，也不会有人出来替他说话。如果道学派确是党争，怎么可能这样措置？明明朱熹是领袖人物，反倒容他安居田野！

庆元党禁，本也无可多说。而后来道学被尊为道统之后，多少史籍，旧事重提。描写这些被诬的正人君子，如何受苦受难，有点像宗教被迫害时的殉道者。事实上，这党禁的执行，并不苛严。许多地方官明白其中究竟，也不去多事。何况其中也有不少佩服他们学问的。所以就是远在贬所，也还可以半公开或非正式的教书讲学。朝廷明令贬谪，反倒使道学传播得更远，更多。有的青年，不满现状，无意功名，反倒引起好奇心理，向他们去请教。不久，连韩侂胄自己都感觉，这禁令对于他自己的声望不利，做得过火了。于是逐渐放松。1202 年，悄悄地取消这禁令，表示宽大[70]。又希望多数人拥护他，好向金国开战。

七　宋末树立所谓道统的原因和后果

历来史籍都敬重朱熹等道学派。给人的印象是这样的：道学很好，党禁一去，自然发扬光大，被公认为道统。政府跟着明令尊崇。其实不然，指为道学则禁，易名理学则昌，其中浮沉，并非学术关系。一部分是政治运用，一部分是内外情势。

党禁解除以后，道学并没有平步登天。对金战败，韩侂胄被暗杀，函首授敌，也是史所罕见，全不合儒教精神。韩消灭了，风头才转。1208 年，追崇朱熹，只说他正学，意思是并非伪学，并没提道学[71]。1212 年，国子监采用朱注的《论语》和《孟子》，但还没用他注的《大学》和《中庸》。用朱注，也没说道统[72]。1220 年，才崇扬北宋五子中间的三位，也只说是先贤而已[73]。

这些事都是比较平淡的。1224年，皇室又出了大变故。宁宗死去，该是过继的长子济王嗣位。而史弥远已经立朝十五六年，竟矫诏立了过继的次子，就是理宗。下令济王改居湖州。当地贫民起义，就借他的名义，说被废不合道理。这话是正确的。虽然他本人事前不知，事起也不敢同意，但起义失败后，却罪及济王，借此就把他赐死。先是废立，终则赐死，儒士大夫，纵然不敢公然抗论，也愤愤不平。史弥远历代仕宦，熟谙政情，断非韩侂胄所可望其项背，怎会不想补救的办法？于是他就装潢门面，崇扬儒学。具体办法是起用德高望重的人，例如魏了翁、真德秀等。他们已经是道学中的第二辈，但以道学而高居庙堂，还是第一次[74]。但显贵并非显要。他们有发言权，但说了并得不到采纳。不久，他们也就去位了[75]。虽然如此，这也确证道学派在思想界执牛耳的声望。否则，史弥远何必借重他们？经过这段显贵，自然蒸蒸日上；但也还没人提到道统。

内政粗定，外患又起。1227年，蒙古灭了西夏。郑清之，位在史弥远之下，暗中推重道学派[76]。经他支持，国子监决定"四书"全部采用朱注[77]。1233年，蒙古占领南京（今开封），又采取耶律楚材的建议，在今天的北京兴建孔庙[78]。这所向无敌的骑兵帝国，更一跃而兼为儒教国家。在这文武双管齐下的威胁之下，半壁的金国朝不保夕。连隔着一片土地的宋朝，也不免震惊。同年，史弥远死，郑清之就公然重用魏了翁、真德秀，整顿警备[79]。可是魏、真二公，只能竭力重德任贤，并无具体安定经济民生的政策，更谈不到充实财力和边防。1234年，南宋在别无良策的情况下，和蒙古联合灭金，算是报了北宋亡国的大仇。另一方面，朝廷追崇北宋五子，又把五子和朱熹一起配祀孔庙。这一件事是乔行简的主意。他曾在吕祖谦的门下。但他还怕有人反对，不敢以执政的地位首先提出。所以另找一个吕祖谦的门人，只是中级的言官，出面建议[80]。这样做的目的，也是为了吸引人心，以壮声势。蒙古虽有孔庙，毕竟不如南宋隆重。既有北宋先贤，又有本朝近哲，南宋军力纵弱，但深信国家有文化基础，就不至于灭亡，足以维持历史上一贯的南北并立。

蒙古和南宋的军事，不在本文范围之内。但两者间的政治文化的宣传竞赛，不得不提。以往史籍，几乎全都忽略。1237年，蒙古开始采用中原的考试制度。同年，理宗自己写了一篇《道统赞》。后来宣传说，1233年就已经写了这篇文字，用韩愈的说法：孟子死后，千年无人继承。然后说北宋五子，才又恢复道统。到了南宋，这道统才发扬光大。1241年，政府正式公布这御制《道统十三赞》，认为是国家理念[81]。但"道学"这名词，因为四十年前，还被禁止，不便再用。所以换个字眼，并且解释说，道统者，理学也。一些理学的儒者，也因而进用。

但这些举动，都只是表面的，无从激动人心。进用的理学家，并没掌权，多年都是贾似道主政。等到贾因为战败而被打倒，继起的还是一些庸官。崇尚道统，不过是例行公事，根本毫无振作的效果。上行下效，一点不错。理宗本人，就是伪善。表面上开经筵，听理学。实际上酒色歌舞，昏天黑地。有一次明堂祭天，他竟因为前夕宴兴，无法出场领导典礼[82]。如果真采用理学，他就不该谥号理宗。《宋史》本纪的赞，也出于后来理学家的手笔，不得不婉转地加以曲解。这赞文说："……中年嗜欲既多，怠于政事。……经筵性命之讲，徒资虚谈，固无益也。虽然……升濂洛九儒，表章朱熹

'四书'，丕变士习。视前朝奸党之碑，伪学之禁，并不大有
径庭也哉？身当季远，弗获大效。后世有以理学复古帝王之
治者……实自帝始焉。庙号曰理，其殆庶乎！"[83] 换言之，
理学家感谢他提倡之功，不得不称为理宗。事实上，将就说
得过去吗？

从现代的观点来看，道学或理学在南宋垂亡之际成为道
统，倒确有重大的后果。这与理宗怠于政事无关，而是在南
宋亡国之后，忠于宋代不肯做蒙古官的儒者，致力于教学，
深入民间。"国无异论，士无异习。"[84] 例如短短一本《三字
经》，就是流播最广的道统圣经。多少人念来念去，连不识字
的人都会背几句。讲唱文学，在元代盛行，传播的也是道统
的道德标准。亡国之民，坚持固有的信念。因政治风波而颂
扬的道统，在异族压迫之下，竟扩大渗透而成为汉族全社会
的道统。恰巧蒙古政府也赞成用理学笼络士大夫，因此理学
畅行无阻。试想整个社会会有一套完整的哲理，这后果多大。

可是，代价不轻。因为有这一套道统，中国思想从此就
进入一个新传统的时代。一切生长和改进，跳不出这传统的
束缚。先是保存，继而保守，终于硬化。其次，元、明、清
三代，特别是清初，都知道怎样利用道统的哲理，以忠孝君
父来巩固封建的政权。统治阶级更利用这传统，来保卫他们
优越的私利。

总上所说，可以试提一点粗浅的建议，向读者请教。儒
家思想在宋代政治上看来活跃，其实是苦闷的。北宋儒学大
兴，而北宋亡国。南宋再另起要求，新建理念。政治权力不
采用，只好以教学，以社会方式倡导。至于道学被禁，只是
受政治风波的牵累。后来升为道统，也无非是受政治权力的
利用，都没有决定性的关系。反倒是在南宋亡国以后，继续

在教育，在社会各方面努力推进，才奠定儒家笼罩全盘的局面。皇朝权力，并不真要实行儒家的学说，而儒家的思想权威也始终不敢对皇朝作正面的抗争。这两者之间的矛盾，是中国专制历史，正统也罢，道统也罢，绝大的失败。

原载《文史》六辑（1979）

【注释】

[1] 拙著，《儒教国家の重層的性格について》，《东方学》，第二十辑（1960），页一——七。

[2] 近年欧美思想界和社会学常作此论，姑举一例。C.C. O'Brien and W.C.Venech ed, *Power and Consciousness* (1969).

[3] 包容原是政治上常用的手段。所谓包容政治是指一种政体，以包容为适用的原则。见1973年新版《大英百科全书》，中国历史的部分，拙著宋代的一节。简略的例证，见拙著《南宋君主和言官》，台北《清华学报》，新八卷，一、二合期（1970），已收入本书。

[4] 大略的发展，见钱穆《宋明理学概述》（1953）及夏君虞《宋学概要》（1937）。日本学人寺田刚《宋代教育史概说》（1965）和麓保孝《北宋に於ける儒学の展开》（1967）。

[5] 拙著，《略论宋代地方官学和私学的消长》，《中研院历史语言研究所集刊》，三十六本，一分（1965），已收入本书。近年又看见两条例证。见方大琮《铁庵方公文集》（明本），卷一七，页二三。又张守《毘陵集》（常州先哲遗书），卷五，页一。

[6] 即以《宋会要》之中《崇儒》这部门的篇幅，也可想见宋人当时自己觉得如此。但《崇儒》二，页一四，也提到州学腐化。

[7] 黎靖德编，《朱子语类》（1962影印），卷一○七，页四三○六。

[8] 参考钱穆，《朱子新学案》（1971），凡五册。

[9] 王偁所编的《东都事略》，成书约在1186，已在朱子晚年，可以证明当时人的心目中北宋五子并不占重要地位。

[10] 《朱子语类》，卷一○八，页四三三六——四三三七。又参见卷一二九，页五○一一。批评北宋士大夫，沿及清初，如王夫之《宋论》（国学基本丛书），卷一三，页二○一——二○二。

[11]《宋史》，卷四二七，《程颢传》。黄宗羲，《宋元学案》（万有文库），卷八，页二八。

[12] 杨时，《杨龟山文集》（四部丛刊），卷二，页七，《与游定夫书》。

[13] 李心传，《建炎以来朝野杂记》（国学基本丛书），甲编，卷八，页二。

[14] 孙应时，《烛湖集》（1803），卷六，页三一四。

[15]《宋元学案》，卷一四，页一四，五七，六二。

[16] 钱大昕，《十驾斋养新录》（国学基本丛书），卷一八，页四二六。

[17] 李心传，《建炎以来系年要录》（国学基本丛书），卷一〇一，页一五，朱震存谢良佐之子。当时，道统二字必已是通用名词。后来，朱子学派加以规定，才成为他们用的专指名词。

[18] 傅增湘辑，《宋代蜀文辑存》，卷九四，页二五。文及翁，《道统图后跋》，见新编《名公文启云锦》，卷六。文及翁是南宋晚期人，传见《宋史翼》，卷三四。

[19] 讥弹道学的有周密两书：《齐东野语》（涵芬楼），卷一一，页七一八；《志雅堂杂钞》（粤雅堂丛书），卷一，页三六一三八。又见潘永因，《宋稗类钞》（1669），卷六，页三四一三五。此外，尚散见丁传靖辑，《宋人轶事汇编》（1935）。《宋元学案》等于是理学派自集的长编。经全祖望的考订，有所修正。但这书的偏差主要不在未用上述等类的说部书，而在没说明当时历史的情况，《宋史》又多缺点，也出于理学家之手。纠正这历史偏差，最方便的是毕沅《续资治通鉴》（1957 中华书局标点本，以下简称《续通鉴》）。

[20] 钱穆，《国史大纲》（1947），下册，页五七三一五七四。

[21]《宋元学案》，卷八，页八五。《朱子语类》，卷一一六，页四五〇五。

[22]《宋元学案》，卷一二，页八六。

[23]《宋元学案》散见很多。例如，卷八，页六〇，六三，八五。卷一一，页五四一五五。卷一二，页七九一八〇。

[24] 参陈荣捷英译: *Reflections on Things at Hand: The Neo-Confucian Anthology* (1967)。经陈先生多年倡导，有哥伦比亚大学 Wm. Theodore de Bary ed., *Self and Society in Ming Thought* (1970)。

[25] 叶适的名言，马端临引用，见《文献通考》，卷四二，页四〇〇。后一句话出于舒璘《舒文靖公类稿》（同治年间），卷一，页八一九。

[26]《宋元学案》的序。又参卷八，页二一，二八，四四，七九。卷九，页八，四四。卷一一，页八六。卷一六，页二○，二七。

[27]《宋元学案》，卷八，页七九。

[28]《宋元学案》，卷一六，页二七。

[29]《宋元学案》，卷一六，页二三。

[30]《宋元学案》，卷一六，页二○。

[31]《宋元学案》，卷八，页六○，六三，八五。卷一一，页五五，一○七，一一七。卷一二，页七九—八○。办社仓的很不少，并非朱熹一人。

[32] 钱穆，《国史大纲》，下册，页二五八，引《续文献通考》。这是理学已成道统之后的事。当时建立先贤祠，可参考各文集及方志的记载。参寺田刚，《宋代教育史概说》，页二六五—二八○，有补充说明。《宋元学案》反倒没注意先贤祠对民间的重要性。

[33]《宋史》，卷四三○，《李燔传》《张洽传》《陈淳传》。《宋元学案》，卷八，页二一—二二，六○。卷一一，页九九。

[34]《宋元学案》，卷七○，页八九。又参同书，卷八，页九一。卷九，页七七。

[35] 有的连生活都不能维持。《宋元学案》，卷一一，页一二○，有陈藻"开门授徒，不足自给，至浮游江湖，崎岖岭海"。末两句也可能含有贩毒的意思。

[36]《宋元学案》，卷八，页八五。

[37]《宋元学案》，卷八，页一三。卷九，页一二六。张伯行编，《续近思录》(1962)，页三四，提到朱熹"诸生之自远而至者，豆饭，藜羹，牵与之共，往往称贷于人以给用"。

[38]《宋元学案》，卷八，页一九。《朱子语类》，卷一○七，页四三一三—四三一四。

[39] 黄汝成辑，《日知录集释》(1962)，卷一八，页四二三，云："宋元刻书，皆在书院。山长主之，通儒订之。学者则互相易而传播之。……板不贮官，而易印行。"这条可补充印刷史、商业史。

[40]《宋元学案》，卷一二，页七九。卷一六，页五八。寺田刚，《宋代教育史概说》，页二七八—二八○。

[41] 北宋早年，就有远道从师的。见李焘，《续长编》，卷四四，页一一二。北宋末，南宋初，渐多。见《宋史》，卷四二八，及四二九，罗从彦及李侗传。《宋元学案》，卷八，页二，六四。

[42]《宋元学案》，卷八，页五七。又卷一五，页八六，记蔡元定：“闻朱文公名，往归之。文公叩其学，大惊曰……不当在弟子列。四方事学者，必俾先从先生质正焉。”

[43]《宋元学案》，卷八，页六〇。卷一一，页一一二。

[44] 旧同事杜维明兄，现任教加州大学，致力于研究儒学的宗教性，论文颇多，可参考。

[45]《宋元学案》，卷八，页七九。

[46] 钱锺书，《宋诗选注》(1958)，页一七二——一七三，引刘克庄语。参《宋元学案》，卷八，页七九。《系年要录》，卷五六，页四三。《日知录集释》，卷一六，页三九〇。卷一九，页四五〇。

[47]《日知录集释》，卷二六，页五九〇。顾炎武曰：“《通鉴》……凡亡国之臣，盗贼之佐，苟有一策，亦具录之。朱子《纲目》，大半削去。”又同书，卷一七，页三九二。

[48]《宋元学案》，卷八，页一三一一四。

[49]《朱子语类》，卷一〇九，页四三四三。参《宋元学案》，卷一二，页八八，提及南宋晚年，“朱氏书年来盛行。立要津者，多自谓学在先生之门。而趣问舛错，使人太息”。

[50]《宋元学案》，卷八，页三三。《朱子语类》，卷一〇九，页四三五五——四三五九。

[51] 参《文献通考》，卷三二，页二九九——三〇五。

[52]《系年要录》，卷一八三，页一二。参王应麟《困学纪闻》(国学基本丛书)，卷一五，页一二一一。

[53]《宋会要》，《职官》七二，页四八。《续通鉴》，卷一四二，页三八〇三。

[54]《朱子语类》，卷一〇七，页四三一〇。

[55] 同上，页四三一一。及张世南《游宦纪闻》(1958，香港刊，历代小说笔记选)，卷三，页五九三。

[56]《宋元学案》，卷一二，页八四，黄榦所撰。

[57] 散见各书。如《文献通考》，卷三四，页三二二三。《续通鉴》，卷一五三，页四一一八。《宋元学案》，卷八，页八〇。卷九，页二六，二九，一二二，一三三。

[58]《宋元学案》，卷一五，页三六。

[59]《宋史》，卷四二九，《朱熹传》。《宋史》编者，待将此点，写在《朱熹传》内，想合深意。

[60]《宋元学案》，卷八，页一一三。

[61]《朱子语类》，卷一一四，页四四五七，四四六五。

[62] 吕本中，《师友杂志》(丛书集成)，页一一。

[63]《宋元学案》，卷一五，页八七。

[64]《宋元学案》，卷二四，页二五—二八。

[65]《系年要录》，卷八九，页一六。参卷一〇七，页一四——五。卷一〇八，页四，七。

[66]《宋元学案》，卷一五，页七二。

[67] 叶适，《水心集》(四部备要)，卷一，页二一七。又卷二，页八。此外，尚有刘光祖也主张公道，见《宋代蜀文辑存》，卷六八，页一一三。卷六九，页一五一一七。

[68] 周密，《齐东野语》(涵芬楼)，卷一七，页一一。

[69] 这是刘三杰的奏章，见《续通鉴》，卷一五四，页四一四九—四一五〇。

[70]《续通鉴》，卷一五五，页四一七二。卷一五五，页四二九八。

[71] 同上，卷一五八，页四二七九，四二八二，四二九一。又卷一五九，页四二九五。蔡元定也追赠官。

[72] 同上，卷一五八，页四二八一—四二八二。又卷一五九，页四三一六。朱熹自己最重《大学》《中庸》，朝廷当时还不肯一起采用。

[73] 同上，卷一六一，页四三八七。是周敦颐和程颢、程颐。又卷一五九，页四三〇八—四三〇九。卷一六〇，页四三五九。在襄扬的九年之前，著作郎李道传曾建议过，朝廷没理。想来还有许多大官不赞成。魏了翁又提五子，也没成功。

[74]《续通鉴》，卷一六二，页四四二二—四四二三："欲收众望，劝帝褒表老儒。"

[75]《宋史》，卷四一，《理宗本纪》一。

[76] 郑清之事，略有曲折。须参用《续通鉴》，卷一六四，页四四六四，及《宋史》，卷四一四，本传。郑是楼昉的门人。可是史弥远另用一个心腹李知孝，见《宋史》，卷四二二，本传，故意也讲些道学。而为人"变诈"，使郑无从多帮助道学派。

[77]《续通鉴》，卷一六四，页四四五八。1237 年，国子监又刊朱熹的《通鉴纲目》，见卷一六九，页四六一〇。

[78]《续通鉴》，卷一六七，页四五四五，四五五四。

[79] 起用魏、真二人，还和地方变乱，国内治安有关。朱任地方

官，见《续通鉴》，卷一六六，页四五二四。后来才主政，见卷一六七，页四五六七。但真不久病故。魏任职不及两年又辞。

[80] 徐侨，见《续通鉴》，卷一六七，页四五六二。据《宋史》，卷四二二，他是吕祖谦的门人，后又从朱熹学，是乔行简荐用的。乔从吕学，反对攻打金国，见《宋史》，卷四一七。

[81]《续通鉴》，卷一七〇，页四六三〇，提到1237年御制文字。原名"御制敬天法祖事亲济家四十八条"，是殿榜和殿记。但这文字还没明说理学。《道统十三赞》才从尧舜讲到孟子。

[82] 佚名，《宋季三朝政要》（学津讨原），卷一，页一〇。

[83]《宋史》，卷四五，《理宗本纪》五。

[84]《日知录集释》，卷一四，页三四八。

文化与社会

宋代文化变迁之一
——马球

近年来常在注意两宋之间文化的差异。扩大一点说，也就是自唐至北宋中原型的文化，随着经济重心的南移和宋朝南迁，逐渐演成南宋以来的东南型 [1]。明清的社会，可说较近于后者。

寻求文化的改变，往往可以从些指标来看。马球，看来是偏僻的题目，倒是一个好指标。四年前曾发表过一篇短文已经提出这观点，并说明目的不在考证马球 [2]。这两年来，又搜集了较多的史料 —— 其中包括宋徽宗被俘北去，途中金将打马球，要他赋诗，是向所未提的史料 —— 因此决定再写一篇较充分的文字，提供史学界同仁，同时请教。

50 年代时，已经有人写"击鞠"的球戏 [3]。不幸有两点犯规。一是不多提近代学人，如向达、罗香林，早有专著，描述唐代受西域文化的传播。宫廷贵官，盛行马球 [4]。二是明明抄了许多书名和资料，看来好像是广征博引。其实是出于《古今图书集成》和《文献通考》。不过一字不提这些参考工具书，使后学无从沿流溯源，误认为望尘莫及。

《古今图书集成》，抄的史料不少。但已经反映明清文人的偏见，不去深究球类的不同。误以为玩球是不正经的游戏，都一样。甚至还说"鞠"字可能就是后来的球字。又说"蹴击一也"。踢也罢，打也罢，左右不过是球戏而已。虽然，也早有前代学人，加以驳正：《唐书》所载，但云击球，不谓之鞠，其义甚明。意思是两类球戏，并不相同。用20世纪的见闻，去查《古今图书集成》，只要注意一下，很容易区别。记载中凡有鞠，踘，蹴，踢等字样，都是有关踢球的。但是，当然并不是现代所谓的足球。记载中凡有驹，驰，骑，击，打等字样，都是指马球，但也不全同于现代所谓的"波罗球（polo）"[5]。

怎样前人会把脚踢的球戏和骑马用杖击球的方式混为一谈呢？这是因为球戏本身，在演变的过程中，不免有些混同。唐太宗先提到马球，后来又说："群胡街里打球，欲令朕见。"[6] 不在球场，而在街里，可见不是马球，但还是用东西去打的，不是用脚踢的。《太平御览》引《旧唐书》，说宫中有"女伎乘驴击球"[7]，显然是以驴代马，跑得慢些。在北宋时，还有骑骡——介乎马驴之间——或徒步击球的[8]。这都是从马球变化而来的。既然有徒步击球，也就容易演为徒步蹴球。这一变就把马球和踢球分开了。

除了马球和蹴球，顺便提一下其他两种：抛球和冰球。自唐以来，庭园之间，常有抛球之戏，尤其适合于妇女和儿童。据笔者本人经历，英国在上海占有租界，离沿江的外滩，约有六七条马路的地方，设立球场，是打西式网球的。中国人沿用旧名词，名之曰"抛球场"。如果有20世纪初的上海地图，一定可以找到。冰球呢，不见于宋朝，因为地区偏南，气候较暖。而金朝在今日的北京，就有冰球[9]。清朝宫廷，供奉冰球之戏，就在北海，至少在道光年间（1821—1850）还有[10]。在30年代的北海，笔者见过老人上场自己练功。只用两片冰刀，绑在普通的鞋子上，就溜得很好，用不着另穿专用的冰鞋[11]。

说完球类，回到马球本题。它是怎样打法的呢？北宋沿用唐代规定。分两队，名曰两棚。每棚十六人，共三十二人。服锦衣，骑驯马，马鞍马身上也装饰得很华丽。手执月杖，即弯如新月形状的板子[12]。伴以军乐。两队争抢，以射到对方门内为胜。球门很窄，据说宽不盈尺[13]，但是很高。据《宋史》，球门高丈余。此说合理。而《东京梦华录》却说："球门约高三丈许……留门一尺许。"[14]三丈之说，绝不可尽信。可能是球门上立竿结彩，老远看过去，误以为有三丈高。

马球是西域传来的。向达的书，以为可能从波斯传来，可是无法确考。二十多年前阴法鲁的论文以为从西藏发源。藏语说 pulu，可能是 polo 一字的来源。但当即有人提出，中国史上的马球，与欧洲式叫"波罗"的马球，可能无关，也未必是从西藏来的[15]。

以上略论马球的方式和名称。以下转入本文的主干，看它在历史上反映一些什么样的文化。

可惜历史家往往深入而反不会浅出。关于这个问题，说得简捷了当的莫过于高阳先生，一位有名的小说家，兼史话家。他说唐代马球，是禁军之技，高门贵族的运动。当时马球的地位，仿佛相当于现代各国社会中的高尔夫球，但剧烈得多。五代时候，随着贵族门第的衰灭，已经不时兴了。宋代一方面是军中仍有专业性的马球供奉，另一方面却又流行变为脚踢的蹴球。纨绔子弟，组有球社。像《水浒传》提的高俅，踢得好，端王（即宋徽宗）喜欢，当即留用，就是很好的例证。在元代，马球、蹴球都不大见记载。是否衰落，不敢确断。到了明初，这种球戏，无疑问地衰灭，几乎不为人所知[16]。换言之，贵族的统治阶级，有尚武的游戏。欧洲从中古以来，都是这样。贵族失势以后，尚武精神还在流传。到了20世纪早年，新统治分子还喜欢赛马打猎。而中国，自唐至宋，代替贵族执政的是儒家式的士大夫官僚，只讲文风。不但不懂体育，而且不赞成游戏。文化之所以柔弱，从这指标来看，豁然贯通。

讲起唐代，不妨就向、罗两先生的专著，略加补充。唐太宗首先吸收这种西域文化。他说："闻西蕃人好为打球，比亦令习。"[17]这是开明态度，吸收外国文化的强点。但是将近一百年后，到了睿宗景云元年（710），游戏的成分远超过体育。正月，"上御梨园球场。命文武三品以上抛球及分朋拔河……（有）衰老随缒踣地，久之不能兴。上及皇后、妃、主临观，大笑"[18]。当时反对这种球戏的不止儒家。有一个"山人"也上书某尚书说："打球一则损人，二则损马"，何况"至危！"[19]可是批评不能挽救贵族的自渎。到了晚唐，更是胡作非为！武宗会昌四年（844），"乃以河中兵环球场。晚牙，（郭）谊等至，唱名引入。凡诸将桀黠拒官军者，悉执送京师"。石雄既杀仇人，"取其尸，置球场斩锉之"[20]。僖宗广明元年（880），侯昌业以"上不亲政事，专务游戏……上疏极谏……赐死"。皇帝喜欢的游戏是什么呢？"上好骑射，剑槊，法算，至于音律，蒲博，无不精妙。好蹴鞠（注：踢球）、斗鸡……尤善击球。尝谓优人石野猪曰：朕若应击球进士举，须为状元。对曰：若遇尧舜作礼部侍郎，恐陛下不免驳放。"[21]倒是这位优人口才好，儒家批评游戏，只说有流弊，未必中肯。僖宗准备避难四川，要先派将军镇守三川，但无法选定四人中的一人，竟"令四人击球赌三川"之任[22]。真是以国事为儿戏。

西方学人，早在 1906 年，就介绍中国的马球。论文内容大部分根据《资治通鉴》，只是采用儒家观点，评论君子的得失[23]。这篇文字，向、罗两位没有注意到。可是看了他们的书，就了解到唐代政治的阴暗与残暴，儒士没有地位发言。例如唐穆宗暴死，唐敬宗遇弑，都和马球有关。甚至武将暗杀政敌，叫他去打马球，使他堕马被践而死。比较起来，后来宋代文明得多，道德标准高得多。唐代文物，固然壮美。例如 1936 年伦敦博览会曾展出过打马球的唐俑，1956 年西安发掘大明宫遗址，找到了含元殿和球场的石碑。这都令人向往，令人兴奋。但这些文物又怎遮掩当时文化的丑恶[24]？

五代犹承唐风。四川的蜀主也打球走马。后唐庄宗却把球场看得比告天的即位坛还重。同光三年（925），"帝以义武节度使王都将入朝，欲辟球场，（张）宪曰：比以行宫阙廷为球场。前年陛下即位于此，其坛不可毁。请辟球场于宫西。数日，未成，帝命毁即位坛，宪谓郭崇韬曰：此坛，主上所以礼上帝，始受（天）命之地也。若之何毁之？"[25]

笔者主要兴趣在唐代以后，10 世纪到 13 世纪，也就是两宋和辽金两代，有时牵涉一点朝鲜。一方面北宋南宋的文化逐渐变化。而在北方，外族建立的帝国，一再扩充，因而伸长到黄河流域的中原地带，终于蒙古勃兴，破天荒地占领中国全土。现在先叙述一下辽金和朝鲜关于马球的情况。为什么呢？因为，不能忽略的，他们仰慕大唐文化，自居为唐代文化的承继者。

辽太宗开南京为析津府，也就是日后的北京。大内在城的西南隅皇城外三门之一是右掖门，又叫"千秋"门，"有楼阁。球场在其南"[26]。打球的风气，并不一定是游牧渔猎民族的习惯，反倒是出于唐代以后在北边王国的影响。辽穆宗——已经是第四个的开国君子——应历三年（953）"如应州击鞠……（后）汉遣使进球衣及马"[27]。

随着辽代的汉化，有人反对马球。辽圣宗统和七年（989）谏议大夫马得臣"以上好击球，上疏切谏"。他以为："有不宜者三……君臣同戏，不免分争。君得臣愧，彼负此喜，一不宜。跃马挥杖，纵横驰骛，不顾上下之分。争先取胜，失人臣礼，二不宜。轻万乘之尊，图一时之乐。万一有衔勒（堕马）之失，其如社稷、太后何？三不宜。"[28]各种纪载，文字稍有出入。就此稍加解释，以说明笔法。《圣宗本纪》和《续资治通鉴》都指出皇帝年轻，即位而未亲政，"好击球"而已。但是《马得臣传》，因为要表扬忠谏，就说皇帝"击鞠无度"。谏疏有什么结果呢？本纪说"大嘉纳之"，好像接受劝告，其实是元人写本纪的笔法，颂扬君主。而《续资治通鉴》就不再跟着本纪写了，而引用《马得臣传》的原文，说皇帝只是"嘉叹久之"，并没有采纳。

辽代君主击球，却并不是任何人随便可以玩的。萧孝忠于重熙七年（1038），为东京留守时，禁渤海人击球。孝忠言，"东京最为重镇，无从禽（打猎）之地。若非球马，何以习武？且天子以四海为家，何分彼此（歧视渤海人）？宜弛其禁"。从之[29]。辽人军事实力，已渐衰落，马球不会流行的。不到九十年，即被女真所灭。女真兵到都城，辽臣"迎降"，"出丹凤门球场投拜"女真[30]。

趁此说女真，破辽后，成立金朝，不久破北宋，掳徽宗钦宗及开封所有宗室北去。至真定府，令人"请徽庙看打球。自（金）二太子以下，皆入球场。……打球罢，行酒。少顷，侍中刘彦宗具传太子之意，跪奏云：'闻上皇（即徽宗）圣学甚高，欲觅一打球诗。'其请颇恭。徽庙云，自城破以来，无复好坏。遂作一诗诗写付彦宗曰：'锦袍骏马晓棚分，一点星驰百骑奔。夺得头筹须正过，无令绰拨入邪门。（原注：绰拨、邪门，皆打球家语。）'彦宗捧读称叹，即与太子又番语，似讲解其义。太子点头，令讽诵数遍。乃起谢，徽庙亦谢其恭也"[31]。

金代定制击球，是金世宗大定三年（即南宋孝宗即位第一年，隆兴元年，1163）。世宗"复御常武殿，赐宴击球。自是，岁以为常"[32]。《辽史》没有提，《金史》则记载定制甚详，因为击球和拜天有关。"金因辽旧俗，以重五、中元、重九日行拜天之礼。……于常武殿筑台为拜天所。重五日质明……百官班俟于球场乐亭南。皇帝……自球场南门入，至拜天台。"拜天礼毕，"皇帝回辇至幄次，更衣。行射柳、击球之戏。亦辽俗也，金因尚之"。射柳是"插柳球场为两行……削其皮而白之"。射柳毕，"已而击球。各乘所常习马，持鞠杖。杖长数尺，其端如偃月。分其众为两队，共争击一球。先于球场南立双桓，置板，下开一孔为门，而加网为囊。能夺得鞠（即球）击入网囊者为胜。或曰，两端对立二门，互相排击，各以出门为胜。球状小如拳，以轻韧木枵其中而朱之。皆所以习跷捷也。既毕赐宴，岁以为常"[33]。

金世宗时击球好像很流行，如独吉义是大臣，"善女直、契丹字"，但又任"河南路统军都监……日与官属击球游宴"[34]。世宗本人，常以自娱。有时，大臣去世。"上方击球，闻讣遂罢。"[35] 其时，已有人反对。大定八年（1168），"世宗击球于常武殿"。司天官马贵中"上疏谏曰：陛下为天下主，守宗庙社稷之重，围猎击球皆危事也。前日皇太子堕马，可以为戒。臣愿一切罢之。上曰：祖宗以武定天下，岂以承平遽忘之邪？皇统（金熙宗年号，1141—1149），尝罢此事。当时之人皆以为非，朕所亲见。故示天下以习武耳"[36]。世宗而且叫儿孙练习马球，并不因曾堕马而改变，也不因丧礼而暂停。"章宗为原王。（世宗）诏习骑鞠。（完颜）守道谏曰：哀制中未可。帝（即世宗）曰：此习武备耳。（原王）自为之则不可。从朕之命，庸何伤乎？然亦不可数也。"[37] 换言之，不必常打马球。

金代末年，情势不同。宣宗明惠皇后，不愿意继位的哀宗打球。她"传旨"告诫外戚撒合辇说："汝谄事上。上之骑鞠皆汝所教。"[38] 可是贵族式的风气，并不容易改。蒙古用西夏人计，从西面进兵，攻金人汴都。"金元帅完颜延寿，以众保少室山太平寨。元夕，击球为嬉。"被蒙古轻袭而破[39]。

说完辽金，顺便提一下朝鲜，因为朝鲜同样的接受唐文化。也同样的在重五，即端午节，击球。现存的书，有《武艺图谱通志》，1799 年官撰。据贺光中君在汉城见到这书说："击球，图式二，说六，谱图八，球场图一。"他又说："文字较（宋）史（礼）志为详明。即图谱亦一览晓然。"还有一点更有兴趣。据他统计，"高丽史中（在蒙古时代前），自太祖元年甲午习仪于球庭……前后所纪，不下五十一处……（自蒙古起，）李朝前期实录，尚有可稽。自孝宗以下，不复记载，则（球戏）亦式微矣。"[40] 这和中国在南宋以来，很相似。蒙古时代，马球反倒消失。是否因为蒙古人善骑，反倒不喜欢在城里面开辟而毕竟有局限的球场？是否因为蒙古人不喜欢把马球和拜天连在一起的许多仪式？尚待高明指教。

《金史》的编者，虽然宋辽金三史同时编辑，好像有些偏差观念，仿佛觉得宋代没有马球。其实不然。一般人以为宋代文弱，当然没有武戏。实际上是从北宋到南宋中叶，渐趋文弱。这一个有决定性的文化变迁值得研究。

宋太祖喜实际，不重马球。郭从仪"善飞白书"，又"善击球。尝侍太祖于便殿，命击之"。不是球场，所以"易衣跨驴，驰骤殿庭。周旋击拂，曲尽其妙。既罢，上赐坐谓之曰：卿技固精矣，然非将相所为。从义大惭"[41]。

宋太宗较重礼节。《宋史·礼志》二十四说："打球本军中戏。太宗令有司详定其仪。三月，会鞠大明殿。"这和辽金不同，与拜天无关，而很近似欧洲习惯，君主亲自出场，主持体育演习。"有司除地，竖木东西为球门，高丈余。……左右分朋主之，以承旨二人守门，卫士二人持小红旗唱筹（按：即记分）。御龙官锦绣衣持哥舒棒，周卫球场……教坊设龟兹部鼓乐（按：哥舒、龟兹都是西域，仍旧保持西域起源）……亲王、近臣、节度观察防御团练使、刺史、驸马都尉、诸司使副使、供奉官、殿直悉预。……天厩院供驯习马并鞍勒。帝乘马出……宣召以次上马，马皆结尾。……内侍发金合，出朱漆球掷殿前……帝击球……帝回马，从臣奉觞上寿，贡物以贺。赐酒，即列拜。饮毕上马。帝再击之，始命诸王大臣驰马争击。……每朋得筹，即插一旗架上以识之。……群臣得筹则唱好。得者下马称谢。凡三筹毕（按：结束一局），乃御殿召从臣饮。"规定虽然如此，而史籍中并不屡次记载，可见不常举行。事实上，北宋已经感到缺马。马球当然不流行，而变演为其他形式。上引这段《礼志》最后几句说得好："又有步击者，乘驴骡击者，时令供奉者朋戏以为乐云。"[42] 这段记载很详细，但未提球杖。据《事物纪原》说："球杖非古，盖唐世尚之，以资玩乐。"[43] 这句话暗透两点：宋代只是沿习前朝，而且一般与辽金不同，认为马球和练习武备，并无关系。不独马球本身变成仪式，马球的服饰也变成点缀。例如"太宗命创方团球带，赐二府（即中书和枢密）文臣"[44]。

北宋中叶，大臣中重视军事的，还有打马球的。例如文彦博在四川益州，"尝击球钤辖（武将职名）廨，闻外喧甚"，发现是兵士犯法，不服杖责。文彦博"复呼入斩之。竟球乃归"[45]。绝大多数的士大夫不以球戏为然。例如流传的《唐明皇打球图》，就有诗讥讽："三郎沉醉打球回……明日应无谏疏来。"[46]但主要的反对理由是因为士大夫子弟也沿袭了唐代贵族子弟的游荡恶习，不去修身上进。例如李邦直说："子弟……不率，而恣于球鞠博簺，弹弋狗马。"[47]对皇帝也这样说。例如王十朋札子："旨酒之嗜，声色之迹，球马驰骋之娱，有以累吾修身之德乎？"[48]。

当时马球虽然不再风行，但从马球演变出来或类似的球戏，反倒较盛。顺便提一下与这些球戏有关的三件轶事。一，范仲淹教导滕元发，如其子。而滕"爱击角球。（范）文正每戒之，不听。一日，文正……怒，命取球。令小吏直面以铁槌碎之。球为铁所击起，中小吏之额，小吏护痛间。滕在旁拱手微言曰，快哉！"[49]第二件轶事，有关王安石所领导的新政，据说皇族诸人对他不满。"熙宁间，神宗与二王（神宗之弟）禁中打球（按：不是马球）。上问二王，欲赌何物？徐王曰，臣不别赌物。若赢时，只告罢了新法。"[50]

第三件是尽人皆知的，就是《水浒传》里的高俅，不是骑击，而是精踢球。据笔记说："高俅者，本（苏）东坡先生小史，笔札颇工。东坡……留以予曾文肃（曾布）……辞之。东坡以属王晋卿。"王为枢密都承旨，送篦刀给端王（即后来的徽宗，上文提及他被俘，金人叫他作马球诗），遣高俅往。以下就是《水浒》借用的故事。"值王在园中蹴鞠。俅候报之际，睥睨不已。王呼来前，询曰：汝亦解此技邪？俅曰：能之。漫令对蹴，遂惬王之意，大喜。"即留用。后任最高军职，"极其富贵"。徽宗避金人南逃。中途高俅以病辞。第二年，徽宗左右，"如童贯，梁师成辈皆坐诛，而俅独死于牖下"[51]。

政治发展，有人事和偶然因素，往往多曲折，不是直线型或有简单规律的。北宋亡国，南宋以东南沿海，江浙一带，也就是太湖区域为重心，都于杭州。宋高宗奠定基础，自动退位。继任是他的远族养子孝宗。孝宗从来没到过长江以北，但他偏偏喜欢骑马射击球。"孝宗既即位……虎讲和未定，内廷设射驰球。……而曾觌、龙大渊挟声势，阴进退士大夫。"隆兴二年（1164），著作郎刘凤轮对，直言："殆左右近习盗陛下权尔。且长淮无一兵之戍，而陛下乃亲技击骋衔辔，岂缓急欲为自将地乎？"岂不见近臣"堕马失臂……摧折濒死"[52]。有人为皇帝巧辩，说："亲鞍马以励军旅。"其实，徒然"劳于驰驱"[53]。而最可批评的是"引北人孙照，出入清禁，为击球胡舞之戏"。虽然这样批评，孝宗还是不肯"屏鞠戏"[54]。

不过书生之见，也不免偏差。当时对于金国使臣的外交礼节和娱乐，还有马球一项，由军人表演。"使人到阙筵宴，凡用乐人三百人，百戏军七十人，筑（撞）球军三十二人（按：每队十六人，见上文），起立球门行人三十二人，旗鼓四十人。并下临安府差。"[55]还有更要紧的一点，宋孝宗除了自己娱乐和练武之外，又恢复马球的典礼。到了南宋，已经不能使大臣参加球戏，但还要他们参观。例如淳熙四年（1177），"阅球于选德殿"[56]。这次阅礼，恰巧有名臣周必大作较详的记载，和《宋史》礼志的规定，略有出入，因为多了一位皇太子。"有旨，令阁门依仿太宗太平兴国二年（977）

故事，宣宰执侍从正任，内宴，观击球。午时，入东华门，过选德殿，其后即球场也。……至则分在左右朋立班。乐作，上乘马来。迎驾两拜。上御芙蓉阁，群臣起居。上乘马击球（按：等于现代的开球式）毕。下马，再坐。皇太子以下奉觞称贺。……上临轩，群臣分侍。皇太子乘马击球。次，左右朋击。屡传旨，实击。既毕，上乘马归，群臣少憩幕次。移刻，宴选德殿。"[57]典礼虽然举行，臣下并不热心。所以要屡传旨意，要他们使劲打球。这和唐代风气，大不相同。

马球虽经孝宗爱好而提倡，颓势已不可挽。又经过士大夫的屡屡劝诫，就从孝宗父子的时代起，不再在君主宫廷出现。这一个有决定性的转折点，它的经过是这样的。孝宗不止是打球，还射箭。乾道五年（1169），"帝御弧矢，以弦激，致目眚"。辅政的陈俊卿乘机上密疏劝诫。他说他知道孝宗"志图恢复……以阅武备，激士气耳。（但）陛下诚能任智谋之士，以为腹心……尚何待区区驰射于百步之间哉？"同时，又提起马球危险，甚于射箭。"况球鞠之戏，本无益于用武。而激射（其球）之虞，衔橛（堕马）之变，又有甚于弓矢者。间者陛下颇亦好之。臣屡献言，未蒙省录。"其实，另有谏官单时，也早说过"饮酒、击球二事"。孝宗的答复是"击球，朕放下多时。饮酒，朕自当戒"[58]。换言之，他只同意不常打马球，不一定完全戒。

孝宗打马球，确也发生过小故事。据笔记史料说他"锐志复古……时召诸将击鞠殿中。虽风雨亦张油帘，布沙除地。群臣……交章进谏，弗听。一日，上亲按鞠，折旋稍久。马不胜勚，逸入庑间。檐甚低，触于楣。侠陛惊呼失色，亟奔凑。马已驰而过。上手拥楣垂立，扶而下，神采不动……皆称万岁。"[59]

又过了几年，周必大终于劝动了孝宗。"上日御球场，必大曰：固知陛下不忘阅武，然太祖二百年天下属在圣躬，愿自爱。上改容曰：卿言甚忠，得非虞衔橛之变乎？正以仇耻未雪，不欲自逸尔。"此后，常叫太子去打。孝宗选立这太子（即光宗），是因为他英武类己。但是周必大觉得太子也不应该冒险打马球。于是又找了天文星象的机会再度进言。"金星近前星。武士击球，太子亦与，臣甚危之。上俾（周必大）语太子。必大曰：太子人子也。陛下命以驱驰，臣安敢劝以违命？陛下勿命之可也。"[60] 在长期频频的劝告之后，士大夫终久胜利。正史说部，都不再提君主、太子和大臣们举行马球的仪式或常打马球的情形。

时间的巧合很有意思。1168 年北方的士大夫劝金世宗放弃马球。而在 70 年代南方的儒臣也在差不多同时劝动宋孝宗。自此以后，在中国本部，很少听见马球。西域的文化传统，曾经中原文化吸收的，慢慢稀薄。虽然杭州有些"与马打球"的耍弄，"蹴鞠打球社"的活动，但已无关紧要[61]。长江下游东南部太湖区的文化，不免文弱。可是后者竟成为中国文化的主流。

笔者孤陋，没见元代关于马球的史料。明代也很少，大致分两类，一是军中之戏。明太祖也像宋太宗、宋孝宗那样，举行表演。王绂有诗《端午赐观骑射击球侍宴》。端午举行，沿袭辽金旧俗。赐观、骑射、击球、侍宴等等，和南宋一样。这诗说："诏令禁籞开球场 …… 金鞍宝勒红缨新 …… 忽闻有诏命分棚 …… 球先到手人夸能 …… 彩色球门不盈尺，巧中由来如破的 …… 此技乃知聊尔嬉，圣心举此重阅武。"[62] 第二类是君主荒嬉。例如明武宗，即正德皇帝。有谏疏批评他："近岁以来，太监 …… 刘瑾 ……（等）淫荡上心，或击球走马。"[63] 不过明清两代马球的情况，虽然衰微，还有待研究。本校普林斯敦大学美术馆藏有明末清初朱耷（八大山人）的花卉册。其中一页，题诗的起句是："人打球来马打球，年年二月百花洲。"这诗如何解释，深望识者见教！

原载《东方文化》二〇卷一期（1982）

【注释】

　[1] 张家驹，《两宋经济重心的南移》(1957)。

　[2] 刘子健，《南宋中叶马球衰落和文化的变迁》，《历史研究》1980 年第 2 期，页九九——一〇四。

　[3] 庄申，《击鞠》，《大陆杂志》，卷四，期六 (1953)，页一一七——一二二。

　[4] 向达，《长安打球小考》，见《唐代长安与西域文明》(《燕京学报》专号之二，1933)；罗香林，《唐代波罗球戏考》，《唐代文化史研究》(1946)，增补本书名《唐代文化史》(1955)。罗先生说明向先生著书在前，他是再增加一些史料，同时也提到两种参考工具书，即《古今图书集成》和《文献通考》。

　[5] 《古今图书集成》(影印本)，《博物汇编·艺术典》，卷八〇二，页一〇六二——一〇七一。上注罗著也已提到。又可以参阅宋人黄朝英，《缃素杂记》(学海类编)，卷九，页二。

　[6] 封演，《封氏闻见记校注》(1958)，页四七。

　[7] 《古今图书集成》，卷八〇二，《唐书·郭知运传》，页一〇六七。

　[8] 《古今图书集成》，卷八〇二，页一〇六七。《宋史》(标点本)，卷一二一，《礼志》二四，页二八四一——二八四二。"又有步击者，乘驴骡击者。时令供奉者朋戏以为乐云。"朋即分两队，见下文。又卷八一二，页一〇七〇，引孟元老《东京梦华录》(1956 注本)，卷七，页四五："各跨雕鞍花鞯驴子，分为两队。"

　[9] 潘荣陛，《帝京岁时纪胜》(1981)，页一九。

　[10] 陈邦彦，《历代帝王成败史》(香港，无出版年)，页一〇六。

　[11] 据西友见告，北欧如瑞典，挪威的农村里，也用同一方法，不必另穿冰鞋。

[12] 陈邦彦注 [10] 已引书，页一〇四。又唐代女郎的《鱼玄机诗》（四部备要），页三一四。至于分朋或分棚，见前注 [6] 引，《封氏闻见记校注》，页一四。又王定保，《唐摭言》（丛书集成），卷三及五。

[13]《古今图书集成》，卷八〇二，页一〇六七，明人王绂《端午赐观骑射击球侍宴》诗，句云："彩色球门不盈尺。"指宽也，非高度。又端午，即五月初五，同辽代全代习俗，见下文，并见王绂，《王舍人诗集》（四库珍本），卷二，页二三一二五。

[14]《古今图书集成》，卷八〇二，页一〇六九一一〇七〇。《宋史·礼志》及《东京梦华录》，均已见注 [8]，不赘。

[15] 阴法鲁，《唐代西藏马球戏传入长安》，《历史研究》，1959年第6期，页四一一四四。又同刊，1959年第8期，页一〇《通讯》。阴先生文中又提到唐代大明宫的遗迹，有球场的石碑，已经出土。关于考古方面，本文不提。读者可参阅《考古》及《文物》两刊物。不但历来史料常把宋代马球和足球混为一谈，近人写作也如此。所以应当提出，周世荣，《足球纹铜镜和宋代的足球游戏》，《文物》（1977）九期，页八〇一八二。

[16] 高阳，《明朝的皇帝》（1973），页一二八一一二九。细节可以参阅他其他两本史话：《李娃》（无出版年，约在1970左右）及《少年游》（同上）。

[17] 封演，《封氏闻见记校注》，页四七。

[18] 司马光，《资治通鉴》（标点本），卷二〇九，页六六三九一六六四〇。

[19] 同注 [17]，页四八。

[20]《资治通鉴》，卷二四八，页八〇〇九。

[21]《资治通鉴》，卷二五三，页八二二〇一八二二一。

[22]《资治通鉴》，卷二五三，页八二二二。

[23] Herbert A. Giles, "Football and Polo in China," *The Nineteenth Century and After* (London), Vol. 59, (1906), pp.508-513.

[24] 拙著（1980），见注 [2]。又注 [5] 所引二书。

[25]《辞海》，孟昶条。《资治通鉴》，卷二七三，页八九三〇。

[26] 孙承泽（明末清初人），《天府广记》（标点本，1962），卷五，页四三。

[27]《辽史》（标点本），卷六，页七一。又《古今图书集成》，卷八〇二，页一〇六八。

[28]《辽史》，卷八〇，《马得臣传》，页一一七九——一一八〇。《古今图书集成》，卷八〇二，页一〇六三。又毕沅，《续资治通鉴》（标点本），卷一五，页三五一。Giles 1906 年英文写作（见注［23］），有英译谏疏。

[29]《辽史》，卷八一，页一二五。

[30] 宇文懋昭，《大金国志》（《史料续编》，八六册），卷二，页一四。

[31] 曹勋，《北狩见闻录》（《史料续编》，八六册），页九——一〇。

[32]《金史》（标点本），卷六，《世宗》上，页一三一。常武殿，见孙承泽，《天府广记》，同注［26］。

[33]《金史》，卷三五，《礼志》八，页八二六——八二七。又参，卷八七，页一九四四。《古今图书集成》，卷八二〇，页一〇七〇。Giles 英文著作，见注［23］。又陶晋生 Tao Jing-shen, *The Jurchen in Twelfth-Century China: a Study in Sinicization* (1976), p.76.

[34]《金史》，卷八六，页一九一七。

[35]《金史》，卷八七，页一九四四。

[36]《金史》，卷一三一，页二八一三——二八一四。又卷六，页一四一——一四二，较略，但指出马贵中谏疏说："陛下……又春秋高。"而毕沅，《续资治通鉴》，卷一四〇，页三七四三，及《古今图书集成》，卷八〇二，页一〇七〇，皆漏此句。

[37]《金史》，卷八八，页一九五八。

[38]《金史》，卷一一一，页二四四九。但不见于《后妃传》，参卷六四，页一五三二——一五三四。《古今图书集成》，卷八〇二，页一〇七〇。

[39] 毕沅，《续资治通鉴》，卷一六六，页四五一二——四五一三。

[40] 贺光中，《汉城读书记》，《华冈学报》(1967)，四期，页三三二——三三五。

[41]《宋史》（标点本），卷二五二，页八八五一。《古今图书集成》，卷八〇二，页一〇六九。童贯骑驴，见王明清，《挥麈录》（标点本），二三一条。

[42]《宋史》，卷一二一，页二八四一——二八四二。《古今图书集成》，同上注。至于龟兹乐，见《宋史》，卷一四二，《乐志》十七，页三三六〇。

[43] 高承，《事物纪原》（丛书集成），旗旗乐章部。球杖条，引《宋朝会要》。现存《宋会要辑稿》(1936)，似无之。

[44] 沈括，《梦溪笔谈》（胡道静校注，1956），三十四条。在上册，

页九二—九三。

[45]《宋史》，卷三一三，页一〇二五七。《古今图书集成》，卷八〇二，页一〇六九。

[46]《古今图书集成》，卷八〇二，页一〇六七。《唐明皇击球图》旧藏故官博物院，见《石渠宝笈》，二篇。元代有王渊《仿李公麟唐明皇击鞠图》，见明代汪砢玉，《珊瑚网画录》。

[47]《宋文选》（四库珍本），卷二二，页二。

[48] 王十朋，《梅溪王先生文集》（四部丛刊缩本），卷四，页四四。

[49]《古今图书集成》，卷八〇二，页一〇六九，引范公称，《过庭录》。

[50]《古今图书集成》，同上，引《紫微杂记》。

[51]《古今图书集成》，同上，引王明清，《挥麈录》，二四六条，甚详。赐高俅"风云庆会"，见二一七条。参周世崇一文，见注[15]。

[52] 叶适，《叶适集》（标点本，1961），页三〇一—三〇三。

[53] 薛季宣，《浪语集》（四库珍本），卷一六，页二一三。

[54] 毕沅，《续资治通鉴》，卷一三八，页三六六三。又卷一三九，页三七一九。又《宋史》，卷三八三，页一一七八六。

[55]《宋史》，卷一一九，《礼志》二二，页二八一二。"筑"字承哈佛杨联陞先生指教，即是撞字。周密，《武林旧事》（武林掌故丛编），卷四，页二四，不但和《宋史·礼志》相符，而且有当时三十二人中为首几个人的姓名。

[56]《宋史》，卷三四，页六六四。毕沅，《续资治通鉴》，卷一四五，页三八三九。又杨万里，《诚斋集》（四部丛刊缩本），卷一二三，页一一〇四。

[57] 周必大，《文忠集》（四库珍本），卷五一，页八一九，《丁酉岁恭和内宴御诗草跋》。

[58] 毕沅，《续资治通鉴》，卷一四一，页三七五九—三七六〇。

[59]《古今图书集成》，卷八〇二，页一〇六九，引《桯史》。又岳珂，《桯史》（历代小说笔记选），页五六四。关于油纸或油布，参 Giles（1906）英文作品，见注[23]。

[60]《宋史》，卷三九一，页一一九六八。

[61] 耐得翁，《都城纪胜》；又，吴自牧，《梦粱录》；见孟元老等，《东京梦华录（外四种）》（标点本，1956），页九七一—九八及二九九。

[62] 王绂，《王舍人诗集》，卷二，页二三—二五。

[63] 高阳,《明朝的皇帝》,页一一。

补注:近日又见江少虞,《宋朝事实类苑》(1981,标点本),页六八四云:"……今有步打、徒打、不徒则马打,大有规制礼格,用意奇巧,取其精练者为上。今圣精敏此艺,置供御打球供俸……国朝士人柳三复最能之,丁晋公亦好焉……"

比《三字经》更早的南宋启蒙书

十几年前，《三字经》这本书帛被提到。当时我的好奇心触及两个问题：(一)《三字经》究竟是谁编的？(二) 大概编在什么时候？

为这两个问题曾走了美、英、荷兰好些地方的图书馆，意外地发现有各科各行的《三字经》，甚至有革命性的三字句读物。又发现有用吴语、闽南 (厦门) 语等方言来拼音的《三字经》本子，都是在太平天国前后出版的。足见《三字经》流传之广。

关于这本书的作者，可以肯定，不是宋末元初的王应麟，清代学者就已经怀疑。上海张志公先生有专书讨论启蒙书的文体，他也提到编者可能不是王应麟。并且举出明代屈大均的《广东新语》，说《三字经》是宋末元初区适子编的。这说法颇有可能。区适子的生卒、事迹可惜无可考。不过将这书附会是王应麟编的，也不难想像其中缘故。王是宋末很有名的大臣，曾闭门著述。例如他编的《玉海》，是空前巨大的辞典。又有一册小书，叫《小学绀珠》。这部书并非启蒙书，可是却因王应麟编过这部书，后来提倡以及推销《三字经》的便很可能以此为借口，硬说《三字经》也是他编的。明代印书翻书，张冠李戴的情形是司空见惯的。《三字经》编者的问题，暂且按下，有机会另行详论。现在集中讨论这书的时代。编者不论是王应麟，还是区适子，都是宋末元初的人。把他们说成编者，便意味着遗民为了保持他们所心爱的文化，凝炼成一些三个字的口诀，力求其普及，在民间种下深根。

《三字经》这样的书，是不会突然出现的。南宋时代的若干思想家、理学家、文人逐渐开始注意普及教育，可能已经有人编写过一些通俗读物，成为《三字经》的前驱。

我的这个想法十余年来没有找到证据，最近无意中发现了！这便是载于陈淳《北溪大全书》卷一六页六至八的《训蒙初诵》。陈淳，见《宋史》卷四三〇、《宋史新编》卷一六二，又见《宋元学案》卷六八《北溪学案》。这书有影印的《四库全书》珍本，尚非随处都有，因此在这里略为摘录一些。

《启蒙初诵》云："予得子，今三岁。近略学语，将以教之，而无其书。因书《易》《书》《诗》《礼》《语》《孟》《孝经》中明白切要四字句，协之以韵，名曰《训童雅言》。凡七十八章，一千二百四十八字。"

张志公先生的书说，七言五言四言都不如三个字一句的易于幼童唱读习诵，这理论颇符事实。陈淳说："又以其初，未能长语也。则以三字先之。名曰《启蒙初诵》。凡一十九章，二百二十八字。盖圣学始终，大略见于此矣。"

比较《三字经》和这《启蒙初诵》，有少数句子完全相同，例如"性相近，君臣义，父子亲，长幼序"。有的有一个字不同，《启蒙初诵》说"夫妇别"，而《三字经》说"夫妇从"。有的文句不同，而意思一样。《启蒙初诵》一开头说了三句："天地性，人为贵，无不善。"而《三字经》另用两句："人之初，性本善。"更为凝炼有力。可以推想到，自南宋至元初，陆续有人留心普及读物，推敲字句，进行改编。

　　但这两种书的内容，还有基本上的大差异。《启蒙初诵》充分表现宋代士大夫阶层模仿先秦到唐代的贵族价值观，几乎一半都在说士大夫的起居、容貌和言行。它从天地、人性、社会秩序说起，直说到："居处恭，执事敬。……足容重，手容恭，目容端，色容庄，口容止，头容直，气容肃，立容德。"甚至告诫："坐毋箕，立毋跛。"《三字经》却不同，它不限于士大夫，也能适用于平民家庭的读书儿童。而又灌输传统社会中平常惯用的常识。诸如方向、四季、三才、三光、三纲、五常、六谷、六畜、七情、九族，以及"四书"、"六经"，从太古讲到十七史，最后用动物的例证，劝儿童勉学。

　　不论是代表了士大夫仿贵族的立场，还是士大夫扩展到平民的立场，这两种书都是替统治阶层巩固文化。既不提到多数人民所受到的压迫、剥削和痛苦，更谈不到社会正义、合理分配。但以旧社会的标准来说，《启蒙初诵》是早出的尝试，而《三字经》是成熟的结晶，内容丰富得多。也正因如此，《启蒙初诵》早就没没无闻，埋在古籍堆里，最近才又发现。课忙无暇细研，质诸各地高明，以为如何？

原载《文史》二十一辑（1984）

刘宰和赈饥

一　引言——本文的各层目的

本文有多方面多层的目的。先说较小的目的，其次各项，愈后愈重要。最后一项最重要。

（一）由小见大的研究方法。史料种类并不一定需要很多。如果发现了有兴趣或有意义的问题，不妨先确定少数几种主要的史料。经过细读、分析、推论，也可以得到超出意想之外的成果。本文只是一篇例证。

（二）补正史学上的漏误。《京口耆旧传》一书，常被引用。一般沿用《四库提要》，误以为作者佚名，其实是刘宰。为了修镇江的方志，编辑传记，因而另成专书。除了这点，刘宰的生平，还有更重要的历史意义。以往史籍的传记和评论，对他的估价，低得太多。也可以说他是一个"无名英雄"。

（三）补充有关南宋地方政府的实况。刘宰早年，曾任江浙各地小官，有实际阅历。中年四十四岁辞官，以后即以乡绅地位、私人财力创办各种善举。这类的书，也就反证地方政府失责，不做应该做的事。不但如此，而且竟没有人因此而指摘政府失责！

（四）提出南宋式乡绅的新类型。现代各方学者，已经从清代乡绅上溯，研究到明代乡绅。宋代乡绅，一般不太注意。从刘宰以及他友人的例证，可以看出南宋乡绅，既不是唐、五代、北宋残余的旧族，也不是北宋新兴高官的名门。而与明清两代，更不相同。宫崎市定先生曾讨论明末的乡绅（见《东洋史研究》，三三卷三期，1974年，页三二三——三六九），而南宋少数突出的乡绅（并非多数乡绅）自有其独特的类型。

（五）私人救济事业的规模。刘宰曾三次赈饥。嘉定七年，即1214年，他第二次私人创立粥局，饥民很多，幸得友人响应捐助，才能继续。翌年，农历四月初，正当青黄不接的难关，来粥局就食的，多达一万五千多人！这样巨大的规模，以私办救济而论，不但在中国，在世界历史上，是极少见的！

（六）儒家对于社区和社团组织的态度。这是儒家一个基本的失败，需要解释，再加批判，何以关心社区福利以及救济，像刘宰和他友人这类型的很少？何以多数士大夫读圣贤书而不注意乡里？从另一方面分析，像刘宰这样的类型，时有善举，但是何以不发展民间的社团组织？换言之，中国传统社会，在国家之下，家庭宗族以外，社团组织何以不强？纯以制度史的观点，或纯以思想史的分析，都不能取得满意的解答。唯有把两方面合在一起看，才能把握要点，看到阶级性。

本文的目的大致如上。附带说明行文的体裁。为了传播若干珍贵或不常见的史料，例如粥局的记载，不得不长段引用。其他史料，尽量采取简短的引证，尽量插入语体文的叙述或分析。拙著《欧阳修的治学与从政》一书，就是用这写法。又因为史料种类不多，文中就便提及出处。次要的参考，则另有附注。

二 列传的类型与新提出的乡绅类型

《史记》建立了所谓正史的体系。改修的仿编是同样的。列传部分，分卷排列，其意即在分人物为若干类型。实际上，这方法近似现代的社会科学[1]。大的类型，有确定的名称。其他若干类型，虽然没有名称，但从卷内人物的地位与事迹看，也一望而知。但是还有许多官吏的列传，仿佛大同小异，似乎没有明显的类型。其实，虽然只是小异，还是有区分的。因为不够明显，所以在卷末，加上"论"，指出这一小类型，有何共同的特征。

传统史家，常有意见，批评正史列传，分类不妥当。在另编新史时，序文和凡例，常说明何以改动列传的次序。卷末的论，评价也不同。但仍然是传统式的看法。现代学者，很难赞同。因为传统的分类法，限于成见，甚至偏见。总之，过于主观。并且，传统的类型陷于公式化，损害了史料价值[2]。本文还加一点批评，卷末的论，过重辞藻，等于所谓"以文害义"。因此不够理想的标准，也没有充分说明某小类型的共同特征，但是本文不赞成浮浅的批评。只看见旧分类的缺点，而忽视了史家的用意所在。今后的研究应当先了解史料，才能加以批评。而且应当提出有力的新观点，另外增加新的类型。

以刘宰为例，他的本传，见于《宋史》卷四〇一，《宋史新编》卷一五四。（又见于《南宋书》卷四六，兹不论。而《宋史翼》等书，没有他的传。）这两种传记的内容，大致相同。且看卷末的论，如何解释小类型？

《宋史》的论，认为这卷的人物，"出处不齐，同归于是而已"。最后论及刘宰，"飘然远引，屡征不起"。《宋史》这卷的大病，在首列辛弃疾。他和同卷余人，不太近似。《宋史新编》去了辛弃疾，另加他人，编为一卷。卷末的论，仍旧从出处的观点立说，但比《宋史》明晰，分为两点。一方面是宁处而不再出仕的。"崔与之……刘宰……（理宗）端平初，并膺天子优宠，一岁数迁。……终不能罗而致之。"同卷，除崔、刘两人外，有六个人，其中有刘的好友王遂。他们是出仕的，但不苟同权势。"在谏垣则多弹击，在讲幄则多献替。"因此，《宋史新编》的论，依然同意《宋史》的论。它的结句说："或出或处，归于是而已矣。"

现在我们了解了这两种史书的分类法，然后加以批评。

第一，以分类法而论。传统观点，不但陷于出仕或不出仕的老套，并且忽略了本传已有的内容。关键不在刘宰的不"出"仕，而在他如何自"处"。《宋史》本传明明有史实："施惠乡邦……三为粥以与饿者，自冬徂夏，日食凡万余人。"《宋史新编》同，只少一"凡"字。

正史和仿编的史书，过于偏重官僚的言行[3]，太忽略社会的活动。刘宰不再出仕，远不如他善举和赈饥的重要。他的文集（即见下文），最初在淳祐二年（1242），就有好友王遂的序，指出他"屡召不起，则毅然……恤穷饥，抚存没为心"。后来又有明代王㒜的序，明确指出刘的"文章道德"虽然高卓，"而所以加惠于乡邦者，尤盛"。本文也以为重点在此。列传所代表的看法，拘于旧式，看不见新类型。而刘宰的确可以代表南宋一个新的类型：即乡绅以私人的地位，致力于社区的福利，尤其是救济事业。

第二，以史料而论。《宋史》和《宋史新编》的分类，没有看到关键。除了限于儒家官僚式的观点以外，也是因为未能多用史料。元人修《宋史》，很草率，这是周知的。明代柯维骐编《宋史新编》，恐或未用，或未见刘宰的《漫塘文集》。

现存本在《嘉业堂丛书》，册一六二——一七一。是明版重刊，凡三十六卷。据其好友王遂的序："略计平生之文，十未四五。其子……汇次之，名曰前集。而留后集，以待方来。"又据明代各序跋，只有前书。其《语录》十卷，不传。而最可惜的，刘宰身后有行状，即王遂所撰。《文集》未载。明代人也未追索。《文集》后附录，照抄《宋史》本传。附了约有二百字的考异，自认只是"略为辨证"，一无要点。另附"癸辛杂识"一则，敕命一道，祭文三通等，其传记价值很小。

其实，《京口耆旧传》最后一篇，就是刘的传记，并且提及王遂"状其行"。不知何以明清两代都没有参用。编《宋史翼》的陆心源，是清末专治宋史的大方家，也没有注意。下节详论此书，并据以补正简谱。

用充分的史料，更可以确定刘宰可以被分类为一个新的类型。

三　简谱——补正《京口耆旧传》

《京口耆旧传》既然有《刘宰传》，这书如何可能是他自己编著的？《四库提要》的作者，可能因此不去再细看，就误以为这书的编著者佚名。岂知其中曲折，很有兴趣。这书确是刘宰编著，而书末《刘宰传》等，是他儿子增补的。

《粤雅堂丛书》现行本，附有余嘉锡《四库提要辨证》。根据镇江人陈庆年《横山乡人类稿》的考证，大略如下：刘宰，有"回知镇江史侍郎弥坚"，信中说，史约请他修方志，搜访"前辈行治"。刘期年就绪，"名曰《京口耆旧传》"（《漫塘文集》卷八，页三—四）。又用历代镇江各志考定（见《嘉定志》卷一五。《咸淳志》，序文。元，《至顺志》，卷一七。刘宰号漫塘，《咸淳志》误作漫堂）。史于嘉定六年（1213）到任。翌年以教授卢宪修方志，并约刘助修。次年，刘完成传记。《嘉定志》即用为资料。

《四库提要辨证》进一步解释。书内刘宰的父亲不称名，只称居士。《刘宰传》，称宰为公。可见这都是刘氏子孙增补。又《王遂传》也称遂为公。王遂女儿，嫁刘宰子汝进。增补传记的，可能就是刘汝进。经此考证，疑问全已解决。

刘宰传记，自然是这篇较详（见原书，卷九，页九——一四）。本文用为主干，分段节引，排成简谱。引用时，简称为"传"。又加按语，间称为"按"。按语引用刘的《漫塘文集》，以及下文，都简称为"《集》"。又参用其他史料，提出补充、修正，或疑问。但是按语力求简短，只举要点，以说明略历。下文分题各节，再详加讨论。

传："宰字平国。其先沧州景城人。初徙丹阳，其后徙金坛。"按：两县都属镇江府。徙居的原因，传未详。祖先的身分，传有记载，但细节尚须补充。他父亲的实际生活、兄弟的景况和变迁，以及他本人的婚姻，传讳言，更需要补充。以上各点，另详第四节家世。简谱以下，概仿此例，不再说明。

传，末段云："年七十四……终。"夹注又云："考《集》中……则宝庆元年（1225），宰年六十。……当卒于（理宗）嘉熙二年（1238）。"按：据此，刘生于（孝宗）乾道元年（1165）。又考《集》中各事年代，皆合。

传："两贡于乡，俱第一。"按：《集》，卷三三，页一一云："某年十六，入乡校。"

传："其就南宫也，亲旧馈遗，郡邑资送。誓不以一孔（即钱孔）自污。登（光宗）绍熙（元年）庚戌（1190）第。"按：刘的确比较清贫。除乡校所得外，有时在人家中教家馆，维持生活。得进士，年二十六岁，才结婚。宋代新进士，每有家世较好的，希望联姻。《集》云："婚于嘉兴陶氏。"又因而结识依陶家教家馆的林复之，接触理学。《集》中有许多处，可见刘日后尊崇朱子学，但并无门户。《宋元学案补遗》，将刘编入岳麓诸儒。《至顺志》云，刘从黄榦游。两异，而都没有充分证明，另详下文。

传："调建康之江宁尉。始至，置三峡……即手自勾校，吏不能欺。……巫风盛行。公下令保伍，互相纠察。往往改业为农。甲寅之旱，帅守命救荒，多所全活。"按：建康即现代南京，离刘家乡很近。《集》自云，登第新婚，其"时年少气锐"。排斥流行信仰，重视农业，是儒家要旨。甲寅，即绍熙五年（1194），刘初次有官办的赈饥经验，日后私人在乡里办理。又按：从《集》中推定，1193年在江宁任上，陶氏去世。四年后在真州，才再娶。

传："初，公与同志者，叹世道之薄，相约终任不求举。独公与……朱晞颜，始终不渝。（守帅张杓）既举公，（朱）因语之曰……幸一往焉。公谢……竟不往。"按：传记这类记载，每据家人所述，而载于行状，不免夸张。但此事大体属实。参见《集》，卷二九，页一一一——一三，朱的墓志铭。又卷二，页一〇，有怀友诗。序句说，江宁下任后，"离群索居"。

传："调真州法曹……郡仓库，皆……所领。公出纳明允，虽太守不得专。守有贪墨者，屡延公以后堂之饮，若将有所欲言。酒二三行，公辄辞去。守将代去，又为具甚盛，且以家奴（即女奴）执事。甫一酌，荐书出袖间。公力辞，色厉言温。守竟不能私。"按：这段话，与前段所引的作风相同。不能接受荐举，更不肯与贪官通融。但无旁证。又按《集》，调真州，是1196年。次年，继娶处州丽水梁氏。又因为顺从他父亲的愿望，在家乡开始买田。因为积蓄不足，竟卖去家用器物，来置田产。

传："会漕司以朝旨下州，责……状称不系伪学，不读周程氏书，方许充考试（官）。公曰……首可断，此状不可得也。遂独不与差（官）。"按：宁宗时，庆元党禁，诋道学或理学为伪学。1197年开始广泛地排斥。凡有荐举，概须具状否认[4]。刘并非真正的道学派，但不肯屈服于这种压迫。这段名言，《宋史》和《宋史新编》都有。想必根据呈报政府的行状。又按：刘虽受此排斥，但仍得漕司韩柅举为缭达科（见《集》，卷一四，页七）。

传："时学禁严切，上下迎承。公知时不可仕，而为养不可已。"按：刘日后是在父亲去世，安排弟兄生计，自己另置田产之后，才能辞官。

传文有简漏处。夹注云："此书于真州之后，不书泰兴令，及官浙东幕，当以墓志补其阙。"按：《宋史》和《宋史新编》都说，"授泰兴令"。又《集》，卷一四，页七——一一，皆泰兴时函启。可是这些史料，并没有年代。本文推测，可能是1202—1203年。为时很短，所以传"不书"。因为党禁，未能迁官。真州法曹，可能两任六年，即1196—1202年。而1202年时，韩侂胄已后悔，将党禁放宽。因此，刘才可能升为县令。到泰兴不久，即丁父忧。《集》，卷三二，页二六，"皇考……圹铭"云：他父亲死于嘉泰（三年）癸亥，即1203年。丁忧时，安排家计，上文已提及。

传："丁……忧服除。入京默观时势，不乐仕，领岳祠以归。"按：此段文字，省略过多。入京时间，当在1205—1206年间，《宋史》云："父丧免，至京。韩侂胄方谋用兵。宰启邓友龙，薛叔似，极言轻挑兵端，为国深害。"《宋史新编》同。《集》，卷一六，页二一四，有"上邓侍郎友龙"启，以为民力不足，不应该对金作战，向邓力主不可轻动的，是刘的友人吴汉英（见《集》，卷二八，页一〇）。《集》中未见给薛叔似的启。薛在《宋史》与《新编》皆有传。韩侂胄攻金，用为兵部尚书。以刘宰当时的低级官阶而论，其言论自难望生效。而且刘也和赞成作战的人往来。他贺辛弃疾知镇江，辛又赠他"五十镒之馈"（见《集》，卷一五，页一一三）。

又按："领岳祠以归"，是后在 1208 年的事。传文给了一个错误印象。夹注云："开禧间，入浙东幕。"大约在 1206年左右上任。《宋史》和《新编》都说，是"浙东仓司干官"。《集》，卷一四，页一四，也说是任干官，足见刘对于仓库出纳的事项，最有经验。

再按：刘在浙东任上时，还有一串重要的变化。各种记载，都只字不提。本文从《集》中各节，可以考定。1207 年，朝政大变。韩侂胄被暗杀，钱象祖任右丞相[5]。刘很接近钱。曾为钱代写奏札（见《集》，卷一三，页一五一一七），刘又向钱进言，主张不用漕试及太学补试，而由乡校，即州县学推举（见《集》，卷一三，页八一一一）。但刘还有更重要的意见，希望钱多用正人，否则，"事多掣肘"（见《集》，卷一六，页三一四）。所谓掣肘，可能指史弥远的权势日大。总之，钱并不采用刘的意见。所以政局虽然大变，刘反倒更看透朝廷，很难改善。另一方面，刘因为与钱有关系，不愿意受"入京考图"之嫌，自请"且畀岳祠"（见《集》，卷六，页一五一一六）。而《集》卷三二，页一三《梁氏墓志》中云："余即佐浙东幕，意有所未惬，将告归。"这几句话，可能是暗指对朝政的消极反应。而同时，他又得病，终于坚决辞官。

传："嘉定更化，以堂审召。命且再下，不至。时相亦屡讽执政从官，贻书挽公。公峻辞以绝。"按：所谓更化，是嘉定元年（1208）。韩侂胄既死，史弥远等人，表面上，用"包容政治"的手腕，笼络官僚群，包括讲道学、有名望的在内[6]。堂审是由大臣特举，不拘常资。而刘不为这手腕所动。前引《梁氏墓志》接着说："及奉旨堂审，将以疾辞。"又据《集》，卷六，页一五——一六，二月已奉祠归。四月降堂审。次年（1209），又催赴堂审。而刘"以贱疾形于面目，不可复出"，始终不应命。《宋诗钞》，卷二，选有《漫塘诗钞》，而一云：刘"以浙东仓司干官告归，监南岳庙"。对于官职、官衔，说得最简明。

传："黄公度制置江淮，屡书挽之入幕。公曰：君召不往，矧可为帅府屈？"按：《集》，卷四，页四，有"病鹤吟"，呈黄度。诗前序句说："怨冒公举……上玷师门。"所谓师门，是指考官的关系，与学派无关。

传接着叙述辛巳年（1221）的事。按：时间排列不合，应移于下文再叙。传又云："名塘曰漫，自号漫塘病叟。……有出数由。"按：这点需修正。刘在父亲死后，将所有田产，分给弟兄为生。辞官后，"复买田百亩，于是仰以自给"（见《集》，卷八，页二）。另一方面，虽然"向叨祠命。……不敢支请俸给"（见《集》，卷五，页七一八）。

传又描写刘不愿意与官往来。按：未免过实。除了隐居的生活方式之外，另有原因。刘得了严重的皮肤病，甚至形貌都变坏了，因此不肯多见人。但也仍在地方上有活动，详见以下各年（又分见第五、六、七，三节）。

传又描写刘在学术方面的活动。如"讲学会课"，"与后生……唱和"等等。按：这也稍过实。当于第六节，讨论其学术时再叙。

传接着叙述刘在乡里的善举，是综合言之，而基于事实。兹节录如下："置社仓……创义役……三为粥，以与饿者。自冬徂夏，日食凡万余人。……某桥病涉，某路险阻……必捐资先倡，而程其事。公生理素薄，而见义必为，有如此者。他如定折麦钱额，更县斗斛如制之类，凡可以白于有司，利于乡人者，亦无不为也。"按：这段文字很扼要。刘宰这一类型的作风，跃然纸上。他虽然不是富翁，但是有乡绅地位，和官员有往来。有时也为乡人主持公道。主要的是谋福利、办救济，而且首先自行捐助。

又按：他重要的举动传未细及。现在按照年代，简略如下。辞官，翌年，即 1209 年，刘宰第一次开办私人捐助的粥局，先救饥民遗弃的儿童。后来，地方官也拨粮捐助（见《集》，卷二○，页一三—一五）。在 1214 年，上文已及，应太守史弥坚之约，修方志传记资料。1215 年，史又约刘参加官办的赈济局。刘不愿入局，而把他自著的《荒政篇》，送去做参考（见《集》，卷八，页四一五）。

1219 年，梁氏夫人去世（见《集》，卷三二，页一一——一四，又页二六）。刘可能因此对于仕途，更趋消极。传："辛巳之夏，俄取考功历，题百余言，以述其志。"按：这是 1221 年。考功历是保举他人，自己叙官资等事，必要的文件。刘自加声明，从此无意（见《集》，卷二四，页一，又页八）。

1224 年，第二次私立的粥局，创最高纪录。在农历四月初，有一万五千饥民来吃！（见《集》，卷二二，页六一七。更详于《江苏金石志》，卷一五，页一五一二○）

刘的声望，因此大高。都城杭州，也有传闻。恰巧次年，即 1225 年，理宗即位。其实是史弥远夺位给他。而应该继位的济王，反蒙冤而死。史弥远为了消弭怨言恶评，故意延揽正人 [7]。刘也在其中。

传："上初即位，渴注名誉。除令籍田，辞。"按：荐他的有往日约他的史弥坚。见《集》，卷八，页五一六，刘知道史弥远"求静退之士"，表面上是"以励薄俗"（见《集》，卷一二，页三）。这不过是装饰门面而已。

传："改通判建康府，又辞。除直秘阁，主管仙都观。"（按：参见《集》，卷一四，页一六一一八，致史丞相的谢函。）至于昌观的全衔，却无从摆脱（见《集》，卷七，页三一五。参阅《江苏金石志》，卷一五，页三九以下，句容县学宫的五瑞碑文）。刘是否支取俸给，或仍旧不取，无法考明。

又按：1228 年，刘有第三次私立的粥局。好友王遂也参加捐助（见《集》，卷二七，页一三）。五年后，政局又变。史弥远为权相达二十六年之久，1233 年死。王遂、洪咨夔同任御史。在《宋史新编》，这两人和刘都在同一列传。1234年，金国亡。理宗亲政，改元端平。虽然史嵩之掌权，但真德秀、魏了翁，也因洪咨夔的建议，被启用 [8]。同时，王遂等六七友人，又推荐刘宰。

传："端平元年，升直宝谟阁。且尽还磨勘岁月，使转官。"（按：参见《集》，卷五，页七一九。卷七，页五一六。又卷一四，页二〇一二一。）所谓岁月，是指刘辞官以来的时间，都改认为是资历，应当进级。此事第五节还要提及。

传："未几，除奉常丞，需章五上。"按：太常丞敕命，见《集》，附录，页四。需字疑误。《集》，卷五，页九一一二，有辞状五则，主要是称病。"得疾白驳。……自头面达于四体，强半变白。形容之恶，见者骇异。"传："郡太守以朝旨趣行。不得已，勉就道。至吴门，拜疏径归。"按：上引五状，其中第四状说，到平江（即吴县），"精神恍惚"，不能辨识老友，故归。第五状则明说，"实已七十岁"。

传："一时誉望，收召略尽。"按：《宋史》与《宋史新编》同。加了两句："所不能致者，宰与崔与之耳。"崔，也是洪咨夔等所荐。在《新编》，与刘同一列传。传："当宁侧席以问御史王遂。"按：当宁，疑有误字。《宋史》作"帝侧席以问"。《新编》则谓"帝犹冀宰一来也"。皆不知是否有据？或是王遂所撰行状中说的。传："除将作少监。"按：刘又四上辞状（见《集》，卷五，页一三一一五）。如此坚辞，更何况年老病重。而友人还希望他出仕，因为又发生了一件事。

传："镇江防军作乱。"按：这事在次年，即 1235 年[9]。传："阖邑奔避。公……激（县）尉任事。集近郭隅兵备之，号令调给，皆公主之。事上闻，朝廷援广东近比，以乡郡属公。命出复寝。除直敷文阁，知宁国府，皆不拜。进职显谟，奉祠王局。"按：必有辞状，但《集》中未见。想是未得收入。传："至嘉熙改元，又令赴行在奏事。谓诸子曰：吾本以病弃官，一卧三十年。晚节末路，少有不谨，必为万世诮。"按：这是 1237 年。

刘卒于 1238 年。传："年七十四，以疾终于家。……乡人为之罢市。……走送，袂相属者五十里。自远来会者，至无有馆。士祠于学……朝廷……赐谥文清。"按：镇江府金坛县两处先贤祠中，都有刘宰（见《至顺志》，卷一一，页五，又页二六）。可是刘的仕途与屡次谢绝荐举，主要是权相当政。初则韩侂胄，继而史弥远主政，有二十六年之久。死去不久，又是史嵩之得权。权相连续，是南宋的特点。刘宰不能附和权势，只能退居乡里。

简谱到此为止。刘宰乡绅类型的轮廓，大致了然。传统史学，因为列传太疏略，往往编年谱。这并不一定必要。现代用分题研究，可以更细密、更深入。下文即如此。最后，再综合各方面，加以申论。主要是研究儒家的阶级性和社团组织的缺乏。如果研究对象，限于刘宰一人，则意义不大。

四 家世 —— 家馆与分给兄弟田产

《京口耆旧传》有刘宰父亲的传。这完全是因为刘本人的关系。传中主要有两点：一是祖先，二是他伯父与父亲的孝友。此外，必须用刘的文集才能发现具体史实。

他的远祖，在宋初从华北迁居丹阳。四代都是平民。按：可能多过四代。他的高祖才做小官，试将作监主簿，娶学士刁约的堂侄女。后代一直到刘的父亲，都没有做官。他的曾祖只是府学内舍人，娶的是枢密使邵亢的侄女。

祖父刘杞的事迹，见刘所撰的墓志，在《集》，卷三二，页二四一二六。其中说出迁移的原因。"从弟有同居而酗酒者，先祖一无所较。密与祖妣谋，迁居金坛以避之。"金坛比丹阳，较为偏僻。例如《至顺志》，卷一三，页三三云："僻路不置驿。"又可见刘氏祖先，也难维持孝友的关系。刘杞，据墓志说："有声场屋。甫中年，即不屑事科举。"这是说，虽然曾经考试，但一无功名。家计也不富裕。"屋敝且隘"而"常产仅自给"。但刘杞不惜卖去田产，使两个儿子受较好的教育。经过是这样的：姻家汤氏从浙江上饶请来名士，教家馆。"须钱三千缗起家。汤氏聚族而谋，仅得六之五。先祖时在座，作而曰，愿奉五百缗，以幸教吾子。众皆愕，皆谓力不仇。退即鬻常产。五百缗先众而具。"可是这两个儿子，都没有考中科第。

父亲刘蒙庆，据刘宰本人的传中说："用累举恩，对策集英。（后）以公（即刘本人），赠朝奉郎。"而刘蒙庆的传中只说，与兄嗣庆，"皆以文行为乡先生"。什么是乡先生呢？就是教家馆。地点可知者有两处：金坛之河下，见《集》，卷三二，页四。金陵，见《集》，卷二六，页一五。总之，刘说："吾父为贫所驱，在家日少。"（见《集》，卷二六，页一四）收入也不多，甚至以幼子出继他姓，即见下文。

所谓孝友，其实是伯父刘嗣庆的主张。祖先"世葬丹阳"，而祖父刘杞迁家后，葬在金坛。为了孝思，顾全两处的祭祀，伯父告诉他父亲说："吾与汝分焉。"伯父归葬丹阳祖坟，而他父亲葬在金坛祖父坟墓的附近（参见《集》，卷一二，页一五——一六）。综合看来，他父亲一生，实际上并无可足称道之处。也许正因为如此，刘宰有一种补偿的心理。为佛寺做记文，首先说他父亲谈论寺院兴废（见《集》，卷二一，页一〇），开办最大的粥局赈饥，特别声明动机是为了实现他父亲的志愿。"某（宰）念先君……每值俭岁，怅无以及人。"（见《集》，卷二二，页六）总之，每有善举，"问之，则曰，先君之志也"。见《集》，王遂序文。事实上，他父亲是不可能有捐助的财力的。连出继外姓的幼子，他都并不主动设法收回。

最孝友的其实是刘宰本人。初官江宁，不久就使庶弟归宗。各传记未提此事，可能是因为当初出继，不太名誉。《集》，卷二六，页一五——一六，祭庶弟文，内容很感动人，值得长引。"惟我兄弟五人，庶出者二，汝实居幼。方汝之生，吾母之死已久。吾父假馆金陵，书报得男，吾父且喜且忧。（曰）'吾今四子，犹不免于饥寒，又益一焉。……求者予之。'会有以陈氏告者，汝之所生（按：即庶母），幸其家之近……而衣食之可营也。……故乞与不靳。即与，而吾父闻之，亦曰，幸甚。后此十有五年，吾始擢第太常。未几，而汝所生（庶母）物故。又三年，吾（仍）尉江宁，而汝同胞兄又物故。吾念汝生（庶母）拊育之恩，汝兄情义之笃，而吾与汝天伦，终不可泯。遂白吾父，取汝以归。以陈氏父母老……使仍家陈氏，而往来两闲。比陈氏父没……始使汝将（陈氏）母而归。与吾同门而异户。后有十余年，而汝（陈氏）母始没。生事死葬，展也无憾。"次页又有告家庙文，说弟回刘家后："为之娶妇，为之立家，亦既有子，子又生孙矣。不幸亡没。"弟仍姓陈，刘家称之为外弟。刘宰因为"后有科役，非异姓亲所能庇"，所以在弟死后，"白之宗党，俾其一家尽还刘姓。惟留已娶之子为陈氏孙"。如此妥贴的安排，面面俱到。

还有一件家事，传记不提。刘的长兄，与父亲继绝，久在军队，身分很低，父亲死后，刘也接长兄回家。刘的继室梁氏，毫不介意，同样的以兄礼相待。《集》，卷三二，页一一一一四，梁氏墓志铭，也值得长引："余兄少负不羁之才，投笔从戎。以是，获戾于先君。绝不复归。因纳妇军中，时惟一女二子。余官江宁时，已归其长子，既至仪真（即真州，刘任法曹），尽取其次子以归。"梁氏父亲，官居侍郎，"来总军饷，兄犹未去赤籍"。而梁氏对刘长兄之子女，抚养婚嫁，竟"如己出"。"先君既弃诸孤，余始奏兄嫂以归，妯娌相见。"因为身分背景，上下悬殊，"众难其处"。梁氏"曰，长幼有序。……即趋就下，继是，往来如一日"。《京口耆旧传》以及方志，都沿袭列传的看法，称扬刘宰的隐逸。其实，就是用一向的旧看法，刘也应当入孝友传。

刘宰之能孝友，尤其在财产方面，梁氏的内助是不可缺乏的。刘得进士后，娶嘉兴陶氏（见《集》，卷二六，页二二。卷二八，页二〇。又卷三〇，页一六——一七）。三年后，1193 年，即去世。刘"心折骨惊"（见《集》，卷二六，页一〇）。1197 年，继娶处州丽水梁氏。父官侍郎，兄弟皆官为县丞、主簿等（见《集》，卷三二，页一一——一四。参阅卷二八，页五——六）。结婚二十三年，很和谐。死于 1219 年（又见《集》，卷二六，页一一——一二。卷三二，页二六）。其中卷三二，页一一——一四，是墓志铭，关于刘家田产的前后经过，论述细节，下文分引。

刘的祖父，上文已提及，卖田使儿子从师。可能所余田产很少。而他父亲任家馆，也没置产。刘官真州法曹，父亲去看他。"自仪真（即真州）归，买田于金坛"，而向刘要钱，刘"缔思无策"。当时新婚不久，而梁氏竟自动以家用盘盂等物件，"举而鬻于市"。这样，才买了田产。1203 年，父死。当时他兄弟五人的情形如下：长兄嫂从军队接回来。他们的子女，早已由刘宰抚养，刘宰是次子。尚有同母的三弟，有残疾（见《集》，卷二六，页一六——一七）。庶弟两人，上文提及。四弟当时已死。最幼弟从陈氏取回，也由刘宰供给生活费用。在这情形下，刘决定不如分产，以后兄弟们可以自理，所以 1205 年，"终先君丧，凡家之见产，悉以分兄弟"。自己不要。梁氏同意。她说："且君（指刘宰）犹可仕。或伯叔不给，将何仰乎？"其实，所谓家产的绝大部分，可能除了住房以外，全是刘宰买的。梁氏墓志铭未明说。另见《集》，卷八，页二："一第二十年，铢积寸累，乃得田三顷。……悉举以授兄弟。"这里用的字是"授"，送给兄弟。墓志铭用"分"字，是体面说法。

终丧后，刘"佐浙东幕，意有所不惬……将以疾辞"。

虽然已经分家，可能兄弟们还是希望他继续做官，可以沾光。墓志铭文中云："惟家人之难于忘贫也，皆私从君（指梁氏）卜可否。君曰，是岂谋及妇人者哉？"1208年辞官以后，梁氏"绝肉食，去华饰。有馈者，及馂余，惟以饫儿女"。因为刘宰自有的田产不多。《集》，卷八，页二说："浙东之归，复买田百亩，于是仰以自给。"分给兄弟三顷，自己后来只另买了一顷。以士大夫生活标准而论，是清俭的。此外，据《至顺志》，卷二七，页七，刘宰在金坛城内有宅。本人有病，另居"漫塘"乡间。传云："结庐三间。"又据传，刘有四子，未言任官。而《至顺志》，卷一九，页二七，另有传。据此，则长子刘符，见"仕进类"。但校勘记注明，今本"脱去"，无法知道。季子名汝进，即王遂的女婿，也可能是《京口耆旧传》编写刘宰传的，却"隐德不仕，以赋咏自娱"。

总论家世，刘家在金坛，自祖父起。曾有田，卖去，得五百缗。父亲是用刘宰的钱买田，共五百亩。父死，分给兄弟。刘又另买百亩以自给。他是地主，但与许多官僚相比，不是大地主。但以乡里标准而言，他一方面是官僚地主，另一方面是惠及乡里。

刘宰也注意宗族。"每月朔望，必治汤饼会族。"并且说同族而"情意间隔……亦相忘于酒杯间"。见《宋元学案补遗》，卷七一，引高道淳，《最乐编》。刘又撰"劝念祖睦族文"，称赞有名范氏义庄的精神，劝族人不可因"一己之私"欺压或不顾同族（见《集》，卷二，页四一五）。但此外《集》中很少提到族中的事。因为他祖父始迁金坛，最多不过与丹阳旧族连系。何况他兄弟情况并不好，也不便多事倡导宗族公益。刘做的公益事，主要的不是宗族，而是乡里一般人的福利。

以官僚阶级而论，只有高祖曾任小官。只有刘宰有科第。而刘宰也仅任州县幕佐，何以他能成为有力而且有名的乡绅呢？下节再说明。

五 乡绅名位的主要因素

乡绅的名望，一般说来，原因不一。可能的因素，大致是下列的范围：望族、门第、财产、科第、高官、有名的政见、和其他士大夫的往来、和地方长官的应酬，以及学术的成就，包括经史哲理、诗文书画各方面，还有实际上令人敬仰的行为。以刘宰而论，谈不到望族、门第与财产。他的仕途，主要是进士的科第。但至辞官为止，只是州县幕职，并非高官。

本节是检讨他的政见和其他士大夫的关系，以及和地方长官的接触。至于他在学术方面的造诣，留在第六节和信仰等，另行讨论。

刘中进士，才二十六岁。"时年少气锐，视天下事若无足为。"（《集》，卷三〇，页一二）任职州县，很积极，希望建立"事功"（《集》，卷七，页一）。至于国家大计，他也有政见。不肯屈服于庆元党禁，又反对韩侂胄对金用兵，已见第三节，简谱。这里再补充他对于国防的看法，多半见于墓志铭的作品。他批评韩"肆其淫心，以规恢复"（《集》，卷二八，页一六）。而"边臣不善用间，言（间谍）未必实"（见《集》，卷二八，页一〇）。在开战失败之后，刘引用他人的话，或借用他人的口气，主张整顿。"高庙（高宗）艰难，三十年，欲静而不得静。孝庙（孝宗）积累，二十七年，欲动而不得动。权臣轻动于一朝，陛下（宁宗）唯唯从之。往事已矣，自今……何可不察？"（《集》，卷三〇，页一一）而最先需要整饬的，就是一般的边臣。宋人往往以半文的诗句，作记事或论说之用。刘有一首寄友的诗，其中说："只今淮上未安集，二虏南望犹睢盱。要知两淮须保障，保障一撤长江孤。边臣之虑不及此，但知权利供苟且。"（《集》，卷四，页五）

除了边臣之外，刘对于多数士大夫官僚，也深致不满。第三节简谱，已经提及。他主张废除漕试及太学补试，而用州县学的推举。其中指出考试的各种舞弊。"一曰冒名入试。二曰同场传义。三曰换易卷头。四曰计属暗号。五曰计会分房（考官）。"[10]又讥游士与官僚交相利用，影响很坏。"游士……择其厚己者，则多方延誉。违己者，则公肆诋訾。……为耳目之官者，幸其然也。招徕之，诱进之，采用之。或又畏惮而弥缝之。……毁誉不得其真者，此也。"（《集》，卷一三，页八—九）

1225 年，刘在辞官将近二十年以后，又有朝廷任命，他坚拒。不但向丞相史弥远谢绝，还对于史氏执行的"包容政治"[11]，有中肯的批评。"怵然岔异议之来，而幸其同则止。戚然虑事变之作，而幸其平则止。縻之以爵禄，而恩意有时而穷。"（《集》，卷七，页二）

上述各点政见，并不重要，不拘在官或退居后被荐，刘都没有发言有效的地位。而且抱有这类见解、地位声望远在刘以上的，还大有人在。刘的政见，最有价值的，不在朝廷大计，而在地方行政，基于他自己任官与在乡的经验和分析。

刘论法曹权力之大，就说："以某昔尝滥巾焉。"这分析很生动，见《集》，卷二二，页一七—一八，值得一引。"（司法）录事，多典（民政）右狱，则与刑曹均。……法曹差狱之丽（丽人于罪），（刑曹）上于府从事，与守，若贰（通判）曰，未也。法曹则持之坚，辨之力。曰，当是也，乃已。守，若贰虽甚敢，莫能夺。夫以一府之所是，莫能胜法曹之所非……则法曹之势张甚。"

刘曾与本县现任的主簿，详细谈论经验，不惜长引。《集》，卷二〇，页二〇—二一："主簿员，介（县）丞（县）尉间。……余屏居无事，饭已，即岸巾捧腹，婆娑漫塘上。岁见吏驱民，过吾门者，踵相蹑。问之，则曰，吾产去矣，而税犹在。否则曰，吾输竟矣，而征犹故。又不，则曰，吾税不加益，而数适增也。以是为（县）令长过欤？则曰，计簿是因，咎非余执也。然则执其咎者，非主簿欤？尝试以谂为簿者，则颦戚曰，咎非吾辞，然事莫吾（事之）难也！夫乡书手，吾隶也。顾以赋役可渔利与淹汩（即淹没），朱墨不类。常自托于县。闯门唯诺，未休，即扬去。一叱咤，辄启衅。计簿，吾职也。而民户推收，法委（县）丞贰。一顾问，且侵官。勾校，有程吏。不为用，则散编帙庭下。曰聚童卝，及游手无赖数辈，从事其间。其出入勤惰，殆不容诘。奸民挟锾数十而入，即更定户税，如反掌。幸而事露。（上官）欲谁何之，则左右指曰，彼负吾庸，吾以酬若庸也。噤不敢复问。若是，而欲吾职之修，可不谓难欤？余闻而悲之。"地方政府中，各种势力，盘根错节，竟无法建议改善。被压迫榨取的，只是没有势力的人民。

地方政府有时还有轨外行动。例如运河附近旧有为民用水利的水管，名曰函管。管是木制的，外部以石函封保护。政府竟下令征夫拆去，而将这些木石取去自用。刘有纪事诗："函管由来几百年，大者用钱且十万。……州家有令塞函管。……只今掘尽谁敢计？但恐民田从此废。丰年余水注江湖，涓滴不为农亩利。有时骤雨浸民田，水不通流禾尽死。……尽驱壮丁折函管，更运木石归城闉。吕城一百二十

里，不知被扰凡几人？"（《集》，卷四，页六一七）

刘宰深觉地方政府给人民的痛苦。一方面，"州县间，殆不复见廉平之吏"（《集》，卷六，页七）。而另一方面，即或是好官，也经验到"州县之不可为"，无从革弊。而"田里之不胜扰，固皆身履而目见之"（《集》，卷六，页九）。因此，刘只能以乡绅地位，就其影响所能及的，从侧面补救一些。他的政见，不发高论。他的善举，都是实际的。

刘宰在辞官后，与其他士大夫的交往如何？《京口耆旧传》说："绝交中朝，及四方通显。书有先施者，皆缄具所自号。"即漫塘，或漫塘病叟。事实上，大体如此，但因为偏重隐逸，过于夸张。刘的个性，不喜权贵，他自己说："赋性疏率"，"多忤"人（见《集》，卷六，页一五。又卷七，页一九）。通讯也是"放荡之余，笔纵字大"（见《集》，卷七，页一三）。而且有时删改，不再誊写。"或涂之，或乙之。"所谓乙，就是勾去（见《集》，卷八，页八）。

但是与刘通讯，有文字之交的，其中确有知名之士，以及日后通显的。例如倪思、叶适、杜范等人（分见《集》，卷二，页一八。卷五，页二。又卷三六，页七一八）。又有论史学的李心传（见《集》，卷六，页二。又卷八，页一四一一五）。这都从略。现在只说明刘宰与真德秀、魏了翁的关系，以见一斑。

从早年起，刘、真二人就通讯。真任江东漕司，在金陵，离金坛不远。刘寄诗，称赞他是"爱民真学士"（见《集》，卷一，页一四）。真有《救荒历》，刘加以题跋（见《集》，卷二四，页一四一一五）。真曾请刘为忠宣堂与先贤堂作记文，刘也请真为刘的父亲撰墓志铭（见《集》，卷一〇，页七，又页一〇）。1225年，理宗登位，济王冤死。真任侍郎，即辞去，自愿外任。刘有信劝阻，其中说："先辱手书。手书所不具者，又从友人得之。……今闻一意求去，无乃遽乎？"1230年，真又任侍郎，刘有信，以诸葛亮、张浚的古今例勉励（见《集》，卷一〇，页八——一〇）。1234年，真参知政事，刘有贺启。真不久不幸病卒，刘有《真西山赞》（见《集》，卷一，页二四。又卷二五，页一〇——一一）。

早在1206年，刘就在真德秀座上，见过魏了翁。1225年，魏入朝任侍郎，路过丹阳，真有信通知刘宰。刘回信说："某适以干在道，亟扣座舟通名。则闻已轻舟前迈，遂失一见。前此，亦误玷（魏）荐士籍中，并深愧感。会次，望（真）为致谢意。"（《集》，卷一〇，页九）刘另有信寄魏，信中论李全的兵事，但主要是希望魏能领导思想。当时，叶适（水心）经世之学，为人敬仰。杨简（慈湖）则倡导陆九渊的哲学。刘在信中说："水心之论，既未免误学者于有。慈湖之论，又未免诱学者于无。"（见《集》，卷一〇，页一一——一二）以上可见刘与真、魏二人，虽然很少见面，而确是通声气的。刘与其他相知的朝士，大体类此。至少，普通的应酬，并未断绝。例如"回沈秘读"一信，是"因前京尹赵工部侍郎令嗣到阙，故此谢万"。沈是史弥远丞相家的外甥（《集》，卷一二，页三一四）。赵是赵师罩，也曾通讯（见《集》，卷八，页六一七）。足见社会关系也并不限于深知的友人。

刘宰与地方官的交往又如何呢？当时金坛以及附近的进士并不多。据赈饥的碑文，乡贡进士（除了刘本人之外）约有十五家（见《江苏金石志》，卷一五，页一九）。进士身分很高，又与其他士大夫有关系。虽然刘退居，田产也不多，但是地方官还是礼遇的。但是刘有病，面目也受损害，不愿多见人。个性也不喜权要。这都是事实。而《京口耆旧传》的描写，未免过于夸张。原文说："门……虽设常关。（借用陶渊明有名的《归去来兮辞》的成语）乡曲亲朋，剥啄得通。郡官行县求见，有逾墙而后得入者。县官非数四至，不得见。非数回见，不往报谒。其报谒也，不乘车，不具门状。惟一仆具，持刺曰，邑民刘某拜见。"其实，见面虽少，文字来往的礼节是维持的。与任镇江郡官，金坛县官等，刘都寄给他们贺启、谢函，以及回信。《集》中保存不少，如《集》，卷九，页二一一三。卷一三，页一一五。又卷一五，页一一九。偶然还代现任官写剳子。同时，刘也借此与官方讨论水利等与乡里福利有关的事项。

刘的交往，不论朝官或地方官，都可以从他与史氏权门的关系，看出当时官僚亲友、社会关系的复杂性。史浩的子侄子孙，声势极大[12]。久持大权的史弥远，刘是不赞成的。但刘与史宅之同年成进士（《集》，卷一二，页三）。史宅之，即弥远之子。另见《宋人轶事汇编》，卷一八，页九〇五。此人又与史嵩之不和。

史弥坚知镇江，可能因为史宅之，而知道刘宰。约刘修方志，刘担任传记。又约刘参加赈济局，刘不去，只呈送白著《荒政篇》。已见上文。史请进士们鹿鸣宴，并且派遣"专使"到刘家邀请。刘因病，"形于面目"，屡谢不去（《集》，卷一五，页四。参见各回信。《集》，卷八，页三一四）。又据刘给沈秘读的回信中说："先令舅（按：指史弥坚）典乡郡时，犹不得一造郡斋。"（《集》，卷一二，页三）可见刘只为史做他自己愿意做的事，而不愿多与史交际。

刘对于史氏其他的人也如此。他与史弥革，经介绍而通讯（见《集》卷一二，页七一八）。而史时之任镇江通判，彼此通讯，就发生误会了。有两信，值得长引。第一信说："某伏自大丞相（史浩）当国，凡三十年。山林闲散之人，间有与大丞相偶同姓氏者，辄辟易趋避。况真大丞相族耶？惟沧州文昌公（史弥坚）昨典乡郡，不以愚不肖，先之以手书。某非意望所及，且谓庶人召之役，则往役。……其后溧水大夫（史弥革），介一二士友，惠书叙述平生。有摆脱世务……之意。某谓是吾辈中人，非挟贵以来者，故亦愿交下风。今承来翰，似事同而实异。盖作小楷书，用画一式。则小官事上之礼，某不敢当。"指摘史时之，不写手书，而用书吏写小楷，等于公文。既是公文，刘以退隐地位，就可以拒绝。第二信提及史时之又来信"开晓"，即解释误会。刘更傲然说："某前……书，实有感于世变而然。不自意其有忤于执事也。"又列举史氏上代的风度，教训史时之。"执事远观（君家）畴昔……之事如此，近观今日君家之事又如此，则宜知所处矣。"但刘宰并没再拒绝见面。"或因还镇，枉道见过，甚幸。不然，某因谒（吴）季子祠，亦可求见。"（以上见《集》，卷六，页一一一一三）

总之，刘与各地的士大夫，以及与地方官的交往，虽然不多，而且故意避免，但是还有的。他进士的身分，和这些交往，是他乡绅名位的主要因素。其次的因素，是他努力善举的结果。辞官的次年，他就以乡绅地位，从事各种善举。1224年，有最大的私办粥局。次年，他被荐升官（已见第三节简谱）。他虽然坚辞任官，但接受主管仙都观的官衔。当然，他乡绅的名位更高。但这并非因为与人交往，然后取得的。

除了善举以外，刘另有一件特异的事，就是他表示退隐，在考功历上自己题字的说明。考功历，又名印纸。《集》卷二四，页一，有一篇《书印纸后》。很有史料价值，所以长引。"余性疏拙。初注官时，铺吏授一卷书。曰谨视之，此吏部印纸。仕之久速，官之功过，将于是乎考。余曰唯。既弃官，始不加爱重。士之始仕，与仕而再谒选者，须保官人。（他人）惮保官之（事，必须）批（其）印纸，多勒（其印纸）不与（求保者用）。以余之刍狗视之也，因借去。自相邮为保。或累月不归，或迷不知所在。友人……以余为非。且言，万一有不实，诿曰不知，可乎？余是其言。因索归，书卷尾，以谢来者。"这是 1221 年的事。同卷，页一八，又有"书所题印纸语后"，再度说明刘不再为人保官，而且他自己根本无意仕进。"诸君子厚意"推举，人可不必。

这种行径，就儒家理论来说，虽然不合常规，但是坚决表示退隐，应该令人敬佩。但这事，经过多年，并没有人提及。刘的声名，并不因此而提高。直到 1234 年，王遂等六七友人竭力再推荐他，才涉及此事。因为刘不用考功历，不计算他自己的年久资深，所以政府特例下令，"尽还磨勘岁月，使转官"。承认他居家的年数，等于在官的履历，照计进级。经过这手续，这事才出名。当然，刘的乡绅名位因此更高。但其时刘已年七十，名誉再高，也无甚相干了。关于史学，再就便补充一点。《宋史》与《宋史新编》都曾提及此事。《京口耆旧传》稍详。但所有传记，同样的以自题考功历为一事。尽还磨勘岁月，时间隔得久，另作一事。不细看文集，实在无法发现这两事的因果关系。传统式的传记，一则按时间排列，二则行文过简。因此往往有事实而无解释。再进一步说，修史的往往根据行状资料，予以节录，也未必注意到前后的因果关系。这是史籍记载的一个缺点。

六 学术与信仰

乡绅的名位，并不起于学术本身。但有了科第等等，已经列为乡绅，学术上的造诣，是于名望有助的。刘宰就是如此。问题是刘在当时的学术地位，究竟如何？

史籍不一致，令人困扰。《文集》有几篇序文，每不加细考，轻易着笔。明代王㫗的序，说刘"常以不及登朱子之门为恨"。泛泛一语，未言师承。而明代范仑的序，谓刘尝从黄榦（勉斋）游。清代冯煦的序公然说，刘"为朱子再传弟子"。范序所云，可能是根据元代至顺《镇江志》，卷一八，页一五。其中说王遂"与刘宰，同从黄直卿（即黄榦）游"。《至顺志》何所根据，不详。疑是黄度之误。刘有《病鹤吟上黄尚书度并序》，其中说："如某么么（按：此乃宋代俗语），加以不可疗之疾，分甘屏处。忽冒公举，岂惟骇听，上玷师门。"（《集》，卷四，页一〇）又有祭黄度文，其中说："某揆迹虽疏，受知实重。"（《集》，卷二七，页一）刘辞官后，黄度曾想挽他再仕。所谓师门，可能是考官相知的关系，并非真正从师。

其实，刘并无正式的师承。《集》，卷八，页二云："某丱角侍先君，笔耕以糊口。"卷一二，页三，又云："某少迫于贫，不克裹粮，从四方宗匠游。"又卷三三，页六一七，记述乡里张家的盛况："凡士之有声场屋者……必罗致馆下，使与诸子及乡之后进游。"而"余时往来郡校，或为贫假馆，不克在弟子列。亦时时登门，窃听议论之余"。

刘倾向朱子的理学，是中了进士，与陶氏结婚的时候。陶家家馆的教师林复之，刘很敬佩，"由是得师焉"。而林复之与岳麓，略有渊源。"昔南轩张公寓居长沙，朱文公亦来游。相与以义理之学，训诸生。"林曾任潭州教授，"命舟浮湘，过岳麓书院，溯朱张之风。"（《集》，卷三〇，页八一一三）所以《宋元学案补遗》，卷七一，页四四，以刘列入岳麓诸儒学案，也可以说稍有理由。但误称刘与张栻通讯，年代已不合。刘并不以为自己属于岳麓或任何一派。刘为吴汉英作墓志铭，详载吴在岳麓，当时陈傅良讲道，吴以同僚参加（见《集》，卷二八，页八）。文末，刘只说与吴的儿子相识，并无一字提及刘与岳麓有任何关系。至于林复之的渊源，实在是间接而又间接。《宋元学案》，以及《补遗》，硬要以每人分属学派，甚至不惜牵强附会。这是传统史学，特别是理学的缺点。

刘的思想，不同熹叶适和杨简，第五节已经提及。他希望魏了翁能领导，因为"天下学者自张（栻）、朱、吕（祖谦）三先生之亡，怅怅然无所归"（《集》，卷一〇，页一二）。1225 年，理宗即位。不久，朝廷就崇尚道学。其时国势可虑。对抗外敌，需要加强自信心。因此尊道学为道统，以示文化的正统所在 [13]。1230 年，刘有《绍兴尹朱二先生祠堂记》（见《集》卷二三，页五一六）。尹焞是洛阳人，南宋时地已属金国。但因为"实归老于越"，所以绍兴地方有祠。刘在文中称颂朱子："四书集道之大成，合诸家之说择焉。……实道统攸系。"1234 年，刘再辞荐举，有信道谢郑清之（见《集》，卷七，页七）。信中云："惟大丞相以讲学辅主，上续道统之传。"

刘赞成以朱子学为道统，并不因此而忽视陆九渊、袁燮等人。他说："今二先生之书具在。而晦庵朱先生诸书，其论说益精。"（见《集》，卷一九，页一七）《朱子语录》，刘以之赠人（见《集》，卷六，页七）。但后来更喜爱朱熹与吕祖谦合编的《近思录》，"尤切于学者日用。顷得数本，皆转授学者"。同时，刘也感叹道统有名，未必有实，"朱氏书年来盛行。今之要津者，多自谓蒙登先生之门，承先生之教。而趋向舛差，尚多有之"（《集》，卷六，页一八一一九）。

《京口耆旧传》说：刘"常时以经史大义，授子侄。合里之士友，讲学会课，月有成规"。但据《集》，卷一六，页一四："辞乡友请主课会。"课会是以文章考试为重。刘似向来并不主讲。《京口耆旧传》续言，远方也有人来，向刘请教等，也可能是夸张。因为刘的长处是实行，不重理论。《至顺志》，卷一一，页三四云：金坛茅山书院，为道观所据。刘在晚年"再创"。但"寻复废"。刘死后，1246年，总领所又下令再建。又卷三，页二，引《咸淳志》云：刘"惟知修身治己，砥节砺行。而词华，抑其余事也"。这项记载较可信，《宋元学案补遗》，卷七七，说刘"虽博考训注，而自得之为贵"。上句又可能是夸张，下句则可能近乎事实。因为自有心得，才能见诸实行。《京口耆旧传》又说：刘有"语录十卷，藏于家"。本未刊行，当然不传。

刘的诗文，在《文集》可见，并不是第一流的作品。《宋诗抄》，卷三，有《漫塘诗抄》页一，有编者评语："诗亦常调，而五言古（诗）稍优。"刘是常写纪事诗的。《江苏金石志》，卷一五，页三九—四一，有刘的句容县五瑞碑文，是县令请他写的。编者的按语，提及《宋诗纪事》一书，而提出此书"亦不见录其遗句"，可见评论是一致的。

总之，刘的学术地位，并不重要，只是在乡里受到尊敬。对于他乡绅的名位，学术也是次要的。但刘重视实行。他的学术思想，他的信仰，与他在乡里的善举，很有关联。因此本节，合在一起讨论。

儒家有它本身的信仰与祭祀。1216年，金坛旱。知府命令节度推官，在灵济庙求雨。雨至，农产"竟稔"。于是又命令县官，修葺祠宇，县尉杜范，"辟荡地"，供给以后祠费。节度推官，是刘旧日同僚，又请刘宰为记（见《集》，卷二一，页四一五。又见《至顺志》，卷八，页二四）。此文无甚理论。而刘因梁夫人姻亲关系，撰江西新淦县的《社坛记》，则不但力辟佛老，而且反对民间祭龙求雨。他说："龙虽灵，物之生者耳。"儒家自古祭神。"其所以祭川泽之神云者，以其神之能使是物（龙）也。今也，不于其神，于其物……得乎？"神是应该在当地社坛祭的（见《集》，卷二三，页一）。第七节再补充说明。

儒家的神，是限于经史所载的。民间所信仰的神，不属此类的，称为淫祀，即滥信，而且数目过多之意。刘宰是反对的。有嘉贤庙，纪念吴季子逊国高节。刘宰与友人往游，见吴的墓碑，又名十字碑，以及碑亭，已早损坏。于是发起重修，并引用欧阳修的《本论》："当修其本以胜之。"即提倡儒家的信仰，才能打破民间宗教。嘉贤庙中，"庑间淫祀赫然"。刘宰"遂白府，下（令）县镇。撤象设之不经者，凡八十有四"。刘于事成为记（见《集》，卷二一，页一六。又见《至顺志》，卷八，页二一。又参见卷二一，页七一八）。

刘反对佛老，主要是因为这两大宗教侵犯儒家崇敬祖先的信仰[14]。"自释氏之徒入中国，与老氏之徒相比。诳惑愚民，至谓丧祭非我不可。"（《集》，卷三〇，页四）刘尤其反对佛，是因为"吴人迷于佛"更甚于老（《集》，卷二三，页二二）。他继娶梁夫人，浙江处州丽水人。"梁氏故奉佛。君之来，犹私以像设自随，时若有讽诵。余既与论释老之害道，及鬼神之实理，恍然若有悟。自是遂绝。"（《集》，卷三二，页一三）

如众周知，宋儒反佛，极少贯彻的。刘也绝非例外。他有"东禅百韵"的诗（《集》，卷三，页六一八）。又给几处佛寺写记文。他自己说明："余儒家者流，口不读释氏书。"

但平等寺僧是同乡，又经人介绍，"故不得辞"。而在记文中，刘强调"三纲五常"（见《集》，卷二一，页五一七。又见《至顺志》，卷九，页一三一一四）。慈云寺的记文类似，说寺僧合乎儒家道德。"持文不倦……功成不居。至于以其术自售而不丐于人，以其赢为费而不私于己，皆与他为浮屠者不类，故不辞而为之书。"（《集》，卷二一，页二四。《至顺志》，卷九，页二二）

其实，刘的父亲向来对佛寺有兴趣。刘本人创设粥局赈饥，由道佛帮助管理。主其事者，即刘家认识的僧人师徒。刘"总角侍先君……省先祖……茔"，见废寺，仅存茅舍。刘的父亲葬于另一地点，而此寺适在两墓之间。刘扫墓途中，发现该寺重建，知是曾巩曾布的后人，吏部尚书曾唤家相助。"施财助役，而和者众。上请（政府）蠲租，而从者轻。"刘家可能也因而参加捐助。这个重建的龙泉布金寺，由曾家选得僧人主持，名曰祖传。后来其徒慧鉴继位，皆"自食其力"（以上见《集》，卷二一，页一〇一一一）。刘于1209年首次赈饥，掌事的有三位乡人，一个道士，而主要是祖传（见《集》，卷二〇，页一五）。最大一次赈饥，1224年，监局人即龙泉布金寺僧慧鉴（见《江苏金石志》，卷一五，页二〇）。刘又曾为慧鉴吟诗，呈送知州赵善湘（见《集》，卷二，页二四）。可见乡绅与寺僧的交谊，并且助他与官府交结。

刘对道教的态度，大致相同。例如，送僧回寺，送道士回山，都有诗（见《集》，卷一，页一九）。道教有名的茅山，就在镇江附近。金坛的地名，即取义于道家（见《集》，卷二三，页九）。刘也不免与道家有往来。例如，丹阳县大霄观，"介余甥蔡天成谒余为记。余素不为老氏学，数谢不能，而……二人请不已。因思老氏之道，虽非吾所道，要亦有教焉。……亦省嗜欲，薄滋味，养生全真，而不为市道所溺。其于世教，可不谓有功乎？……余故不复辞而为之书"（见《集》卷二三，页一八。又见《至顺志》，卷一〇，页六）。其实，刘虽然不信道教，但是很喜欢《庄子》。曾"以国朝四君子文，易《南华经》"。四君子是北宋的司马光、欧阳修、曾巩、王安石（见《集》，卷三，页五）。《南华经》即《庄子》。

与很多宋儒相同，刘对于道佛，不能完全反对。其中一个主因，是道佛为善，儒家不能否定。而在道佛两者之间，佛教的善举显著得多。刘很清楚地说："释氏之所以兴，口不忘施也。"（《集》，卷二一，页一一）

刘本人兴办各种善举，惠及乡里。其主要精神，也是施舍。

七　各种善举

刘的善举，方面不少，远过《京口耆旧传》的简要描述。

上节讨论信仰，因此本节先说与信仰有关的活动。刘的主张是在社稷坛祈祷天地。遇旱遇雨，都应如此。1224 年最大的粥局以后，刘的声望大高，朝廷又给他宫观的官衔。次年，他就使金坛县县尉，用义社的余粮，修社稷坛。但他自己也捐助钱物。此事《集》中未见。而《至顺志》卷一三，页八—九有："以岁旱涝，率乡人祷雨旸，辄应。（刘）嘱县尉修治之。钱米取之义社（之）庚（即庾，余粮）。又家出钱，与竹木，相其役。缭以堵墙，表以门道，植松柏数百株。又买民房十间，建斋祭所。"

刘对于医药卫生，并不信神。他自己久患严重的皮肤病，可能与此有关。他常与医者来往。1224 年赈饥，也是医者首先向刘说明需要。此外，《集》中有几篇，都有社会史的兴趣。例如有王姓进士，父"以医闻"。王本人"少为士，为医，为贾。既自力以成其家，而终于为士"（见《集》，卷三〇，页七一八）。有医僧宗可，"故金坛大族，祖……由太学出官。……父……子多而贫。命（宗）可出家，礼故医僧……为师。……继其业。人以医召，必往，用药谨审。不以贫富二其心"（《集》，卷三一，页二三一二四）。另一人，陈姓，也相似。"少孤，与其弟自力以养其母。…… 知命不偶。嘱其弟以学，去而为浮屠 …… 非泊然忘世者。曰，吾观音师……慈悲心……惟医乎。即从浮屠氏之为医者游。凡浮屠氏之为医者，与俗浮沉，唯利是嗜。君所与偕，汲汲封殖，以遗其后。"按：可见刘对于一般医僧的不满。而陈某则"有以疾告，贫且下，必尽心焉"（《集》，卷三六，页一）。

刘竭力提倡医学常识与公共卫生，很近似现代。《集》中未载，而《至顺志》，卷三，页三一四，长引其《劝尊天敬神文》。内云："或饥寒所侵，或饱暖太过，或起居之无节，或喜怒之失中 …… 乃成疠疫。…… 人易传染，所以不能免者，亦由有以召之。倘感受之初，澄清厥念，择医必审，用药必精。…… 意之所恶，勿置其侧 …… 涤濯洒扫 …… 何恙不已？"下文又大批评民间信仰，求神治病。"淫祀繁兴，其一曰祭瘟。所在市廛皆有庙貌。…… 其次曰斋圣。又其次曰乐神。昼夜留连，男女混杂。冥顽之童，附而为鬼，鬼固不灵。腥臊之巫，降而为神，神亦可耻。…… 牲十余，不供一夕之需 …… 其他诱取胁取，不使闻知。…… 或典质 …… 或假贷 …… 以致资产破荡，老稚流离。深原其情，有甚于盗。…… 诬蔑天理，坏乱人伦。"刘反对迷信淫祠，不仅是儒家看法，并且看见实际不重医药的流弊。《集》中王遂序文说"禁非鬼"，即指此。

佛寺常有补路修桥的善举。刘则以乡绅地位，领导这类的事。《至顺志》，卷二，页二六—二九，提及刘修建的桥，约有五处，其中两处是大桥，有跨越漕渠的，"刘宰率众建"。有的是"皆……（刘）所建"。有的是刘所"倡"建的。《京口耆旧传》说："某桥病涉，某路险阻，虽巨役，必捐资先倡，而程其事。"刘的确如此。

宋儒兴办福利，最有名的是宗族的义庄，与乡里（亦即社区）的仓社。前者有范仲淹的创造，后者有朱熹的榜样。

刘也注意义庄。他说："立义庄，以赡宗族，始于文正范公。"表面上，"吴中士大大多仿而为之，然必积年而后成"。其实不多。而且可能用义庄名称免税，而并不放弃田地的产权。金坛张氏，则"捐所置……良田四百亩，别而为之"。刘不禁感叹："义庄，世所难。"（《集》，卷二一，页二三—二六）又有陈氏义庄："所拨田，以亩计；凡一百四十。岁收米，以石计，凡一百二十。"而"收其半之入以赡族，余以赡茔事"（《集》，卷二三，页八—九）。至于刘本人的宗族，第四节末段已提及，只有聚会，并无义庄。他祖父始迁金坛，族人不多。刘氏父子兄弟，也少余力，兼顾宗族。

刘重视社稷坛，还有一个原因，就在社坛同时可以办社仓。刘因梁氏姻亲，记述江西新淦县的事。坛傍"筑候馆道旁。（知县）与邑之好事者，谋储粟千斛于两庑，为平籴仓，以权市估之高下。……且因社而有仓。故助米者，皆列名碑阴"（《集》，卷二三，页一）。

社仓的办法，并不一致。刘论之颇详："社仓之制，仿于隋。详于近世朱文公之奏。……酌今之宜，行之于所居之建阳。今社仓落落布天下，皆本于文公。……其本或出于官，或出于家，或出于众，其事已不同。或及于一乡，或及于一邑。或粜而不贷，或贷而不粜。吾邑贷于乡，粜于市，其事

亦各异。"（《集》，卷二二，页九——一〇）

《京口耆旧传》说：刘"置社仓而籴估平，创义役而争讼息"。过于简略。《集》，卷六，页四，提及："近恳平使者，得钱，创社仓于里中。"但年代不详。所可知者，刘时常讨论社会的事务。《集》，卷三二，页二一："与乡之士，会于社仓。"《集》，卷二二，页九——一〇，又详载友人胡伯量自南康来。胡曾学于朱熹，刘请教他南康社仓的方法。胡答称："所及有远近，所行有籴贷。随事之宜，要不必计。"关键在经办人的责任。"所当知者，体欲统一，责任欲分。……责任不分，则意向偏曲……今吾里之事。所以行之久而无弊者，其始，会吾家积岁之赢，得谷六百斛以贷。盖吾兄弟合谋为之。……故其体统归一。越二十年，迄于今，合本息二千斛。……吾兄弟出处不齐。"按：胡某无科第，而有弟四人，皆进士。"而吾兄弟之子，若孙，有时不能尽胜其责也。故各以其地之所比，而属诸其人。使散之，必按其实。而多寡不得私敛之。"南康胡氏社仓，是私家的。兄弟子孙各分产权，而同时分担责任。原是社仓的米粮财产，仍旧用作公益，而由各人自己负责办理。但不得收为私用。刘宰不赞成这方法，以为"责任分，而体统不一"。然而刘本人也没有更好的方法。他只是深感人事困难，社仓的前途可虑。原文云："狡者欺之，顽者负之，强者夺之。吏之无识者，侵渔之。社仓欲存，得乎哉？"

刘创置社仓，大约继续主持。成绩好，而反受批评。《集》，卷六，页一七指出大小官僚的贪妒："某乡间社仓，稍稍整齐。闻朝路中，时有议者。今现在米，本不能数千石，而论者已谓其多。深恐小遇水旱，必有科扰之患。"

社仓之外，另有义役庄。以其收入，补助乡里间承当政府差役的人。《集》，卷二一，页二〇—二二有史料价值很高的记述。据刘说，役法苛待人民："见当役者，不胜棰楚，沿道呻吟。其未役者，前期，百方以求苟免。余则畏惧戚缩，至不敢名其先人之丘墓。"因此，"数十年来，所在推行"义役，以分任负担。而各地方法，则"名同实异"。

刘本乡的义役，原由各户摊派捐助，而时有争执。刘另加一法。同上一文内云："吾邑计产入田，或计田入租，或计租入钱。而人心不齐，率一二岁，辄不承于初。"其中最大困难是入田的，有产权关系，人多不愿割让。"宗伟入田者，立典卖契要，岁收租为永业。入钱者，视田之值，岁出贷，收息。以租若息，为役之庸，而储其赢。其始若甚难，而久甚裕。"此法不移让产权，只作为典押。义役庄收租付息，以补助役户，尚有余裕。经刘如此变通之后，"今两行之"。但他也觉得终不如义役庄自有产业，更为稳固。

刘的祖父，葬于二十一都境内。因此他另又主持该处的义役庄。在 1213 年，买田分给役户，情形较好。吴兴张姓，在金坛有田产，而"仅足以输官，且以逋租远。……余曰，胡为不售？曰，人惮役。虽乞与，不屑。余闻之益悲。靖思岁夏秋（两税）募役，直不过一二百缗。张惟家远而力不赡……故地利有遗。若役户得之……（两税）常赋之外，办此不难。乃以鬻田之事启张，而以买田给役之利，晓众户。皆惊喜过望。市人吕宗恪首捐金以倡，其侄启、宗琛等和之。旬日间，得钱二百六十缗，以酬张。又得八百缗有奇，以买地之犬牙相入者"。

次年，刘又扩充这义役庄的田产。"旱，颇窘佣直。会有以旁都下田，求售于余者。余命之计庄（即义役庄）评其直，三百九十五缗有奇。质剂（即典卖文件）已具，而田主有讼，官没入之。时今右司郎中王君墅，实宰吾邑。幸是都义役之成，以所没田为助。"由官拨给，无须付价。"余谓田虽官给，而经始有费，不可不酬。且以评之直，不可虚也。"刘以为依赖政府势力不可靠。其他与义役庄有关的乡人，只好尊重他的意见。"众不慊，余不为回。未几，田之没于官者，皆复。惟此以酬直，不与。"已经付款收买，不能再还给原主。"众防知其虑远。"增加田产以后，刘撰有记文。"乃书其略，而疏义户姓名于下方。又列山与田之号段亩角疆畔所至，槛于庄之壁。使来者皆知其父祖，尝从事于此，不敢替厥承云。"刘深知义役庄难于管理，但他也想不出能垂于久远的制度。他的希望只是寄托于家庭道德、孝敬祖先，因而继续祖先所行之事。关于这方面，第九节再加申论[15]。

刘的善举，多数限于民间。晚年，他声望既高，于是为人民出头，向地方官长代言，革除额外收税的弊端。《集》，卷二三，页一六，有《镇江府减秋苗斛面记》，1234年所作。内云："州县受常赋之输，有耗有费。未免取赢于正数之外。……乾道间（1165—1173）……始于正苗一石之外，定为三斗八升之数。"即正税外，州县法定附加38%。不仅如此，年久更非法多加。"斛斗更易，官吏并缘增加，视正数几倍蓰。……上官问视，常岁数何如？曰，如旧。则委不问。"韩大伦知镇江，刘宰等人建言，"乃尽索府县仓斛斗，一准文思院所颁（尺寸）更新之"。

刘有各种善举，可见其方面之广。下节专论赈饥，又可见其规模之大。

八　各次与最大的私人赈饥

刘初次任江宁县尉，在1194年，就有奉命办理救饥的经验。他辞官在乡，除向政府提供意见一次以外，私人主动赈饥共三次，而1224年第二次，规模最大，历史上极少见的。刘辞官不久，在1209年，即与其他乡绅合办私人粥局，救济饥饿被遗弃的儿童。后来地方长官相助，又扩大救济范围。《集》，卷二〇，页一三一一五，《嘉定己巳金坛粥局记》，内容最细，值得长引。

"邑士张君汝永、侯君琦语某及新桐州汤使君……相与谋，纠合同志。用（北宋末）大观（年间，金坛）洮湖陈氏及绍兴张君之祖（徽宗时蔡京等所定）八行故事，为粥以食饿者，而洊饥之余，中产以上，皆掣肘于公私。虽仅有倡者，亦寡于和。既力弗裕，则惟欲收养孩（稚）之遗弃者。凡老者、疾者，与孩（稚）之不能去母者，虽甚不忍，皆谢未遑。"所以，初办时等于是弃儿收养所。

不久幸得浙西常平使，移文金坛县，收义仓米二百石相助，情形立即开展。"比常平使者符下，而旁郡旁邑，亦有喜为助者，乃克次第收前之遗，而并食之。"本地长官，原来并不帮助。"会有以其事白郡太守，守给米三百石。郡博士勇于义者，亦推（府学）养士之余，赡之，而用以不乏。"远地的上级官，真是远水不救近火。"及江淮制置使给平江府米二百石，则已后矣！"

原文接续描述这私人粥局的细节，"事始于其年十月朔，而终于明年三月晦。经始之日，孩稚数不盈十。后以渐增，阅月，登三百。"按：管理三百儿童，已非易事。"乃十有二月，合老者，疾者，妇人之襁负者，逾千人。比月末，倍之。开岁，少壮者咸集，则又倍之。间以阴晴异候，增损不齐。其极也，日不过四千，概以大观（年间）所纪（先例）成数，仅增五之一。"原文语气谦虚，实际上，每日救济四千人，已打破历史纪录！人如此多，如何安排呢？原文说明：

"始置局于县之东偏广仁废巷，中于岳祠，终于慈云寺，为其隘也。就食者，先稚，次妇人，后男子。俾先后以时，出入相待，为其拥也。孩稚之居养者，朝暮给食。非居养而来者，日不再给，为其难于继也。"

刘是很注意卫生的。"居养之人，听从去来。疾病者，异其寝处。至自旁邑与远乡者，结屋以待之，而不限其必入。裹粮以归之，而不阻其后来。虑积久，而疾疫熏染也。"

费用的纪录，更详细："最凡用之数，米以石，凡九百六十有二。钱以缗，凡二千二十有二，而用（钱）籴米者过半，薪以束，大者三千九百，小者一万四千二百。苇席以借地，障风雨，及葬不幸死者，凡三千四百六十。食器三百，循环给食。中间随失随补，凡一千三百九十。（以上）皆有奇。草荐，（死者）纸衾，与花费，琐琐不载。"

乡绅并不亲自管理。"掌其事，布金寺主僧祖传。"按：祖传已见第六节。又有"茅山道民石元朴。石以私计归，祖传实始终之。左右之者，张君昂、徐君椿。而主张经画，入（慈云）寺之初，则邓君允文也"。

功成不居，是儒士美德。而乡绅作风，每归功于长官。原文结语云："是举也，微常平使者，无以成其始。微郡太守、郡博士，无以成其终。故疏其凡有助者于石，而于三者，加详焉。"目的是"使来者有考"，即希望后来的地方官，能同样的救助饥民。

第一次赈饥后六年，即1215年，史弥坚知镇江。除约刘修方志传记外，又请刘担任官办赈饥局，刘称病不就。《集》，卷八，页四一五，给史的回信说："伏拜台翰，以某寓居之邑，开赈济局。不鄙委令，与（县）令佐，讲求利病。"但刘自觉因病，而"形容改变……那能出入公门，参预荒政？……谨以所著《荒政篇》一册上献。其间自始至末，纤毫备具。盖其少壮所尝亲历"。按：即指1194年的经验等。"非道听臆说者比。乞付局讨论。其间预计一条，别纸录出。"按：大约是预算计划之类，"须特关崇览"。《荒政篇》，《集》中未载。官办赈饥局是否将用刘的意见，或成绩如何？文集、方志等，均未提及。

1224年，二次赈饥，规模其大无比。记文见《集》，卷二二，页六一七。而《江苏金石志》，卷一五，页一五一二〇，《金坛县嘉定甲申粥局记》在记文之后，有捐施人身分、姓名，与所捐数目。这记载，并不重复上一次粥局记文的内容，而另有其历史价值，也应该长引。1223年，"暑不胜寒，谷入大减，菜亦不熟。越明年春，啼饥者载道。……二三医生过门，始为某言之。某念先君……营所薄田，岁丰收谷，可百斛。输官，给守者之余，不半在。且十年。……因与医生谋，载以归。……即岳祠空庑，春而糜之，以与饥者共。其始来者，才数百……可无乏事。……尽三月，乃盈万人。某始窘于无继，议所以止"。这两次粥局的开办，完全是刘一人捐助。他的力量，无法继续。幸好"友人赵若珪玉甫闻之，瞿然踵门"，热心相助。按：《集》，卷三一，页三一五，有赵的墓志铭。赵在知安吉县时，平定米价。而"士失其养，君捐良田十五亩"。退官后是乡绅，仍注意乡里福利。

粥局记文续文：赵若珪"乃自振廪。且为书，环封之。又为书，博封之。以请于乡之好事者。未几，钱谷沓至"。可见，赵的干才，实胜于刘。

续云："乃四月朔……增灶……增员。……又所用米皆精凿。自平时中下之家不能有，乃今以食饥者。以是远近流传，来者至万有五千！……必举首仰天三扣齿而后敢食。迄

（四月）十月五日，大麦实，乃已。"按：《集》，卷二七，页一二——一三，另有《甲申粥局谢岳祠祝文》，内云：粥局"历日五十有六，役工数十"。但管理良好，所以"聚食之人，日以万数，而无纷争蹂践伤残之患"。天气也尚好，"朝暮之雨，至辰巳（时）而晴，民免于泥湿"。

记文末云："谨以施之先后，序列下方。"《集》内未载，而碑文因《金石志》得传。人名次序，与刘记文内所说不同。第一名是金坛知县。其次是附近的官，与本地人士在他处任现职官的。再其次是其他有统治阶级身分的。最后是"邑人"与一名和尚，一名道士。刘所谓"施之先后"，可能大体先以身分排等级，而身分同等者，则以捐助先后列名。

现在分析碑文中类别与人数。（一）金坛知县及附近句容平江的官，共三人。（二）乡人而任他处现任官的四人。（三）有官衔退职官，以及已故官员由其子或孙出面的十人。（四）乡贡进士四人。（五）国学进士一人。（六）国学待补生九人。（七）宗室玉牒二人。（八）府学学谕一人。（九）邑人共十五人。（十）僧道，各一人。

捐助的数量，举例说明。金坛知县助官会（纸币）五拾仟，即五万，又米十五石。而句容县尉只助米二石七斗。将仕郎高某助官会，多至十五万。向各处发信劝人捐助的赵若珪，历任他地知县，已退职居乡，自己捐助米四十三石。高与赵所捐最多。各进士之中，捐助最多的，有一人助官会三万，另一人助米二十八石。最少的助米五石。邑人之中，最多的有三人，各助官会一万。又有三人，各助米十四石。最少的助柴一千束。有一位邑人助柴二千束，加上"措置一行锅金"，即代买一套铁锅之意。僧一人，助米十一石七斗。道一人，助米六石九斗。碑文最后一行说，"监局龙泉布金寺僧慧鉴"。此人已见第六节。刘第一次的粥局，主事是僧祖传。慧鉴是他的徒弟。

总计碑文所列官会数目共六十四万六千。碑文说："本局收到钱，除杂支外，籴到米八十三石。"所谓杂支，想是支付器用与员工等费。但余钱买米不多，可见纸币贬值，米价高涨。又碑文所列米数，计四九一石有奇。加上籴到八十三石，共五七四石有奇。私人粥局因此而能在农历四月的前半月，救济饥民，多达一万五千人，创造最高的历史纪录！

饥民每日需要多少，才能维持生命呢？碑文未说。但据《至顺志》，卷二〇，页———一二，有元代 1329 年的估计，可以参考。每人日食半升，"以延残喘"。半升即一石的 0.5%。刘的粥局，也许不及此数。但姑用此数，而大略以一万人计算，则每日约用米五十石。合计捐助五七四石，只能维持十多天。幸好不久新麦已熟，不必再救济。否则饥民的情形更惨痛！

刘宰最初独力开办粥局，用米数目，碑文一字未载。大约不足五百石。后来各人捐助，合计也不过五七四石有奇，可见刘出力之大。而五七四石之中，赵若珪一人，就捐助四十三石，可见此事主要是靠私人自动出头，做榜样，所谓以身作则。然后再劝其他统治阶级的士大夫协助。最可怪的是镇江知府，并未提及，可能是既未拨米，也不捐助！刘宰等人的努力，更显出南宋政府，以及一般官僚，忽视人民，一至于此。

最大的粥局，对于刘的乡绅名位，是转折点。政府得知此事，任以官职。但刘坚决不再出仕，只接受宫观官衔。详见第三、五两节。以后，在 1228 年，刘又举办第三次私人粥局。所有传记都忽略了。刘《集》中也没记文，但卷二七，页一三，有"戊子粥局谢岳祠祝文"。这次是因为邻县雨量过多，加以救济，并得知府捐助。文内云："旧岁夏秋积涝。吾邑幸半熟，已而旁郡涝甚。……祠宇之在吾邑者，广深足以容众，乃用甲申故事。"甲申即1224年，最大的粥局。

祝文续云："始二月丁卯，期以既月止。既月而民未食麦。邑之大夫士朝奉郎新知建康府溧水县知事王遂……等。"按：王即刘的好友。"复合众力以续。又郡太守冯侯，特捐百斛以助。迄四月丙午乃止。"经过是同样的，刘独力先办，然后其他乡绅士大夫接续协助。

刘为乡里尽力，乡里也感念他。送葬情形，已见第三节。《至顺志》，卷一一，页五，记述镇江先贤祠。一室是所谓道统的思想家，后又加陆九渊、杨简。一室是有名的地方官，如范仲淹等。另有一室，是乡人先贤，苏颂、陈东等四人，后又加刘宰、王遂。又同卷，页二六，记述金坛县先贤祠，则在周敦颐、程颢、程颐、朱熹、张栻之后，加上刘宰、王遂。其实，刘以乡绅身分，私人兴办赈饥等事，根本上是另一种类型。

九　申论——南宋儒家的阶级性限制社团发展

本文的目的是评价，并不是颂扬刘宰。更重要的目的是通过他，看透背后有些什么因素。引言中提出问题：刘宰这一类型的南宋儒家何以不从社区公益事业，再进一步，发展社会团体？

仅有一个个案，如何能对大问题轻易作结论？不应该多做个案研究，再来归纳吗？其实并不如此。假定没有一种看法，个案尽管过多，成果不过是大同小异。自然科学的方法，就是做实验，建立一种看法。用这看法，进一步实验，再修正或充实这看法，再深入，再扩大。历史研究，应当同样做。看法是申论，不是结论。看法是达成结论前，必要的前提，必要的研究工具。

个案的价值，决不仅只是例证。应当配合已知的各方面的知识，阐明历史的大潮流，取得通盘的看法。从所谓窄而深的研究，走向较宽的，也是较深的申论。现在从个人性格、思想、制度三方面看，并且注意这些方面之间交织的关连。

先从个人性格看。当代有的学者，采用心理学分析，有娓娓动听的解释，这是无以凭信的，因为史料根本太少。并且也没有必要用心理学的分析。在实际生活中，衡量性格，用常识也够了。看历史人物的性格，正可如此。

刘宰的性格，过于洁身自好。从早年任官起，他已经立志坚拒所有上官的荐举。固然滥举很多，但是未尝没有少数公正合理的应得的荐举。又何必一概否定？刘宰的白斑病，形于容貌。因此他绝少在官府露面。可是他和少数的官吏士大夫，还是见面，还是出游。足见他称病，不免过于顾惜体面。

刘宰朋友很少。王遂是好友，又是儿女亲家，但好像并非密友。也许刘宰没有密友。自比病鹤，是顾影自怜的情调。诗文中也常表现类似的情调。不仅刘宰，他这类型在失意之中，往往如此。这种情调，是否和思想格式有关联？刘宰在饭后往往在漫塘边上散步（见《集》，卷二○，页二○）。这种情景，也类似许多文人山水画的呈现。画中往往只有一个人。就是另有两三个人，好像略解寂寞，还是不免孤独之感。这一类的情绪，和思想格式，是否也有关联？

刘宰倔强自信。他中进士，任官，研究儒学，都是自力上进。退官以后，自给自足。宫观名衔应得的俸给，他不愿支取。兴办善举，救济饥民，多半是实现自己的理想，有心理的满足。用心理学名词，说刘宰是自我中心，未必妥当。但至少可以说，他的性格偏向自立[16]。

自立的性格，表现在他业务的作风。开办救济很好，但又何必独力支撑？他自己的捐助用完，他并不另外设法继续，而考虑结束粥局。幸好赵若珪闻讯，主动前来，自动捐助，又由他向各处写信增募。刘宰何以没有与人合办，找人合作的开朗作风？

一般正直士大夫的作风，也常近似刘宰。在政府任官，与同事不合。社区中或社会团体，简称社团，有公益的需要，由他们以乡绅身分领导。他们各人常常喜欢以己意行之。极少有几个乡绅，用共同或集团的方式，合作办理。他们这一类型，属于统治阶级，本来已经有优越感。性格又自以为是，更有优越感。他们是正直的，也是孤僻的。换言之，他们不愿意受官府或机构的束缚。而他们自己，也未必有设立团体、改进团体的兴趣或能力。

这类性格和思想格式有关联。从思想方面看，南宋理学，自居道学，偏重修身。他们的理想是求自悟、自觉、自发的言行。这是内向的重点。虽然如此，南宋理学，沿袭儒家传统，也重视伦理经世等项，并不放弃外向的重点。把这两项重点，内向与外向，合起来看，儒家基本的思想格式是"重人"。所谓"重人"，在理学的主张，是首先着重自己本"人"。用语文作简单的例证，就是文言所谓"为人"，现代语文所谓"做人"。然后推己及人，把外向的重点，放在"人与人"的关系上。按照彼此身分，敬重伦理关系。这就是"仁"字的本意，儒家的中心道德。

因为重人，所以儒家看待团体，重在人群，而不重视团体本身，自成一个整体的单位。理学家还以为有的团体，是不必要的。不合道义的，尤其有害。至于团体的机构，他们是比较轻视的。

理学首重本人，未免偏重。刘宰这一类型就是如此。而以理学为宗的史评，避免批评。相反的，史评所表示的希望是这类型的人更多，人与人的关系以及社会一定更好。换言之，史评同样的比较轻视，甚至忽视社团。

近来有的学者，指出明代少数思想家的特色。他们从理学的修身，发展一种个人主义，类似近代西方恰式的个人主义。他们主张个人应当自己选择方向，为人群谋福利[17]。这个看法，很难成立。中国思想和西方思想，当然有一部分符合。但这部分的符合，至多也许可能看作个人主义的萌芽。并且这是偶合。西方思想和中国思想，在基本格式上，绝不相同。明代少数的思想家，并没有冲破重人的格式。他们也并没有看到社团的重要性。

再回到南宋理学家。他们批评王安石，偏重制度，偏重法律，偏重机构，因此变法失败。他们深信改进的关键在人，事在人为，不在任何其他事物。有好人，就会有好事。他们以为事实证明这信念是对的。有刘宰这类型的人，就能救济社区。有这类型做榜样，就能导致后代，见义勇为，负责社区福利。在他们的信念中，制度很难完美，并且弊病很多。唯一可靠的途径是不断教育，使人心世道向上。既然如此，何必注意社团，加强他们的机构？

关于制度，儒家的思想格式，始终注意修身、齐家、治国。换言之，身—家—国的串连。甚至国，也叫作国家。在这格式中，并没有家族以外的社团。而宋代社会有变化。产业、科技、贸易、城市、乡镇都在发达，表现中下层的扩展和活力。但是南宋理学，没有注意反映中下层的生长。只抱定身—家—国串连的格式。并不另加一节，改为身—家—社团—国的串连。

从刘宰的个案，以及其他所知的一般情形，明明有社会、义役庄等类的社团。刘宰自己深知这些社团，管理困难，不容易经久不衰。他想不出方法来加强社团的机构，他只希望后代孝敬祖先，因而维持祖先们已经设立的社团。其他的理学家同样的束手无策。所以社团的制度是极有限度的。

从赈饥，刘宰最大的贡献，看得更清楚。三次救灾，都是临时设立粥局，并不成立长久的制度。荒灾是大害。宗族的力量不足应付。政府推诿责任，往往毫无救济。这不是明明缺乏社团来帮助吗？儒家的身—家—国的串连，不是有极大的漏洞吗？刘宰和这类型的乡绅，有时尽些私人力量去救助，并没有填补这漏洞。从南宋到清初的大思想家如王夫之、黄宗羲、顾炎武等，一直没有想到改变串连。这大漏洞，也就是缺乏有力的社团，始终是儒家制度中一贯的缺陷。

从制度本身看，还有关联的因素。如众周知，君主和政府，独霸独占统治权，绝对不容许社团，分去任何一小部分。他们更深怕，有人利用社团的力量起来反抗。地方官吏并不赞成由乡绅来领导，帮助社区，除非事非得已。有荒灾，刘宰赈饥，地方官吏并不真感谢他。镇江防军兵变，刘宰帮同筹画社区安全，也只是临时权宜。事情过去，地方官是不要乡绅来主持任何社区或社团福利的。乡绅自动要做，至少需要官吏的默认。

乡绅有官衔，还是属于统治阶级。乡绅临时赈灾，等于是代官行事，用私人力量，去做官吏应该做而不做的事。乡绅对政府不满，很少公然批评，竭力避免摩擦。他们只有名望，没有权力。只有遇见好的地方官吏，才能去情商，为社区福利尽点力。刘宰晚年，和朋友去呈请，取消法外增收的税额，就是如此。这一类型的乡绅，如同好官一样，只能站在统治阶级的立场上，照顾一些社区福利。他们绝不可能帮助社团，起来争取福利。

总结申论，南宋儒家的阶级性，重重限制社团的发展。刘宰这一类型的性格，是统治阶级中不满意分子常有的。他们的思想格式，既不反映中下层的生长，也不想改变社会制度。他们虽然批评这制度的若干弊病，而整个来说，还是拥护的。性格、思想和制度三方面，关联在一起，对于发展社团，是莫大的限制。

这并不是说，中国社会因此完全胶着，完全停滞。内部有许多矛盾。统治阶级之中，有不满意的分子，就是矛盾之一。有矛盾就有挣扎，要求生长。这都是动态。

从个案，配合各方面知识，提出申论。这看法还需要用新的研究去考验。

原载《北大学报》二期（1979）

【注释】

[1] 拙著 "Some Classifications of Bureaucrats in Chinese Historiography," *Confucianism in Action* (1959), pp.165-181。

[2] 参见 Denis Twitchett, "Problems of Chinese Biography," *Confucian Personalities* (1962), pp.24-39。

[3] Etienne Balazs, *Chinese Civilization and Bureaucracy* (1964), pp.129-149, History as a Guide to Bureaucratic Practice。

[4] 毕沅《续资治通鉴》(标点本)，卷一五四，页四一五二，参见拙著 "How Did a Neo-Confucian School Become the State Orthodoxy?" *Philosohy East and West*, Vol. 23, No. 4 (1973), p.500.

[5]《续资治通鉴》，卷一五八，页四二八一——四二八二。

[6] 参见注［4］拙著，全文，即页四八三—五〇四，又另一拙著《论南宋的"包容政治"》，见 *Encyclopaedia Britannica* (15 th ed., 1974), Vol.4, pp. 337-340。

[7]《续资治通鉴》，卷一六二，页四四二四—四四二八。

[8] 同上，卷一六七，页四五五〇—四五五一，又页四五六七，参阅杜范，《杜清献公集》（明刊本），卷五，页一一。又拙著《南宋君主和言官》，台北《清华学报》，新八卷，一、二合期（1970），页三四二。已收入本书。

[9]《续资治通鉴》，卷一六八，页四五七九。

[10] 关于舞弊与士风，参阅拙著《宋代考场弊端——兼论士风问题》，《庆祝李济先生七十岁论文集》(1965)，页一八九—二〇二。已收入本书。

[11] 包容政治，已见注［6］。例如真德秀不肯再受"包容"式的笼络，见《续资治通鉴》，卷一六二，页四四二四。

[12] 参阅拙著《南宋君主和言官》，见注［8］，页三四三。

[13] 参阅注［4］拙著。

[14] 参阅人类学家许琅光的著作，指出领导性的亲属关系是父母、夫妇、子女的关系，对于整个文化的各种社会关系，一概都有模式的影响。Francis L.K.Hsu, "The Effect of Dominant Kinship Relations on Kin and Non-kin Behavior: A Hypothesis," *American Anthropogist*, Vol. 67 (1965), pp. 638-681; and his "Rejoinder." ibid. Vol.68 (1966), pp. 999-1004.

[15] Brian E.McKnight, *Village and Bureaucracy in Southern Sung China* (1971), pp. 162-169.

[16] Wm. Theodore de Bary and the Conference on Seventeenth-Century Chinese Thought, *The Unfolding of Neo-Confucianism* (1975), pp. 27ff.

[17] Wm.Theodore de Bary and the Conference on Ming Thought, *Self and Society in Ming Thought* (1970), pp. 146-148, and 183-223 of Ronald G.Dinbery, *The Sage and Society: The Life and Thought of Ho Hsin-yin* (1974).

附录　中国式的信仰
——用类别来解释

　　解释中国文化，尤其是向西方人介绍中国文化，最不容易说清楚的是"教"——信仰和宗教。但这题目，非讲不可。不但西方人兴趣大，问来问去，就是反躬自省，也会觉得重要。假定弄不懂一个民族信仰些什么，又怎能明白它文化的重点和特性呢？

　　中国式的信仰和宗教，很难讲清，至少有三点原因。第一，从唐宋开始，朱明盛行的，有三教归一，或三教合一的传统。儒家的教导也称为教。它和佛教、道教性质上本不相同，但竟并列在一起。这当然自有理由（且听下文分解）。可是不明白何以如此，就不免导致观念上的混淆。

　　第二，受了近代西方的影响，往往轻易地采用他们关于宗教的定义。用这种定义来看中国式的信仰，总不对头，有时还感到莫名其妙。西方主要的宗教，有他们的特点，强调单一性和排他性。例如信犹太教的就不是基督徒。基督教又分三大支：东正教、天主教，和所谓新教。属于某一支，就绝不会皈依任何其他支派，在新教之中，又有各式各样的不同教会。虽然可以退出这里，再参加那里，但不可能同时隶属于两个教派。例如联合长老会和南方浸礼会，尽管局外人看来，无非大同小异，但是他们自己分得很清楚，因为他们各自强调自己的单一纯正，不能按照任何其他的规定。因为这种单一性和排外性，从他们的眼光来看，中国式的信仰，既复杂，又奇怪。怎样会在瞻仰孔庙之后，又请了和尚道士都到家来做法事？有的中国人已经领洗，做了基督徒，可是又怎会坚持要继续祭祖？

须知中国式的信仰体系和西方式的宗教，不能划等号。

第三个原因，中国学人太不重视这方面的研究。旧日的士大夫或专崇理学或热心科举，或醉心诗词。尽管有时也在烧香拜佛，甚至急来抱佛脚，谁也不去深究信仰体系是怎么回事。少数学人，查考历史，做考据，只限于所谓正经的学问。他们认为朝山拜庙，都是愚夫愚妇的陋俗，何必管它？近代知识分子对于旧文化，本来就不满意，觉得太落伍。至于信仰和宗教，更是不合科学的一些老套，甚至是早就该破除的迷信，哪值得研究？

中国人自己不去搞清楚，难怪西方不明白。但是用什么方法来简明的解释中国式的信仰体系呢？主要是两层，一是基本的观念，二是类别。

中国文化关于"教"的观念，是指一切应该信服实践的教导。教包括不以超世的神为主的信仰，也包括崇拜神的宗教。教字从孝从文。用老话说，就是家长老辈给子弟年轻人讲的道理。用现代话说，就是代代相继，文化传统的延续。凡是教，都该信，是通过训导而具有的信念。

因此，这观念很广，方面很多。古代重视政教的理想，要以使人信服的良好政治来推化教行。所谓化，或风化，就是广义的教育，并不专指学校或念书。旧式最要紧的启蒙书是《三字经》。开头几句就说："养不教，父之过。教不严，师之惰。"这几句话，很能说明教的观念。甚至孕妇，还有胎教。更可以证明"教"字在中国文化里，从不限于信神的宗教。

简捷了当地说，中国以往的教，也就是信仰体系，整个来说，是多种的。因为是多种，所以又成为复合的。大体上可以分为四大类。（一）社会的礼教。（二）团集的崇教。（这是创立的新名词，且待下文说明。）（三）少数人的别教或个别宗教。（四）大众的宗教，不但是上下都盛行的大宗教，还有许多民间繁杂的宗教。

前两类，礼教和崇教，都不以超世的神为主，当然这不是通常用西方定义所谓的宗教。但是中国人信服得很深，同样是信仰。后两类是宗教和西方所谓宗教，性质相同，但是信法不同，因为同时有其他的信仰，相互复合。

先说第一类。礼教是态度，关系行为，和仪式的规范。这在中国人，深有体验，不必多说。但是这种社会规范，包括一些哲学和伦理道德，能算信仰吗？在其他许多文化里，哲学和伦理道德，虽然和他们的宗教也有关系，可是不心悦诚服，普遍深入，不算信仰。而在中国文化里，这是基本的信仰，因为全社会都信服，都遵行，不容怀疑。礼教的内容，在历史过程中，时有部分的改变。但是绝对不能没有这种规范，而且这规范的主旨，永远不改变，相信人与人之间应该有互助，互处，互安的秩序。

儒家本身是哲学，不是信仰，它是礼教的理论基础。正如同神学支持宗教，佛学阐明佛教。可是扩大而称谓儒教，就绝非仅止于儒家的哲学理论。实际上等于礼教，因为除了思想之外，还有各种制度和习俗，大家都信仰，不能违反，不许破坏。

为什么这是基本的信仰呢？人们可以用复合的方式，同时信奉其他的信仰，其他的宗教。但有一项绝对的限制，必须要以礼教为准则。至少，不能和礼教有大冲突。

中国的回教徒、基督教徒，和开封残存的几千个犹太教的后代，都没有例外。一概和其他人一样，共同遵守这社会的礼教，而且相信这是对的。又例如佛教最初传入中国，带来一些印度习俗，和中国礼教有摩擦。久而久之，佛教不得不中国化，政变这些习俗，使它们合乎礼教，至少要说得通。也可以从另一角度来说，是中国礼教，融会贯通，把这些习俗调和，以利互处互安。

这笼罩全社会的礼教，所有人都相信，怎能不算基本信仰？它和整个中国文化的持久延续，有不可分的密切关系。就是讨论以超世的神为主的宗教，也绝离不开这个基础的原则。

第二类，是新创立的名词，叫团集的崇教。它是礼教的扩展，也是辅助礼教的。指的是些什么呢？中国文化一向重视家族的血缘。家庭和家族团体都祭祀祖先。这观念又伸延到职业行会的团体。在集会的时候，供奉崇尚个别行道的祖师爷。例如木匠家具行，以鲁班或公输班为他们的祖师。没有一种行业，没有祖师的。旧时代的衙门书吏，也找始祖，没有更好的典据，就硬把传说中发明文字的仓颉，当作崇敬的祖师。

旧时代的士人，不是团体，而是阶层。但他们也和职业行道一样，以孔子为至圣先师，尽管儒教代表整个的礼教，连不识字的人，甚至于孩子，都知道有个孔子，是圣人。但是崇敬孔子，不是大众化的，只有够资格的士人才能参加孔庙或文庙的集会，以孔子为崇敬的对象，团结或集会当地的优秀阶层。

地方上还有先贤祠，也是绅士们设立的，目的在增进团集的精神和道德。这些祠堂所崇敬的有三种人。一是中古以来的名儒，多半是宋明的理学家。二是本地的杰出人物，公认为值得追念的好榜样。三是外地人而曾在本地做过好官，或曾经在本地落籍，或在本地书院教过书，培养过本地的人才，值得感念的。

还有类似先贤祠，而崇敬别类人物的，不必枚举。扼要的问题是他们崇敬对象是不是神？回答说，不是宗教的所谓神，而有时加以神化。因为这些对象都只是过去传说中的或历史上的真有的人物，并不是超世的。因为崇敬，不免有人觉得他们超越常人，迥非凡俗，仿佛接近了超世的神。但这只是近乎而已，并不真是神。同时，因为中国式的信仰是复合的，也就有人把信宗教的态度转移到这种崇敬的信仰来。以为既是祖先，祖神，至圣，先贤，他们可能有神灵，可以向这些神灵祈求。

无论如何神化，这些崇敬的信仰，和通常所谓崇拜的宗教不同。从来没有人把家里的祖先看作和菩萨一样。也没有人把孔子或一批先贤当作神仙那样看待。纵然有人相信他们有灵，也还不是大家都公认的神。

第三类是少数人所特信的别教，或个别宗教。最大的例子是几千万人的回教。其次是人数少得很多的基督教。而且他们主要限于某些地区。历来回教分播在大西北、云南，以及几个海港，如广州、泉州（厦门）等地，明清时代的基督教集中在上海的徐家汇。这些别教，不起源于中国文化，也不像佛教，来自邻区的南亚。他们来自西亚，甚至欧洲，文化另有特性。他们那里起源的宗教，信超世的神，都具有单一性和排他性，传到欧洲也是如此。

这类少数民族移来的宗教，以及经过传教而得少数人信奉的宗教，怎样在中国文化里生存呢？这要分正负两方面分析。从正面来说，中国式复合的信仰，通常包容他们。唯一的条件，是他们也同时信仰社会的礼教。此外，他们和其他中国人一样，可以参加团集的崇教，并不干涉，或禁止他们所信的单一性的和排他性的宗教。从负的方面来说，他们也就不愿意接受，或相信其他另有超世神的宗教。甚至他们对于民间宗教，也只是小部分的接受。这些都属于下文要讨论的大众宗教。

讨论之先，正好做一个关键性的小结。

刚才所说的别教，已经说明中国式的信仰是复合的，礼教、崇教、宗教在不同的层次上，复合的兼存并行，正因为如此，这复合性又再扩大一层，认为除了礼教之外，这些崇教就是多元的。所以相信超世神的一些宗教，同样是多元的。至于民间宗教，相信许多互不相干的神，更是很多元的。可是复合起来，并没有冲突，何妨兼存并行？更何况这些宗教本身，也不像西亚式的那些别教，并不坚持单一性和排他性。相反的，他们普遍地欢迎大众去接近，并不一定要求大众放弃其他的信仰和宗教。因此他们成为大众的宗教，这就是第四类。

如众周知，佛道两大教并立。西方人看来奇怪。其实西方自己，近几千年来，也有类似的趋向。美国从二次大战起，随军的教士、天主教、基督教、犹太教都有。近年总统宣誓就职，也请各教参加仪式。原因不难理解。各教人数都相当多，具有大众性共存久，彼此体会到并行不悖。这样说来，东西信仰，仿佛有点相似。其实两者根本不同。西方式的各教，都相信只有一个上帝，而信法不同。在中国式，礼教胜过宗教，多元盛于单一，复合性远超排他性。即以神学而论，佛学讲很多的菩萨，不攻击道教所信奉的各位神仙。道教的典籍也不去指摘菩萨。

兼信并行，还不只有名的佛道两大教。实际上，中国绝大多数，平常最熟悉惯行的是民间宗教。例证太多了，随便举一些吧：城隍、土地、关公、财神、寿星、门神、灶王爷、马祖、天妃、瘟神、牛王……说不完的。

知识分子，从古到今，都看不起民间宗教。有时因为大众这样相信，也将信就信。假定有人追问，又推说这是愚民的习俗，不必深究真假。其实，这是错误的。这些民间宗教，各有各的功能，特别是心理上的功能。在没有希望时，可以多一层希望，多一层安慰。最重要的例子是求雨求晴。中国基本靠农业，而农业一向靠天吃饭。不下雨，大众着急怎么办？大雨成灾，眼看水淹，又怎么办？这例子就足够说明，具体的生活之中，有不少切身的各项需要，牵动情绪，自然会倾向宗教。

值得注意的是民间宗教，远早于其他宗教。从早就是多元式的兼信并行。礼教和崇教是平日的教导。民间宗教是针对平日以外的需要。这都加强了中国式信仰复合的体系。少数别教和佛道两大教的并立，不过是这复合体系的扩大和延长。

其实，欧洲也有不少民间的地方性的宗教。普通的教科书里不大提，较详的记载就说到信山神，信水神，有巫术，有方士，祷神问卜，甚至和其他洲的土人一样，祈求生殖。教会不肯公开承认有这些多元式并存的宗教。可是事实上教会所坚持的正式宗教，并不能满足村落里、市镇上的各种具体的需要。换言之，欧洲至少在近代以前，上面是单一性的宗教，底下是各种民间宗教。有些复合，但是不甚糅合。

再进一步说，天主教从中古传下来。还保留一些这样的传统。在单一的上帝之下，还有其他的崇拜对象。这里不能详论，只举几个例子。欧洲以及拉丁美洲，许多城镇，许多行业，也都各有保佑的神灵。这不是和中国式团集的信仰，异曲同工吗？如果还怀疑这说法，请到纽约城外甘乃迪国际机场找一下。那里有一个小型礼拜堂，供的是"空路女神"。好些天主教徒，在汽车前窗上挂一个保佑神像，都是很好的证明。

基督教中的新教，几乎没有这些传统，但也还不是完全没有。他们信唯一的上帝，但也相信有安琪儿，或是天使。这不也是神灵吗？这原是西亚从上古就有的民间宗教。另一个最有名的例证就是圣诞老人。他其实不是基督徒，而是北欧民间流行的偶像。因为他所代表的慈祥态度，乐善好施，惠及平民，很合天主教基督教的教义，就用糅合的方式，变成宗教的一部分，配合耶稣的生日。

比较中外，稍可帮助知彼知己。一方面可以知道西方文化也并不很单纯。有的地方，可以供中国人的参考和借镜。有别的地方可以变通采用。可是用在中国，都得配合中国自己原有的文化基础。另一方面，中国文化，其实不仅只在中国。例如日本、韩国、越南的信仰体系，都是中国式的，多种而复合。他们怎样在改变，而不放弃原有的若干特色，同样值得中国人注意的。

也许可以推论两项原理。第一，中国地大人多，历史久，延续长，可能要尽量沿用多种复合的方式。尽管进行现代化，还是力求复合，不强求一元化。第二，从前统一这些多元的因素是礼教。既不是政治，也不是宗教，而是共有共守的社会道德。在打破旧礼教之后，努力推行现代化，更迫切地需要新旧复合的社会道德。重视和加强社会的信仰，一定有助于进步。

原载《汉学研究通讯》四卷四期（1985）